淺井虎夫著
瀧川政次郎解題

中國ニ於ケル法典編纂ノ沿革

汲古書院

序並びに解題

本書は、私が學生時代に最も愛讀した書物の一つであって、筆者の中國法制史の基礎知識は、この書によって培われたといってよい。法制史は、その內容によって法源史、公法史、私法史の三つに大別せられるが、『支那ニ於ケル法典編纂ノ沿革』は、卽ち中國の立法史であり、法源史である。中國法制史の研究は、先ず中國法源史の研究より始めなければならないことは、異論のないところであって、公法史も私法史も、法源史を除外しては成立し得ない。故に本書は、中國法制史の入門書として、中國法制史を究めんとする人々が最初に讀むべき書物であって、筆者が本書を覆刊して世に布かんとする意圖が、中國法制史の研究に志ある人々に、私がこの書に依って得たところの博大なる學恩に均霑せしめんとする老婆心に基づいているものであることは、また言うまでもないことであろう。

本書は、今より六十六年前である明治四十四年（西暦一九一一）に、京都帝國大學法科大學內の京都法學會から、法律學經濟學研究叢書の第七册として出版せられた舊著であって、今や坊間に見ること稀なる稀覯書の一つとなっている。大抵の學術書は、半世紀を經過すれば、その學術發達史の上でしか顧みられない遺物と化し去るものであるが、本書は今日においても猶中國法源史の研究書として、また中國法制史の入門書として絶大の價値を保有しているのであって、筆者のごときも今なお本書を座右から離すことが出來ない。中國法制史は、民國になってから、董康、程樹德、陳顧遠、楊鴻烈、戴炎輝、雷祿慶等の中國の學者によって進歩せしめられ、また日本においては、昭和に入ってから、仁井田陞、內藤乾吉、森鹿三、志賀秀三の諸氏によって、中國法制史學は長足の進歩を遂げた。しかし、中國法源史については、本書を凌駕するだけの良著は出ていないのであって、本書は今なお學界に生命を保っている古典的な名著として、學者間に重んぜられているのである。

本書がこのように長い生命を學界に持續することが出來たのは、その內容が學術的に秀拔しているが故なることは、申すまでもない。本書の著者淺井虎夫氏は、夙に漢學に志し、淸朝考證學に傾倒した學者であって、名教を維持し、宣布する爲めには、史實を歪曲し、粉飾するも亦可なりとする儒學者の偏見を排斥し、實事求是を旨として、客觀的に中國法制を觀察していることは、本書第一章總論に展開されている尙書の「象刑」に關する論説を見れば明かであろう。淺井氏は、明治三十二年七月、熊本の第五高等學校を卒業して東京帝國大學文科大學に入學せられ、獨逸留學から歸朝したての宮崎道三郎博士の講筵に列せられた。淺井氏が大學を卒業された明治三十五年より二年後に發表せられた博文館の帝國百科全書の一册である『支那法制史』の凡例には

> 本書の體裁は、ブルンネルの獨逸法制史、イェリングの羅馬法制史、グリムの著書を參酌し、兼て宮崎・美濃部兩法科大學教授の講義に負ふ所あり。云々

とある。淺井氏がブルンネルの獨逸法史を原書に就いて研究せられたかどうかは不明であるが、西洋法制史の講義を聽いて、近世ヨーロッパの科學精神の洗禮を受けられたことは疑いない。近代科學精神と考證學の實事求是の精神とは、一脈相通ずるものであって、兩者は併立し得るものである。本書が註として漢籍の原資料を掲げていることは、正しくブルンネルの著書の體裁に倣えるものである。

本書の秀拔なる點は、その驅使している史料が確實で、且つ豐富なことに在る。中國立法史の史料といえば、二十四史の刑法志と藝文志乃至は經籍志が擧げられるが、淺井氏は、唐律疏議、唐六典、明清の會典といったような法典の原典の現存するものについては、先ずその序跋なり進表、施

行の詔勅なりを引いた後に、刑法志の文を引いているのであって、史料の批判は嚴格に行われている。故に我々はこれをその儘引用して少しの危なげをも感じない。またこの書は藝文志、經籍志の足らない所は、郡齋讀書志、崇文總目、鐵琴銅劍樓書目等の書目類の書によって補い、唐會要、杜氏通典、北堂書鈔、初學記、太平御覽、玉海、建炎以來朝野雜記等の浩澣なる類書、叢書の類をもよく讀破して、その中から立法史の史料を拾い上げている。特に中國の學者には出來ないと思うことは、令集解、日本國見在書目、右文故事、經籍訪古志等の日本の典籍の中から、漢籍には見えない中國立法史料を見附け出していることであって、その博引旁搜は、淺井氏の博覽と強記とを證して餘りがある。

しかし、淺井氏は、昭和三年十二月一日、五十一歳を以てその生涯を終えられたから、それ以後に發見された新史料や、それまでに知られていても公刊されなかった珍史料は見ておられない。宋刑統や營造法式のことは、本書にも見えているが、原物を見ておられないから、その記事は要領を得ていない。神龍散頒刑部格、開元水部式等の敦煌千佛堂の石室から出た法制資料や、居延の漢簡の事が全く見えない事は、本書を繙く初學者の不滿とするところであろうが、本書の刊行年代に照らして、それは已むを得ざる事と諦めてもらう外はない。

本書緒言には「支那法典編纂ノ沿革ニ關シテハ、嘗テ支那法制史中ニ略説スル所アリキ。今ヤ其遺闕ヲ拾補シ、之ヲ單行スルコト、ナセリ。」とあるが、淺井氏が明治三十七年より四十四年までの七年間に、これだけ豐富な史料を蒐めて、中國法源史に關する單行本を發刊することが出來たのは、淺井氏が、明治三十八年八月以來、後藤臺灣民政長官（後の伯爵後藤新平氏）の發議によって開設せられた臨時臺灣舊慣調査會の囑託として、第一部、織田萬博士の下で『淸國行政法』の編述に從事し、漢籍特に史部法令類の書を涉獵することが、日常の要務であったからである。この臨時臺灣舊慣調査會の部長及び委員には、織田博士の外に京都帝國大學教授であった岡松參太郎、狩野直喜の兩博士がなられた關係で、その事務所は京都帝國大學内に置かれていた。本書が京都法學會から發刊されているのは、その因緣によるものである。臨時臺灣舊慣調査會は、『蕃族慣習調査報告書』、『淸國行政法』、『臺灣私法』等、不朽に傳えるべき名著述を完成して、大正八年に解散せられたが、この事業は、多くの東洋學者を育成した。淺井虎夫、加藤繁、東川德治の三氏は、その錚々たるものであって、臨時臺灣舊慣調査會が、日本の東洋史學の發達に貢獻した功績は大きい。それは丁度『古事類苑』の編纂によって、多くの國學者が育成された事と類似している。

江戸時代には、唐明の律を研究した荻生徂徠、北溪兄弟や、『制度通』、『唐官鈔』を著した伊藤東涯のような漢學者もあったが、近代風の中國法制史を著したのは、淺井氏を以て嚆矢とする。淺井氏の同僚にしてその後輩である故東大教授加藤繁博士が、淺井氏の死を悼んで『史學雜誌』に掲載せられた文には

淺井君は支那法制史の開拓者であると同時に、支那經濟史に先鞭を著けた第一人である。（中略）その著『支那法制史』は勿論簡略ではあるが、新しい見方、新しい形式で、支那法制の變遷發達を説明した最初のもので、此の意味に於て長く注意すべきものである。云々

とあって、淺井氏を以て近代中國法制史の鼻祖としている。まことや淺井氏以後の中國法制史家にして淺井氏の學恩を被らないものは一人もない。豈たゞに日本の法制史家のみならんや、中國の法制史家もその學恩に浴している筈である。というのは、此の書は、民國四年(西暦一九一五)、陳重民氏によって漢譯されているから、多くの中國學者の眼にも觸れた事と思われる。本書第三章第三節の「漢律令逸」及び第四章第三節第二款の「晉令附晉令逸」は、群籍を旁捜して漢律、漢令及び晉令の逸文を捃摭した本書中の特色ある部分であるが、程樹德氏の『九朝律考』（民國十六年刊）がその影響を受けていることは疑いがない。

筆者は、家學である有職故實の學を受けて、夙に日本法制史學に志した者であるが、我が大寶・

養老の律令は、隋唐の律令を繼受したものであり、隋唐の律令は、周漢以來中國に發達した法制を集大成したものであるから、中國法制史には早くから重大な關心を持たざるを得なかった。從って筆者は、淺井氏の學恩を蒙ることの最も篤い者の一人であって、いずれの日にか此の日本における中國法制史の大先達である淺井虎夫の事蹟を顯彰して、その學恩に酬いたいと念願していた。今此の書を覆刻して世に布かんとするのは、初學者の中國法制史への入門に便せんが爲めであるが、一つにはこの宿願を果さんが爲めである。

淺井氏は眞の學究であって、古書蒐集の外に道樂はなく、榮達を求めず、孜々矻々として研學に沒頭したから、その業績の輝しい割合に世に知られていない。筆者はこれを遺憾として門弟嵐義人君に命じてその小傳を編せしめた。嵐君は或いは國會圖書館に通い、或いは淺井氏と福岡高等學校で同僚であった安田喜代門老博士を訪い、史料を蒐集して「淺井虎夫小傳」をものした。その小傳は、これを本書の卷末に附錄して、この隱れた學者の風貌を偲ぶこととする。

筆者と淺井氏とは、その生年に二十年の距たりがある。故に筆者は淺井氏と會ったことはない。小傳に據れば、淺井氏は、大正十二年三月より、死の直前である昭和三年八月卅一日まで、福岡高等學校教授に任ぜられて、福岡市の住吉神社の近くに在住しておられたという。私は大正十四年九月、九州帝國大學助教授に任ぜられ、福岡市の赤坂に寓居していたから、會おうと思えば會い得たわけであるが、終にその機會に惠まれなかった。惜しいことしたものだとその事が悔まれてならない。

しかし、淺井氏と筆者とは、いろいろの事で引っ係りがある。淺井氏と臨時臺灣舊慣調査會で同僚であった加藤繁博士と筆者とは、特に親しい間柄であって、筆者が加藤博士から伺った淺井氏の閱歷が、嵐君が「淺井虎夫小傳」の史料を集める端緒となった。また鶴見祐輔氏は筆者と先妻との媒酌人であった關係で、筆者は『後藤新平』傳編纂の助手となったが、臺灣舊慣調査會の事は學問に關係することであるから、君自身執筆せよと鶴見氏に命ぜられ、筆者が自ら筆を執った。

また淺井氏が指導を受けられた市村瓚次郎、服部宇之吉の兩先生には、私もお世話になった。市村氏の甥其三郎君は、私と共に黑板勝美博士の門下であり、服部氏の長男鑽君は、私の一高時代の同級生である。養老僧尼令の藍本となった唐の道僧格の事を考證したのは、私が最初であるが、その史料が佛祖統記と佛祖歷代通載とに有ることを教えて下さったのは、市村瓚次郎先生である。また私が昭和八年、天津に前日本駐在清國公使として明治天皇の御親任の渥かった李盛鐸氏を訪い、その珍藏の敦煌文書唐律殘篇と宋版「算學源流」とを見せてもらい、その許しを得て、その寫眞を日本に持ち歸ることができたのは、私が服部宇之吉先生の御紹介狀を持參したお蔭である。また淺井氏と東京帝國大學文科大學漢學科で同級生であった鹽谷溫博士は、私の漢學の先生である。私は一高時代に故友倉石武四郎君と資治通鑑輪讀會を起し、小石川第六天町にあった鹽谷先生のお宅に通って、藤堂版資治通鑑七十册を讀み上げた。私の漢學の力はこれによってつけられたと思っている。

このように私は、淺井氏と會うべくして會わなかったが、その學問の志向と師事した先生方の顏觸は、大體似たり寄たりであるから、私は淺井氏を身近な先輩として感じ、五十一歳という短い生涯で、小傳に詳記されているあの數多い力作を遺した淺井氏の才能と精力とに深甚の敬意を表している。この名著『支那ニ於ケル法典編纂ノ沿革』の覆刊によって、學界の先覺者としての淺井虎夫の名を不朽たらしめることを得れば、筆者の滿足これに過ぎたるは莫い。

私の主宰する律令研究會は、『譯註日本律令』なる書を撰述して「律令學」を樹立することを主たる目的としているが、また律令の研究に役立つ稀覯書を覆刊して研究者に便益を與えることを、その副貳的な目的としている。律令研究會は、昭和四十九年八月、神宮祠官薗田守良が天保年中に著した『新釋令義解』を覆刊し、昭和五十年二月には、官版『唐律疏議』を、夫々汲古書院より出版した。今また此の『支那ニ於ケル法典編纂ノ沿革』を同書院より出版し得ることは、私の大なる喜びである。但し、是れみな畏友長澤規矩也君の援助の賜物である。爰に特記して長澤氏の好意を謝すると共に、「淺井虎夫小傳」を草せる嵐義人君の勞を多とする。

昭和五十二年一月廿三日

律令研究會々長　瀧川政次郎識す

中國ニ於ケル法典編纂ノ沿革（影印版）

緒言

支那法典編纂ノ沿革ニ關シテハ嘗テ支那法制史中ニ略說スル所アリキ今ヤ其遺闕ヲ拾補シ之ヲ單行スルコト、ナセリ初支那法典論ナル題下ニ之ヲ總論各論ニ分チ總論ニ於テ法典編纂ノ沿革編纂ノ方法法典ノ體裁法典ノ特色ヲ論シ各論ニ於テ現存ノ法典ニ就キ解說ヲ與フルノ豫定ナリシモ烏兎匆々未獲麟ニ至ラス僅ニ法典編纂ノ沿革ヲ公刊スルニ過キス此書ノ成ル既ニ久シト雖未發表ノ期ニ至ラサリシカ京都法學會ハ其研究叢書ノ一トシテ之ヲ刊行スルノ幸榮ヲ與ヘラレシハ生ノ感謝ニ堪ヘサル所ナリ些カ本書ノ來由ヲ叙シ

テ以テ序ニ代フ

明治四十四年六月

淺井虎夫識

支那ニ於ケル法典編纂ノ沿革目次

目次終

支那ニ於ケル法典編纂ノ沿革

淺井虎夫著

第一章　總論

法律ヲ彙集シ組織シテ一ノ法典ト爲スコトハ夙ニ歐洲諸國ニ行ハレ現時ニ至ルマテ存續セリ今飜テ支那ニ於ケル法典編纂ノ沿革ヲ看ルニ古來此ニ留意セラレシ者ノ如シ古戰國ノ際魏ノ李悝カ法經六篇ヲ編セシヨリ近クハ現朝ニ至ルマテ歷代編纂セラレタル法典ノ目數百ヲ以テ數フヘシ蓋シ又盛ナリト謂フヘキナリ」凡法律ノ初テ法典ニ編纂セラルヽニ至ルマテニハ其間自順序アリ而シテ其順序タルヤ國ニヨリテ異ル所アリ是ニ於テ學者ノ說ク所亦同一ナラス或ハ曰法律ノ第一時期ハ卽慣習法ノ時期ニシテ第二時期ハ特殊ノ人カ此等ノ慣習法ヲ集メテ私典ヲ作ル時期ナリ第三時期ハ此等ノ私典ヲ本トシテ裁判官ノ判決ヲ集メ一ノ

審定法ヲ作ル時期ナリ第四時期ハ社會ノ進歩ニ伴ヒ必要ナル單行法ヲ發シ次テ之ヲ集メ組織シテ法典ト爲スノ時期ナリト之ニ據レハ慣習法時期ヨリ法典時期ニ到達スル迄ニハ又幾多ノ時期ヲ經過スヘキナリ但事實上國ニヨリテ必シモ此順序ニ因ラス或ハ慣習法ニ據リテ法典ヲ編セサルモノアリ或ハ慣習法時期ヨリ直ニ法典時期ニ至ルモノアリ

今之ヲ支那ニ觀ルニ其古代ニ於テハ慣習法ニヨリテ支配セシハ事實ナルヘシ凡慣習法ニ止マレル時期ハ即不成文時代ニシテ多數ノ人ノ行ヒ來レル慣習ニ據リテ支配スヘキモ社會ノ進歩スルニ從ヒ世事複雜トナリ之ヲ自覺スルノ難キニ及ヘハ此等ノ慣習法ヲ筆錄シ或ハ記憶スルノ必要起リ遂ニハ人民ノ不安ヲ除カンカ爲ニ之ヲ公示シ若クハ其請ニ從ヒテ呈示スルニ至ルヘキハ自然ノ勢ナリ法ノ公示ハ法ヲ犯スノ豫備ナルニ止マラス法ノ濫用ヲ防ク所以ナリ而シテ支那カ慣習法時期ヨリ進テ法ヲ公示スルニ至リシハ抑何ノ時ニ始マルヤ周官ニハ法ノ公示ニ關スル記載多シト雖該書ハ春秋戰國時代ノ述作ニ係リ果シテ周制ヲ記載セルヤ否ヤニ關シテハ異論多シ此故ニ周官ハ全ク信用スヘカラストスルモ周官以

外ニ確實ナル史籍ニ照シ虞夏ノ際既ニ法ノ公示アリシヲ論スル者アルニ至テハ吾人ノ注意ヲ牽ク蓋鮮少ナラス

凡國ノ東西ヲ問ハス法ヲ公示スルニ至ルハ其國民ノ發達進歩ニ關シ重要ナル時期ニ到達セルヲ證明セルモノナリ何トナレハ法ノ公示ハ明ニ法ノ濫用ヲ防キ其腐敗ヲ免レ社會ノ進歩ニ伴フ所以ナレハナリ之ニ反シテ法ノ公示ヲ見ルコトナキ國民ハ遂ニ社會ノ進歩ニ伴フコト能ハサルヘシ若夫支那カ唐虞以降周ニ至ル間凡千有餘百年法ノ公示ナシトスレハ文化ノ發達ハ頗遲緩ニシテ社會的現象ハ極メテ簡單ナリトセサルヘカラス

然レトモ支那史ヲ學ヒタル者ハ何人カ之ヲ信スヘキ唐虞以降社會的現象ハ漸ヲ逐テ複雜ニ赴キシハ否定スヘカラス殊ニ原始時代ヨリ一轉唐虞ノ有史時代ニ入ルヤ社會的現象ニ著ルシキ變化ノ存スルヲ見ル此際ニ當リテ法ノ公示ヲ見ル豈偶然ナランヤ蓋法ノ公示ハ社會ノ進歩ニ伴ヒ必然來ルヘキ現象ナレハナリ而シテ唐虞ノ世既ニ法ノ公示アリシコトハ尚書ニ見エタル象刑ニヨリテ之ヲ知ルヘシ以下象刑ノ何タルヤニ就キテ辯スル所アラントス

象刑ノ二字ハ尙書ニ見ユ虞書ニ象以典刑益稷ニ象刑惟明トアル是ナリ然ルニ此象刑ノ意義ニ關シテハ古來異說アリ其最廣ク行ハレタルハ此ヲ以テ章服ヲ異ニシ衣冠ヲ畵スルノ義ニ採リ一種ノ名譽刑ノ如ク解釋セルモノ是ナリ卽犯罪者ノ衣服冠飾ノ色質ヲ區別シ一見シテ其犯罪者タルヲ知ラシムル刑罰ニシテ「ゼルマン」ノ古代ニ行ハレタル Ehrenstrafe ノ中ナル Symbolische procession (Grimm; Deutsche Rechtsgeschichte.) ノ如ク解セリ此ノ說ノ最古キハ周愼到ノ撰ト稱スル愼子ニ見エタル戮ノ解ナリ（註一）卽墨刑者ニハ幪巾ヲ劓刑者ニハ草纓ヲ刖刑者ニハ菲履ヲ宮刑者ニハ艾鞸ヲ大辟刑者ニハ領ナキ布衣ヲ用ウルカ如シ但此書果シテ愼子ノ撰ナリヤ詳ナラサルモ戰國ノ際既ニ此說ヲ採用セル者アリシハ荀子ノ中ニ詳ナリ（註二）以來漢儒ハ多ク此說ヲ主持シ漢伏勝ノ撰ト稱スル尙書大傳（註三）後漢鄭玄ノ周官司圜註（註四）班固ノ白虎通（註五）ノ如キ殊ニ漢書ノ如キハ文帝武帝ノ詔ニ之ヲ揭ケタリ（註六）以來此說ニ從フ者殆枚擧ニ堪エス然レトモ此說ヲ採用セル者ハ咸唐虞ノ世ヲ以テ理想上ノ治世ト見做シアラユル善政ハ此時代ニ實現セラレタリトノ信念ニ本ツキ儒家カ政治ノ手段ハ道德敎化ニアリテ刑罰ニアラストノ主義

ニヨリ唐虞ノ世刑罰アリト言フヲ欲セス彼ノ五刑ノ如キ殘刻ナル刑罰ハ唐虞以後道德衰ヘタル時代ニ起リ當時畫象ノ刑ナル者アリテ犯人ニ恥辱ヲ與ヘタルニ過キスト論セリ要スルニ一種ノ方便說ナリ荀子モ夙ニ畫象ノ說ヲ否認セリ（註二參考）然ルニ象ヲ或ハ法ニ解スル者アリ孔安國撰ト稱スル書傳ノ如キ是ナリ即象以典刑トハ法ニ依リテ常刑ヲ行フノ意ナリト孔穎達ノ疏之ヲ布衍シ淸ノ焦循亦此說ニ左袒セリ（註七）然レトモ象ノ字之ヲ法ニ解シ得ヘキヤハ疑問ナリ要スルニ以上諸說ノ如キハ未象刑ノ義ヲ盡セルニアラサルナリ

象刑既ニ畫象ノ刑ニアラス又象ヲ法ト解スヘキノ理ナシ是ニ於テ宋ノ程大昌ハ刑ヲ用ウル物象ヲ摸寫シテ明ニ民ニ示スノ義ナリト解シタリ即法ノ公示ナリ其說攷古編ニ詳ナリ

弘安國之傳象刑曰、象法也法以用刑也、以象爲法、於義既迂、而法以用刑、似非六經語、故世以爲疑、至荀況氏出疑、異冠服之不足以懲也、遂作意直詆、以爲無有、故其言曰、象刑不生於治古、起於亂今也、象刑虞書嘗兩出、又親記舜語、若舍之不據、則堯舜不足祖、典謨不作經矣、然則何以、曰古無全制、則當參其類、而求之類、既相比、則當推其理、以究之、待其彼此交質、相說以解、則古制見矣、夫既謂象、必有形可繪、有狀可示也、則凡謂爲象者、其必於形象焉求之、豈容泛言也、云云、象刑云者、是必模寫用刑物象、以明示民、使知愧畏、而何他求泛說哉、云々、周之闕名象魏、象魏者取其巍々然也、象者、實有六典事物之象、晝著其上也、司寇之職、正月則垂刑象之法于象魏、使萬民觀刑象、挾日而歛之、皆其爲制、正本有虞也、云々、周言刑象命其形也、虞言象刑著其成也、其實一已、六官皆有職、六職皆有具、治、敎、政、禮、刑、工、隨其事物各圖寫之、其繪事屬刑者、則刑官取而垂之魏闕、是爲刑象、由刑象以推唐虞、則象刑云者、以有象而名、可類推也。（象刑辯）

程大昌ノ說ヲ細說スレハ既ニ象ト曰フ必形アリテ畫クヘク狀アリテ示スモノナラサルヘカラス此故ニ象刑ハ刑ヲ用ウル物象ヲ摸寫シテ明ニ民ニ示シ民ヲシテ愧畏セシムルヲ言フ蓋類ヲ周官ニ求ムレハ其刑象ノ法ヲ象魏ニ垂レ萬民ニ示シ日ヲ經テ之ヲ撤去スルノ制卽是ナリト此說最正當ヲ得タリ蓋象刑ハ文字若クハ繪畫ヲ以テ刑罰ヲ用ウル狀況ヲ摸寫シ民ニ公示スルノ意ナリ而シテ此說ハ宋ノ錢時モ亦之ヲ採用セリ

融堂書解曰、象者所以示民也、若曰犯某罪者麗其法、昭然條理、揭而示之、司寇垂刑象

之法于象魏、使萬民觀刑象、挾日而斂之、即其遺意也。以來唐律釋文ニ引ケル吳氏王氏ノ解（註八）明ノ吳訥（註九）章潢（註十）ノ如キ皆之ヲ襲用セリ

既ニ法ノ公示アリ遂ニ法典ヲ編纂スルニ至ルヘキハ蓋順序ナリ支那ニ於テ法典ヲ編纂セシ最初ノ時代ハ詳カナラス或ハ唐虞制令、皐陶法律、夏政典、禹法、湯令、般刑書、三王法令等ノ名アルニ據リテ當時既ニ法典ノ存在セシヲ説ク者アリト雖此等ノ名稱ハ皆後世ノ假託ニシテ正確ナル史實ニアラス其之アルハ戰國ノ時魏ノ李悝ノ撰セシ法經六篇ニ始マル但法經六篇モ突如編纂セラレシニアラスシテ是ヨリ先春秋ニ於ケル鄭ノ刑鼎竹刑晉ノ刑鼎ノ如キ其先驅ヲ爲シ當時各國ニ存セル刑典ニヨリテ編纂セシモノナレハ法經六篇以前ニ法典アリシハ明ナリ然レトモ其名稱ヲ傳ヘサルヲ以テ吾人ハ魏ノ李悝ノ撰セル法經六篇ヲ以テ其始ト爲サヽルヲ得ス

法典既ニ編纂セラルレハ法ハ常ニ靜止ノ狀態ニ在リ而ルニ社會ハ進歩發達シテ已マス是ニ於テ一度法典編纂セラルヽモ新ナル法律ハ次第ニ制定セラレ或ハ前

法ヲ變改シ或ハ自然消滅ニ歸シ幾ナクシテ又法典編纂ニ從事スルニ至ルヘキハ當然ナリ此故ニ法經六篇以後秦漢魏晋南北朝及隋唐五代宋遼金元明ヲ經テ現代ニ至ル迄新ナル法典ハ次第ニ編纂セラレ一代ノ間或ハ數度或ハ數十度ノ改修ヲ看ルニ至リ就中宋代ノ如キ約二百ノ法典ヲ算スルニ及ヘリ今各時代ニ分チ此等ノ法典ニ就キ細説スヘシ

註

一 愼子曰、有虞氏之誅、以幪巾當墨、以草纓當劓、以菲履當刖、以艾韠當宮、布衣無領當大辟、此有虞之誅也、斬人肢體、鑿人肌膚、謂之刑、畫衣冠、異章服、謂之戮、上世用戮而民不犯也、當世用刑而民不從（太平御覽卷六百四十五〇單行本アレトモ今御覽ニ據ル）

二 荀子曰、世俗之爲說者、曰、治古無肉刑、而有象刑、墨幪、澡嬰、共艾畢、菲對屨、赭衣而不純、治古如是、是不然、以爲治邪、則人固莫觸罪、非獨不用肉刑、亦不用象刑矣、以爲人或觸罪矣、而直輕其刑、然則是殺人者不死、傷人者不刑也、罪至重而刑至輕、庸人不知惡矣、亂莫大焉、（正論篇）

三 尙書大傳曰、唐虞象刑、而民不敢犯、苗民用刑、而民興犯漸、唐虞之象刑、上刑赭衣不純中刑雜屨、下刑墨幪、以居州里而民恥之、而反於禮、唐虞象刑、犯墨者蒙帛、犯劓者赭其衣、犯臏者以墨幪臏處而畫之、犯大辟者布衣無領。虞夏傳、唐傳、

四 周官司圜註曰、弗使冠飾者、著墨幪、若古之象刑與同疏曰、按孝經緯云、三皇無文、五帝畫象、三王肉刑、畫象者、上罪墨蒙、赭衣、雜屨、中罪赭衣、雜屨、下罪雜屨而已。

五 白虎通曰、畫象者、其衣服象五刑也、犯墨者蒙巾、犯劓者以赭著其衣、犯臏者以墨幪其臏、象而畫之、犯宮者屝、犯大辟者布衣無領。前漢書卷六師古註所引。

六 漢書卷二十三曰文帝即位十三年云々下令曰、制詔御史、蓋聞有虞氏之時、畫衣冠異章服以爲戮、而民弗犯何、治之至也。刑法志

漢書卷六曰、元光元年五月、詔賢良曰、朕聞、昔在唐虞畫象而民不犯。武帝紀

七 尙書補疏曰、循按、廣雅云、象效也、法與效義同、有所效法則謂之象、易繫辭傳云、象也者像此者也、像似也、有所效法則有所似續象。

尙書舜典傳曰象法也、法用常刑、用不越法、正義曰、易繫辭云、象也者象此者也、又曰、天垂象、聖人則之、是象爲倣法、故爲法也。

八 唐律疏義卷一疏曰、逮乎唐虞、化行事簡、議刑以定其罪、畫象以愧其心、註云、舜典、象

以㆓典刑㆒、呉氏曰、圖㆓所㆑用㆑刑之象㆒、以示、使㆓智愚皆知㆒、王氏曰、若㆓周典垂㆓刑象于象魏㆒是也。

九 祥刑要覽曰、問、象以㆓典刑㆒、如何爲㆑象、曰、此言㆑正㆓法象㆒、如㆘懸㆓象魏㆒之象㆖、或謂、畫爲㆓五刑之狀㆒、亦可也。

一〇 圖書編卷百二十二曰、書曰、象以㆓典刑㆒、制㆑法定㆑律之始、注、象懸㆑法而示㆑之儀式也、典常也、此刑即墨劓剕宮大辟之五者、周懸㆓法象魏㆒本㆑此、時未㆑有㆓律書㆒。

第二章　法經

一

前章ニ於テ法典編纂ノ初ハ簡單ナル記錄記憶ニ起リ遂ニ之ヲ集大成シ組織シテ法典トナスニ至レルコトヲ論セリ而シテ此ノ如キ法典ノ最初ト目セラル、モノハ戰國ニ於ケル魏ノ法經ナリ然ルニ學者往々唐虞以來既ニ法典ノ編纂アリシヲ說ク者アリ宋王應麟ノ撰セル玉海卷六十五ニ唐虞制令、皐陶法律、夏政典、科條、禹法、湯四方獻令、湯令、殷刑書、周刑書、三法、三王法令、周律、周法等ノ名目ヲ掲ケタリト雖皆後世ノ假託ニシテ正確ナル史籍ニ依リテ記載セルニアラス尙書大傳ニハ夏刑三千餘唐律義序ト見エタレトモ其書既ニ信スヘカラス尙書呂刑ニ至テ初テ墨罰ノ屬千劓罰ノ屬千剕罰ノ屬五百宮罰ノ屬三百大辟ノ罰二百五刑ノ屬三千ノ數アリ是ニ於テ當時既ニ法典編纂アリト說ク者アリ荻生觀ノ如キ是ナリ（註一）然レトモ寧簡單ナル記錄ニ止マリシカ如シ呂刑三千果シテ組織セラレタル法典ナリヤ疑ナキ能ハス此他周官司刑ニモ墨罪五百劓罪五百宮罪五百刖罪五百殺罪五百ヲ掲ケタ

リ要スルニ法典トシテ正確ナル史上ニ表ハレタル者ハ一モ見ル所ナシ

法經ハ魏ノ文侯ノ時李悝撰スル所ナリ唐律疏義卷一ニ曰ク魏文侯師ニ於李悝、集ニ諸國刑典、造ニ法經六篇、一盜法、二賊法、三囚法、四捕法、五雜法、六具法。唐六典卷六ニ曰ク、魏文侯師ニ李悝、集ニ諸國刑書、造ニ法經六篇、一盜法、二賊法、三囚法、四捕法、五雜法、六具法。ト杜佑通典亦之ヲ掲ケタリ(註二)此ノ如ク法經ハ其條數ヲ詳ニセサルモ凡テ六篇ヨリ成リ之ヲ盜法、賊法、囚法、捕法、雜法、具法ト名ツケシコト知ルヘシ盜法賊法ハ唐ノ賊盜律詐僞律ニ囚法ハ斷獄律ニ捕法ハ捕亡律ニ雜法ハ雜律ニ各相當シ其具法ハ即名例律ニ當レリ要スルニ李悝ノ法經ハ内容ヲ詳ニセサルモ多少組織セラレタル法典ナリシハ明ナリ

註

一 (官准刊行) 明律跋曰、其有虞氏之代、爲レ有ニ成典ニ歟、爲レ無ニ成典ニ歟、是未レ可レ知焉、傳曰、五刑之屬三千云爾也、君子蓋闕如、雖レ然先王所ニ以齊ニ斯民ニ者、何以示ニ於後世ニ耶、將レ有ニ成典ニ也、今亡焉。

二 杜氏通典卷一百六十三曰魏文侯師ニ李悝ニ選ニ次諸國法ニ著ニ法經ニ以爲ニ王者之政ニ莫レ急ニ

於盜賊、故其律始於盜賊、須劾捕、故著囚捕二篇、其輕狡、越城、博戲、借役、不廉、淫侈、踰制、以爲雜律一篇。又以其律具其加減、是故所著六篇而已、然皆罪名之制也。

二

唐律疏義及六典共ニ李悝法經ハ諸國ノ刑典ヲ集メテ編纂セルコトヲ曰ヘリ此等諸國ノ刑典ハ史ニ傳ヘサルヲ以テ之ヲ詳ニシ難シト雖彼ノ春秋ノ際ニ於ケル鄭ノ刑鼎（註一）竹刑（註二）晉ノ刑鼎（註三）刑書（註四）ノ如キ其材料トナリシハ疑ヲ容レス此等ノ刑典ニ關シテハ左傳及國語ニ詳ナリ刑法ヲ鼎ニ鑄込ミタルニヨリテ之ヲ刑鼎ト名ツケ竹簡ニ書セルニヨリテ竹刑ト曰フ共ニ簡單ナル刑典ナリ素ヨリ內容形式ヲ傳ヘサルヲ以テ知ルニ由ナキモ既ニ刑書ト曰フ必ヤ犯罪ト刑罰トヲ規定セルヤ疑フヘカラス

註

一 左傳曰、鄭人鑄刑書、叔向使詒子產書曰、始吾有虞於子、今則已矣、昔先王議事以制、不爲刑辟、懼民之有爭心也、云々、夏有亂政、而作禹刑、商有亂政、而作湯刑、周有亂政、而作九刑、三辟之起、皆叔世也、今吾子相鄭國、作封洫、立謗政、制參辟、鑄刑書、將以靖

民不亦難乎。昭公六年三月

二左傳曰、鄧駟歂殺鄧析、而用其竹刑、君子謂、子然於是不忠、定公九年。註云、鄧析鄭大夫、欲改鄭所鑄舊制、不受君命、而私造刑法、書之於竹簡、故云竹刑。

三左傳曰、冬、晉趙鞅荀寅帥師城汝濱、遂賦晉國一鼓鐵、以鑄刑鼎、著范宣子所爲刑書焉、仲尼曰、晉其亡乎、失其度矣。昭公二十九年

四國語曰、范宣子與和大夫爭田、久而無成、宣子欲攻之、云々、宣子問於訾祏、訾祏對曰、昔隰叔子、違周難於晉國、云々、及爲成師、居太傅、端刑法、緝訓典、國無姦民。晉語

三

李悝ノ法經六篇ハ現時之ヲ傳ヘス夙ニ散佚セルモノヽ如ク歷代經籍志諸家目錄ニ著錄セルモノアルヲ見ス然ルニ漢學堂叢書ノ中ニ法經六篇トシテ收錄セルモノアリ清ノ孫星衍ハ之ヲ信用セル者ノ如ク法經序ヲ作テ左ノ如ク論セリ

李悝法經六篇、存唐律中、即漢藝文志之李子三十二篇、在法家者、後人援其書、入律令、故隋以後、志經籍諸家不載、据唐六典注稱、魏文侯師李悝、集諸國刑書、造法經六篇、一盗法、二賊法、三囚法、四捕法、五雜法、六具法、元王元亮唐律疏議云、盗法今賊盗律、賊法

今詐僞律、囚法今斷獄律、捕法今捕亡律、雜法今雜律、具法今名例律是也、今依其說、錄爲法經六篇、按悝書、以盜法在前者、罪擧其重、以具法在末者、古人撰述、率皆以序錄附本書後、是其例、自蕭何益戶興廐三篇、爲九章、則具法在中篇、非原書次第之義、故魏晋時遂改具律、爲刑名第一、後人又惡盜法多言不順之事、不欲置之首篇、復移其篇第、如今律耳、法家之學、自周穆王作呂刑、後、有春秋時刑書竹刑及諸國刑典、未見傳書。惟此經爲最古、漢律則散見于說文漢書注、而全篇已亡、雖此六篇內有天尊佛像道士女冠僧尼諸文、爲後世加增、如神農本經之有郡縣名、其篇數經累代分合、亦不能復循漢志三十二篇之舊、然信爲三代古書、未火于秦、足資經證、不可誣也。嘉穀堂集卷一

然レトモ此書ノ僞撰ナル事ハ一覽シテ明白ナリ文體既ニ戰國ノ體ニアラス且內容全ク唐律ニ類シ戰國ノ時勢ニ適セサル者アリ蓋唐律ニ本ツキテ後人ノ僞作スル所ニ係ル

第三章　漢ノ法典

第一節　前漢ノ法典

第一款　約法三章

一

魏ノ李悝法經六篇ヲ編シテヨリ戰國ノ間又法典ノ編纂アリシコト史ニ傳ヘス秦ノ時商鞅李悝ノ法ヲ改メテ律ト曰ヒシ事六典注ニ見エタリ（註一）サレハ當時之ヲ盜律、賊律、囚律、捕律、雜律、具律ト名ツケシカ如シ刑法典ヲ名ツケテ律ト曰フコト是ニ始マル然レトモ此果シテ事實ナリシヤ明カナラス普通漢ノ九章律ヲ以テ律ノ起原ト解セリ但漢書蕭何傳ニ秦ノ律令圖書ヲ收メシコトヲ載セタレハ秦ニ律令ノ存セシニ似タリ（註二）果シテ商鞅ノ律ナリヤ明ニシ難シ或ハ漢ノ律令ニ相當スル法令ヲ收メシノ意ナリヤ知リ難シ

註

一　六典卷六曰、商鞅傳レ之、改レ法爲レ律、以相レ秦。刑部郎中員外郎註

二　漢書卷三十九曰、沛公至二咸陽一、諸將皆爭走二金帛財物之府一、分レ之、何獨先入、收二秦丞相御史律令圖書一藏レ之。蕭何傳

三

漢ノ高祖元年十月高祖咸陽ニ入ルニ及ヒ其翌月父老ト法三章ヲ約セルコトアリ此蓋漢代法ノ發布ノ始ナリ此事史記高祖本紀漢書高帝紀及刑法志ニ詳ナリ所謂法三章トハ人ヲ殺ス者ハ死人ヲ傷ツケ及盜スル者ハ罪ヲ科ス是ナリ（註一）此素ヨリ法典編纂ニアラサルモ他日蕭何カ律九章ヲ編スルノ因ヲ爲セルモノナリ法三章ヲ約スト曰ヘルニヨリ或ハ之ヲ約束ノ約ト同視シ高祖ト父老ト約束シテ法三章ヲ定ムルノ意ト解スル者アリ或ハ節約省約ノ約ト同視シ秦ノ苛法ヲ除キ僅ニ法三章ニ節約スルノ意ト解スル者アリ宋ノ劉昌詩ハ約束ノ約ニ解シ（註二）太宰春臺モ亦約束ノ意ニ採リ約法ノ説ヲ立テタリ（註三）然ルニ明ノ薛崗ハ舊説ニ依リ節約ノ意ニ解シタリ（註四）蓋高帝紀ニ從ヘハ約束ノ約ト解スルヲ穩當トスヘク刑法志ニ從ヘハ省約ノ約ト解スルヲ穩當トスヘシ強テ一方ニ偏スルノ要ナキナリ

一　史記卷八曰、漢元年十月、沛公還軍霸上、召諸縣父老豪傑曰、父老苦秦苛法久矣、誹謗者族、偶語者棄市、吾與諸侯約、先入關者王之、吾當王關中、與父老約法三章耳、殺人者死、傷人及盜抵罪、餘悉除去秦法。高祖本紀
漢書卷一曰、元年冬十一月、召諸縣豪桀曰父老苦秦苛法久矣、誹謗者族、耦語者棄市、吾與諸侯約、先入關者王之、吾當王關中、與父老約法三章耳、殺人者死、傷人及盜抵罪、餘悉除去秦法。高帝紀
漢書卷二十三曰、漢興、高祖初入關、約法三章、曰、殺人者死、傷人及盜抵罪、蠲削煩苛、兆民大說。刑法志

二　蘆浦筆記曰、約法三章、自班氏作刑法志謂、高祖初入關約法三章、至今以爲省約之約、皆作一句讀、予觀紀所書云、吾與諸侯約、先入關者王之、吾當王關中、與父老約法三章耳、若以與父老約法三章耳八字作一句、恐不成文理、合於約字句斷。則先與諸侯約、今與父老約、不惟上下貫穿、而法三章而已、方成句語。

三　經濟錄第八曰、國家ヲ經營スルニ約法ト云事アリ、約法トハ約束ノ意ナリ、法ヲ

立テ上ト下ト相約シテ守ルヲ約法ト云、漢ノ高祖秦ヲ破リテ咸陽ニ入玉ヒシ初ニ、咸陽ノ民秦ノ苛法ニ困窮セルヲ知リ玉ヒ、咸陽ノ父老ヲ召集メテ今迄ノ法ヲ捨、向後ノ爲ニ新ニ法三章ヲ約シ給フ、云々是約法ノ祖ナリ、約ハ誓約ノ意ニテ此法ヲ永々迄變改スマシキ事ヲ民ト相約スルナリ、今ノ世ニ國家ヲ治ル術ハ約法ニ勝ルコトナシ。法令

四天爵堂筆錄曰、史記、漢王約法三章、約之爲言節也、言父老苦秦苛法、曰餘悉除去秦法、則秦法極繁、沛公特節之而爲三章而已、非相約也。

第二款　律九章

漢既ニ天下ヲ一統スルニ及ヒ三章ノ法以テ天下ヲ治ムルニ足ラサルニヨリ蕭何又刑法典ヲ編纂セリ所謂律九章是ナリ（註一）律九章トハ李悝ノ法經六編ニ戶律、興律、廐律ノ三律ヲ加ヘテ合セテ九篇ノ律ヲ曰フナリ戶律ハ唐ノ戶婚律、興律ハ擅興律、廐律ハ廐庫律ニ各相當セリ此事唐律疏義ニ見エタリ（註二）唐六典ニハ之ヲ九章九律ト謂ヘリ（卷六刑部郎中員外郎註）九章律ハ即漢代ニ於ケル最初ノ刑法典ナリ而シテ刑法

典ヲ目シテ律ト謂フ所以ニ關シテハ二説アリ一ハ律ハ律呂ノ律ニシテ六律ノ度量衡ヲ正スカ如ク刑書ノ諸罪ヲ斷定スルニヨリテ此ノ如ク名ツクト（註三）一ハ古竹ヲ以テ造レル具ハ皆之ヲ律ト曰フ刑書モ古ハ竹簡ニ書セシニヨリ此ノ如ク名ツクト（註四）凡原義ト意義トハ別ナリ意義ハ時ニヨリ人ニヨリ之カ解釋ヲ異ニスト雖其原義ハ一ナリ今説文解字ニ據ルニ律ノ古文律ナリ許愼ノ解ニ均布也、从彳聿、聲呂戌切トアリ均布ハ許愼ノ解ナリ律ノ字彳聿ノ二字ヨリ成ルトスレハ律ノ原義ハ此二字ニ存セサルヘカラス同書彳ノ解ニ曰、小步也、象人脛三屬相連也、又聿ノ解ニ曰、所以書也、楚謂之聿、吳謂之不律、燕謂之弗、トアリ之ニ據レハ聿ハ書ク具ナリ竹ヲ用ウレハ之ヲ筆ト曰フ要スルニ筆ヲ取リテ人ノ緩步セル象ナリ是ニ於テ特殊ノ人ノ記錄セルモノ即律ナルニ似タリ按スルニローマ法ノ Lex ハ民會ニテ作リシ法律ヲ意味シ其語源ハ Legere 即讀ムノ義ヨリ出テ民會ニテ讀ミシ者即法律ナリト云ヘリ支那ノ律ハ記錄スルノ義ヲ有ス其關係似タル所アリ

註

一　漢書卷二十三曰、其後四夷未附、兵革未息、三章之法、不足以禦姦、於是相國蕭何、攈

摭秦法、取二其宜一於レ時者、作二律九章一。刑法志

二　唐律疏義卷一曰、漢相蕭何、更加二悝所レ造戸興廐三篇一、謂二九章之律一。

三　大學衍義補卷一百二曰、臣按、律之名始見レ於レ此、春秋之時、子産所レ鑄者、謂二之刑書一、戰國之世、李悝所レ著者、謂二之法經一、未下以レ律爲上レ名也、律之言、昉二於虞書一、蓋度量衡受二法於律一、積レ黍以盈、無二錙銖爽一、凡度之長短、衡之輕重、量之多寡、莫レ不レ於レ此取上レ正、律、以著レ法、所下以裁二制群情一、斷中定諸罪上、亦猶二六律正二度量衡一也、故制レ刑之書、以レ律名焉。定律令之制

按スルニ律ノ字多クハ六律六呂ノ律ニ用キラレ商鞅ノ六律蕭何ノ九章律ヨリ以前ニ刑法ノ義ニ用キラレタルモノアルヲ見ス虞書ノ同二律度量衡一ノ律ハ書傳ニ法制ト解スレトモ多數ノ學者ハ律呂ノ律ニ解シ易ノ師卦初六爻ノ辭ニ師出以レ律、否藏凶トアル律モ王弼ハ何等ノ解ヲ與ヘサリシモ孔穎達ノ疏ニハ法也ト釋セリ然レドモ史記律書ノ意ニヨリテ此文ヲ解セハ又律呂ノ律ナルハ疑ヲ容レス僞古文ノ中ニハ往々法度ノ意ヲ表ハスニ之ヲ用キタルモノアリ例ヘハ微子之命ニ律二乃有民一トアリ傳ニ以二法度一齊二汝所レ有之人一トアルカ如キ是ナリ然ルニ韓非子ニ至リ其飾邪篇ニ舍二法律一而言二前王一ノ語アリ此素ヨリ

律呂ノ律ヲ以テ解スヘキニアラス法制又ハ刑法ノ義ナリ當時既ニ諸國ニ刑法典アレハ韓非子ハ此等ヲ指シテ律ト曰ヒシニ似タリ

四 天香樓偶得曰、法律律令、今人多習用、究未詳律義何意、一說、律爲萬法所出、故法令謂之律、亦缺精確、愚按、古人以竹爲器、皆名曰律、故黃帝截竹爲管、謂之十二律、又筆曰不律、又理髪篦亦曰律、然則法律律令、當定書其法令於竹簡之上、如孔子所云文武之改布在方策者耳、故古稱三尺法、謂律三尺也、而鹽鐵論則曰、二尺四寸謂之律、蓋周尺短、秦漢尺長、凡周尺一尺、秦漢八寸三分、二尺四寸、是其度適相符矣。

第三款　律令

蕭何九章律ヲ編シテヨリ以降漢代法典編纂ノ擧少ナカラス高帝ノ時張蒼ニ命シテ章程ヲ定メシメ叔孫通亦律ノ及ハサル所ヲ益シ傍章十八篇ヲ作レリ（註一）文帝ノ時鼂錯內史トナリ法令ヲ更定スル所アリ錯ノ改ムル所令三十章トアリ（註二）武帝ノ時張湯越宮律二十七篇ヲ趙禹朝律六篇ヲ編セリ（註一參考）當時律令凡三百五十九章、大辟四百九條、千八百八十二事、死罪決事比萬三千四百七十二事アリ爲ニ文書凡閣ニ滿チ典者徧ク睹ル能ハサリシト云ヘハ律令愈複雜ヲ加ヘシモノヽ如シ(註三)昭帝ノ時律令凡百有餘篇アリ(註四)是ニ於テ删定ノ必要ヲ感シ宣帝ノ本始四年律令ノ削除スヘキ者ヲ條奏セシメタリ當時涿郡太守鄭昌上疏シテ删定ヲ請ヘリ然レトモ遂ニ修定スルニ至ラサリシト云ヘリ(註五)元帝ノ初亦律令ノ削除輕減スヘキモノヲ條奏セシメシカ初元五年遂ニ刑罰七十餘事ヲ省キ保父母同產ノ令ヲ除ケリ(註六)此ノ如ク删定ニ意ヲ用ウト雖律令日ニ增シテ已マス成帝ノ詔ニ今大辟ノ刑千有餘條律令煩多百有餘萬言トアルニテ一斑ヲ察スヘシ(註七)蓋九章律以後ハ獨刑法典ノ編纂ノミナラス令ト目スル行政法典ヲモ編纂スルニ至リ之カ爲ニ愈複雜ニ赴キシハ社會的現象ノ複雜トナルニ從ヒテ當然起ルヘキ事實ナリ

註

一漢書卷一下曰、張蒼定㆓章程㆒、叔孫通制㆓禮儀㆒。高帝紀注ニ如淳曰、章曆數之章術也、程者權衡丈尺斗斛之平法也、師古曰、程法式トアリ。

晉書卷三十曰、叔孫通益㆓律所㆒㆑不㆑及、傍章十八篇、張湯越宮律二十七篇、趙禹朝律六篇、刑法志

二 漢書卷四十九曰、錯所更令三十章。鼂錯傳

三 漢書卷二十三曰、於是招進張湯趙禹之屬、條定法令、作見知故縱監臨部主之法、云々其後姦猾巧法、轉相比、況禁網寖密、律令凡三百五十九章、大辟四百九條千八百八十二事、死罪決事比萬三千四百七十二事、文書盈於几閣、典者不能徧睹。刑法志

四 鹽鐵論卷四曰。方今律令百有餘篇、文章繁、罪名重。刑德第五十五

五 漢書卷八曰、本始四年夏四月詔曰、(上略)律令有可蠲除以安百姓。條奏。宣帝紀

漢書卷二十三曰、時涿郡太守鄭昌上疏言、聖王置諫爭之臣者、非以崇德、防逸豫之生也、立法明刑者、非以爲治、救衰亂之起也、云々、若開後嗣、不若刪定律令、律令一定、愚民知所避、姦吏無所弄矣、(中略)宣帝未及脩正。刑法志

按スルニ刑法志ニハ未及脩正トアリ然ルニ唐六典巻六刑部郎中員外郎注ニハ宣帝時、于定國又刪定律令科條ト見エタリ

六 漢書卷二十三曰、至元帝初立、迺下詔曰、夫法令者、所以抑暴扶弱、欲其難犯而易避也、今律令煩多、而不約、自典文者、不能分明、而欲羅元元之不逮、斯豈刑中之意哉、其議律令可蠲除輕減者、條奏、唯在便安萬姓而已。刑法志

漢書卷九曰、初元五年夏四月、（中略）省刑罰七十餘事、除光祿大夫以下至郎中保父母同產之令。（元帝紀）

七 漢書卷二十三曰、至成帝河平中、復下詔曰、甫刑云、五刑之屬三千、大辟之罰、其屬二百、今大辟之刑千有餘條、律令煩多、百有餘萬言。（刑法志）

第二節　後漢ノ法典

前漢ノ世律令煩多ニシテ屢之カ刪定ヲ企畫セラレシカ王莽簒位スルニ及ヒ舊章ノ存スルモノ幾モナシ後漢ノ光武即位スルニ及ヒ梁統上疏シ有司ニ命シ不易ノ典ヲ定メンコトヲ請ヒシモ帝從ハス（註一）肅宗ノ建初中陳寵鮑昱ノ爲ニ辭訟比七卷決事都目八卷ヲ撰ス鮑昱之ヲ奏上ス（註二）次テ和帝ノ永元六年廷尉陳寵律令條法ヲ鉤校シ之ヲ刪定センコトヲ請ヘリ當時死罪六百十條耐罪一千六百九十八條贖罪以下二千六百八十一條アリト云フ（註三）以テ其條數ヲ察スヘシ獻帝ノ永平四年又格ヲ編ス通典引ク所ノ崔簒執ノ語ニ見ユ（註四）同帝ノ時應劭律令ヲ刪定シ又駮儀ヲ作ル即律本章句、尙書舊事、廷尉板令、決事比例、司徒都目、五曹詔書、春秋斷獄、凡二百五十篇及駁議三十篇八十二事是ナリ（註五）此後法典編纂ニ關シ傳フル所ナシ然シテ此時ヨリ法律ヲ解釋スル學起リ右ノ應劭ノ律本章句ノ外ニ叔孫宣、郭令卿、馬融、鄭玄等ノ諸儒各章句ヲ作ル凡十有餘アリ其言數十萬ニ及フト云フ（註六）

註

一 後漢書卷六十四曰、建武十二年上疏曰、臣竊見、元哀二帝輕殊死之刑、以一百二十三事、手殺人者減死一等、自是以後著爲常準、故人輕犯法、吏易殺人、（中略）宣詔有司、詳擇其善、定不易之典、施無窮之法、天下幸甚、議上、遂寢不報、梁統傳

二 後漢書卷七十六曰、昱高其能、轉爲辭曹、掌天下獄訟其所平決、無不厭服衆心、時司徒辭訟、久者數十年、事類溷錯、易爲輕重、不良吏得生因緣、寵爲昱撰辭訟比七卷、決事科條皆以事類相從、昱奏上之、其後公府奉以爲法。陳寵傳

東觀記曰、建初中、司徒辭訟、久者至數十年、比例倒輕重、非其事類、錯雜難知、鮑昱爲司徒、奏定辭訟比七卷決事都目八卷、以齊同法令、息遏人訟也。玉海卷六十五所引 武英殿叢書本卷十四鮑昱傳較異動アリ

三 後漢書卷七十六曰、寵又鉤校律令條法、溢於甫刑者除之、曰、今律令死刑六百一十、

耐罪千六百九十八、贖罪以下二千六百八十一、溢二於甫刑一者千九百八十九、其四百一十大辟、千五百耐罪、七十九贖罪、春秋保乾圖曰、王者三百年一蠲レ法、漢興以來三百二年、憲令稍增、科條無レ限、又律有二三家一、其說各異、宜レ令二三公廷尉平二定律令一、應下經合レ義者、可レ使二大辟二百、而耐罪贖罪二千八百、幷爲二三千一、悉删二除其餘一上。云々 陳寵傳

按スルニ陳寵ノ家世々律令ヲ以テ仕フ曾祖父咸王莽ノ改制ヲ好マス父子皆官ヲ去リ又出テス莽ノ復徵スルニ及ヒ病篤シト稱シテ之ヲ辭シ其家ノ律令書文ヲ收斂シ皆壁藏スト云フ 陳寵傳 晉書刑法志ニ司徒鮑公撰二嫁娶辭訟決一、爲二法比都目凡九百六卷一トアリ註二諸書ニ合セス

四 通典卷百六十七曰神龜中云々崔纂執曰上略依二初平四年先朝舊格一、諸刑流及死律者、皆首末判定、然後處決云々

五 後漢書卷七十八曰、劭字仲遠、少篤學、博覽多聞、(中略)劭又删二定律令一、爲二漢儀一、建安元年、乃奏レ之曰、夫國之大事、莫レ尚二載籍一也、載籍也者、決二嫌疑一、明二是非一、賞刑之宜允獲二厥中一、俾二後之人永爲レ監焉、云々 逆臣董卓、蕩二覆王室一、典憲焚燎、靡レ有二孑遺一、開辟以來、莫レ或レ茲酷一、云々臣累世受レ恩、榮祚豐衍、竊不二自揆一、貪少云補、輒撰二具律本章句、尚書舊事、廷尉板

令、決事比例、司徒都目、五曹詔書、及春秋斷獄凡二百五十篇、蠲去復重、爲之節文、又集駮議三十篇、以類相從、凡八十二事、其見漢書二十五、漢記四、皆删敍潤色、以全本體、其二十六、博採古今、瓌瑋之士、文章煥炳、德義可觀、其二十七、臣所創造。應劭傳

晋書卷三十刑法志載スル所畧同文ナリ今掲ケス

隋書卷三十三曰、漢朝議駁三十卷。應劭撰、應劭律略論五卷亡。經籍志

六 晋書卷三十曰、漢時決事集、令甲以下三百餘篇、及司徒鮑公撰嫁娶辭訟決、爲法比都目凡九百六卷、世有增損、集類爲篇、結事爲章、一章之中、或事數十、事類雖同、輕重乖異、而通條連句、上下相蒙、雖大體異篇、實相採入、盜律有賊傷之例、賊律有盜章之文、興律有上獄之法、廐庫有逮捕之事、若此之比、錯糅無常、後人生意、各爲章句、叔孫宣郭令卿馬融鄭玄諸儒章句、十有餘家、家數十萬言、凡斷罪所當由用者、合二萬六千二百七十二條、七百七十三萬二千二百餘言、言數益繁、覽者益難、天子於是下詔、但用鄭氏章句、不得雜用雜家。刑法志

唐六典卷六曰。至後漢、馬融鄭玄諸儒十有餘家、律令章句數十萬言、定斷罪所用者、合二萬六千餘條。刑部郎中員外郎注

第三節　漢律令逸

第一款　漢律令ノ篇名

漢代ニ於ケル法典ハ略前節ノ如シ而シテ此他ニ尚編纂年代ヲ詳ニセサル多數ノ法典アリ此等ハ單ニ名稱ヲ存スルニ止マリ偶法文ヲ傳フルモノモ斷篇零文ニ過キスサレハ編者條數ノ如キハ知ルニ由ナシ今漢律令逸ト題シ此等法典ノ篇名ト逸文トヲ彙集セントス而シテ此等ハ多ク史記、同集解、正義、索隱、漢書、同師古注、說文解字、周禮注疏、漢官儀、後漢書、晉書等ニ引用セラレ幸ニシテ現今ニ傳フルヲ得タリ但法典ト稱スルモ其中或ハ法典中ノ一篇ニ過キサルモノアリ或ハ單ニ法令タルニ止マルモノアリ今一一之ヲ辨セス今先其篇名ヲ掲ケ次款以下ニ於テ其逸文ニ及ハントス

令ヲ以テ名ツクルモノ

挈令　挈令ニ挈令（說文）廷尉挈令（漢書張湯傳）光祿挈令（漢書燕剌王旦傳注）ノ別アリ廷尉

挈令ニ關シテハ師古註ニ韋昭曰、在レ板挈也、師古曰、著謂レ明二書之一也、挈獄訟之要也書二於讞法挈令一、以爲二後式一也トアリ漢書溝洫志又租挈アリ師古註ニ租挈收二田租一之約令也ト見ユ說文ニ又樂浪挈令アリ

定令　漢書霍去病傳ニアリ

胎養令　漢書昭帝紀ニアリ

甲令　風俗通、漢書叙傳、同吳芮傳、皇后紀ニアリ

乙令　漢書張釋之傳注、史記張釋之列傳集解ニアリ

令甲　漢書宣帝紀、同叙傳、同章帝紀、同哀帝紀注、同平帝紀注、後漢書光武紀、同歷志、晉書刑法志、賈誼新書ニ見ユ按スルニ宣帝紀註ニ曰、文穎曰、天子詔、所二增損一、不レ在二律上一者爲レ令、令甲者、前帝第一令也、如淳曰、令有二先後一、故有二令甲令乙令丙一、師古曰、如說是也、甲乙者若二今之第一第二篇一耳ト賈誼新書ニハ天子之言、曰レ令、令甲乙是也ト見ユ周易疏ニ漢謂二令之重者一、謂二令甲一トアリ

群碎錄（明陳繼儒撰）曰、令甲、今人稱二法令一曰二令甲一、出二漢宣帝詔一、蓋是法令首卷、觀二江充傳注一、令乙、章帝詔、令丙、可二知想一、漢律有二十卷一耳。

宛委餘篇（明王世貞撰）曰。今人稱二法令一曰二令甲一、以漢宣帝詔、令甲死者不レ可レ生、然是法令之首卷、曰江充傳注令乙騎乘行二馳道中一、章帝詔曰、令丙箠長有レ數、見二鼠璞一甚明、然則令乙者第

二卷也、令丙者第三卷也、漢律當レ有二十卷一。

令乙 漢書江充傳注ニアリ

令丙 漢書章帝紀ニアリ

著令 漢書景帝紀、成帝紀、哀帝紀、平帝紀、吳芮傳、韋元成傳、馮野王傳、後漢書順帝紀、史記平準書ニ見ユ

公令 漢書何並傳注ニ見ユ

功令 漢書儒林傳(公孫弘)、同注、及史記儒林列傳太史公曰ニ見ユ按スルニ師古注ニ功令篇名、若二今選擧令一ト見エ索隱ニハ謂、學者課功、著二之於令一、卽今之學令也トアリ

獄令 漢書百官公卿表注ニ見ユ

秩祿令 漢書文帝紀注及史記呂后紀集解ニ見ユ

宮衞令 漢書張釋之傳注及史記張釋之傳集解ニ見ユ

金布令 漢書蕭望之傳、同高帝紀注、後漢書禮儀志注ニ見ユ按スルニ蕭望之傳師古曰、金布者令篇名也、其上有二府庫金錢布帛之事一、因以名レ篇トアリ

任子令 漢書哀帝紀、同王吉傳ニ見ユ按スルニ此後世ノ蔭子ノ制ナルヘシ

祀令　漢書郊祀志後漢書祭祀志注ニ見ユ

品令　漢書百官公卿表注ニ見ユ

祠令　漢書文帝紀注、史記孝文本紀索隱注ニ見ユ

田令　後漢書黄香傳ニ見ユ

水令　漢書兒寛傳ニ見ユ注ニ爲二用水之次一具立二法令一其得二其所一也トアリ水利ニ關スル法令ナルニ似タリ

律ヲ以テ名ツクルモノ

酎金律　史記平準書、後漢禮儀志注及漢官儀ニ見ユ漢書景帝紀注ニ張晏曰、正月旦作レ酒、八月成、名曰レ酎、酎之言純也、至二武帝時一因二八月嘗酎一會二諸侯廟中一出レ金助レ祭、所謂酎金也、師古曰、酎三重釀醇酒也、味厚、故以薦二宗廟一トアリサレハ酎ハ祭祀ニ用ウル酒金ハ諸侯ノ貢スル金ナリ酎金ニ關スル律ナルニ似タリ

焦氏筆乘巻二曰、漢諸侯王、以二酎金一失レ侯者甚多按漢儀諸侯王歳以二戸口一酎二黄金於漢廟一皇帝臨受二獻金一、金不レ如二斤兩一、色惡、王削レ縣、侯免レ國、注云、因二八月嘗酎一會二諸侯廟中一出レ金助レ祭、謂二之酎金一、酎正月旦作レ酒、八月成、三重釀醇酒也、味厚、故以薦二宗廟一、金黄金也、不レ如レ法者奪レ爵、以二史漢注皆未一レ明、特詳疏レ之。

死委餘篇曰、酎金八月嘗酎、諸侯出レ金助レ祭、三重醇釀爲レ酎、以薦レ廟。

田租稅律　漢書貢禹傳ニ見ユ

尉律　漢書昭帝紀注及說文序ニアリ

小杜律　後漢書郭躬傳ニ見ユ注ニ據レハ小杜ハ前漢杜周ノ子延年ヲ曰フ延年法律ヲ明ニスト然ラハ小杜律ハ小杜ノ律ニテ篇名ニアラサルカ如シ

田律　周禮大司馬注及同士師注ニ見ユ

上計律　周禮典路注、小宰注及漢舊儀ニ見ユ

大樂律　周禮大胥注及後漢書百官志注ニ見ユ

元和定律　後漢書章帝紀、同魯恭傳ニ見ユ

左官律　史記張丞相列傳索隱ニ諸侯王表有二左官之律一、韋昭以爲、左猶レ下也、禁不レ得三下仕二於諸王一也トアリ

漢律　漢書高帝紀注、文帝紀注、初學紀卷二十等散見スル所多シ

賊律　周禮庶氏注ニ見ユ

決事ヲ以テ名ツクルモノ

決事比　漢書刑法志、同朱博傳、後漢書陳寵傳、晉書刑法志、周禮大司寇士師注ニ見ユ大司

寇疏ニ曰其有ㇾ斷ㇾ事ㇾ皆依ニ舊事ㇾ斷ㇾ之、其無ㇾ條、取ニ比類ㇾ以決ㇾ之、故云ニ決事比ㇾ也トアリ

廷尉決事　唐書藝文志ニ廷尉決事二十卷ト見ユ

其他ノ名稱

科品　後漢書安帝紀、濟南安王康傳、劉祐傳ニ見ユ

品式　漢書宣帝紀、同孔光傳ニ見ユ

條式　後漢書秦彭傳ニ見ユ

建武律令故事　唐書藝文志ニ三卷トアリ隋書經籍志ニハ梁建武律令故事一卷亡ト見ユ

廷尉駁事　唐書藝文志ニ十一卷トアリ

以上ノ外漢惠帝ノ時挾書律ヲ除キ高后元年ニ妖言令ヲ文帝元年ニ收帑相坐律令ヲ二年ニ誹謗律ヲ五年ニ錢律ヲ各除ケルノ類前後枚擧ニ堪ヘス此等ハ一時施行セラレタル法令ニシテ法典ニアラサルカ如シ今一々之ヲ揭ケス

第二款　漢律逸

漢律ハ唐代諸家ノ註書ニ多ク引用セラレ爲ニ幸ニシテ傳フルモノ少ナカラス當時漢律既ニ亡スト雖漢以後撰述ノ書ノ傳ハレルモノ多ク其引用セル漢律カ唐代諸家ノ註書ノ資料トナリシナリ其漢以後撰述ノ書ニシテ現時ニ傳フルモノハ直接之ニ據リテ漢律ヲ索メ得ヘキモ然ラサルモノハ必之ヲ唐代諸家ノ註書ニ求メサルヘカラス史記三注漢書師古註ノ如キ其著ルシキモノナリ今管見ニ從ヒ得ル所ヲ左ニ彙集ス咀糟ノ感ナキニアラスト雖略之ニヨリテ漢律ノ一斑ヲ察スルヲ得ヘキカ

漢律序　文帝除肉刑、而宮不易　　史記孝文本紀索隱韋昭云

律　都軍官吏一人　　漢書衛青傳注張晏曰○史記衛將軍傳正義

漢律　有故乞鞫　　史記夏侯嬰傳集解鄧展曰

律　營軍司空軍中司空各二人　　漢書延年傳注如淳曰

律　司空主水及罪人　　漢書百官公卿表注如淳曰

律　都水治渠隄水門　　漢書百官公卿表注如淳曰

律　郡卒史書佐各十八　史記蕭相國世家索隱如淳曰

律　斗食佐史　漢書惠帝紀注如淳曰

漢律　眞二千石、俸月二萬　史記外戚世家索隱如淳曰

律　眞二千石、月得百五十斛　漢書汲黯傳注應劭曰

律　百石、奉月六百　漢書宣帝紀注如淳曰

律　丞相大司馬大將軍奉錢月六萬、御史大夫奉月四萬　漢書成帝紀注如淳曰

漢律　吏二千石、有予告賜告　史記高祖本紀集解○初學記卷二十假六

律　吏二千石以上告歸歸寧、道不過行在所　漢書馮野王傳注如淳曰

漢律　吏五日得一下沐　初學記卷二十假六

律　非始封十減二　漢書宣帝紀注張晏曰

律　矯枉以爲吏　漢書景帝紀注臣瓚曰

律　無害都史　史記蕭相世家集解

尉律　卒踐更一月　漢書昭帝紀注如淳曰

漢律 （卒更三、踐更居更過更） 史記吳王濞傳索隱

漢律 人出一算 漢書惠帝紀注應劭曰

漢律 會稽獻藙 禮記內則三牲用藙注

漢律 會稽郡獻鮚醬 說文解字卷十一下（鮚）

漢律 皮幣率鹿皮方尺直金一斤 史記封禪書索隱

律說 平賈一月得錢二千 漢書溝洫志注如淳曰

律 諸當占租者、家長自各以其物占、占不以實、家長不身自書、皆罰金二斤、沒入所不自占物及賈錢縣官也 漢書昭帝紀注如淳曰

律 稻米一斗、得酒一斗、爲上等、稷米一斗、得酒一斗、爲中等、粟米一等、得酒一斗、爲下等、 漢書平當傳注如淳曰

田律 無干車、無自後射、立旌遂圍禁、旌弊、爭禽而不審者、罰以假馬 周禮大司馬注疏

漢律 疁田茠艸 說文解字卷十三下（疁）

漢律　會稽獻䕯一斗魚　說文解字卷一下（䕯）

漢律　綺絲數謂之絩、布謂之總、綬組謂之首、　說文解字卷十三上（絩）

漢律　賜衣者縵表白裏　說文解字卷十三上（縵）

律　年二十三傅之、疇官各從其父、疇內學之、高不滿六尺二寸以下、爲罷癃　漢書高帝紀注如淳曰○史記項羽本紀集解如淳曰

漢律　以不爲親行三年服、不得選擧　漢書楊雄傳注應劭曰

漢律　列侯墳高四丈、關內侯以下至庶人、各有差、　周禮冢人注

漢律　祠𥘯司命　說文解字卷一上（𥘯）

漢律　祠宗廟丹書告　說文解字卷十三上（綷）

漢律　見姅變不得待祠　說文解字卷十二下（姅）○史記五宗世家索隱

律　棄妻畀所齎　禮記雜記有司官陳器皿注

律　春曰朝、秋曰請、　漢書吳王濞傳注孟康曰○史記吳王濞傳集解孟康曰

律　諸侯春朝天子曰朝、秋曰請　史記魏其武安傳集解

上計律　陳屬車於庭　周禮典路注

尉律　學僮十七已上、始試諷籀書九千字、乃得爲吏、又以八體試之、郡移太史、並課最者、以爲尙書史、書、或不正輙擧劾之、　說文序

大樂律　卑者之子不得舞宗廟之酎、除吏二千石到六百石及關內侯五大夫、取適士顏色和順身體修治者、以爲舞人　周禮大胥注鄭司農曰

律　四馬高足爲傳置、四馬中足爲馳置、下足爲乘置、一馬二馬爲軺置、急乘一馬四乘　漢書高帝紀注如淳曰○史記孝文本紀索隱如淳曰

律　諸當乘傳及發駕置傳者、皆持尺五寸　漢書平帝紀注如淳曰

漢律　名船方長爲舳艫　說文卷八下（舳）

漢律　近塞郡皆置尉、百里一人、士史尉史各二人、巡行徼塞　漢書匈奴傳注師古曰

律說　戍邊一歲當罷、若有急當留守六月　漢書溝洫志注如淳曰

律　胡市吏民不得持兵器及鐵出關　漢書汲黯傳注應劭曰

律　敢盜乘輿服御物、天子至尊不敢渫瀆　（史記呂后本紀集解蔡邕曰）

律　掠者唯得榜笞立　（後漢書章帝紀詔曰）

漢律　與罪人交關三日已上皆應知情　（後漢書孔融傳）

漢律　三人已上無故群飲、罰金四兩　（○史記孝文本紀集解文穎曰　○漢書文帝紀注文穎曰）

律　有罪失官爵、稱士伍　（漢書淮南厲王傳注如淳曰）

律　主守而盜直十金、棄市　（漢書陳萬年傳注如淳曰）

律　鑄僞黃金、棄市　（漢書劉向傳注如淳曰）

律　大逆無道、父母妻子同產、皆棄市　（漢書景帝紀注如淳曰）

律　鬪以及傷人完爲城旦、其賊加一等、與謀者同罪、

詔書無以詆欺成罪　（漢書薛宣傳）

律　殺不辜一家三人、爲不道　（漢書翟方進傳注如淳曰）

賊律　敢蠱人及教令者、棄市　（周禮庶氏注）

賊律　無故入人室宅廬舍、上人車舡、牽引人欲犯法者、其時格殺之、無罪　（周禮朝士注及疏）

漢律　能捕豺貀購百錢　說文解字卷九下（貀）

漢律　齊人予妻婢姦曰姘　說文解字卷十二下（姘）

律令　年未滿八歲八十以上、非手殺人、他皆不坐　周禮司刺注鄭司農云

律　過失殺人、不坐死　周禮司刺注鄭司農云

律　疻痏遇人不以義、爲不直　漢書薛宣傳注應劭曰

律　諸囚徒私解脫桎梏鉗赭、加罪一等、爲人解脫、與同罪　漢書酷吏義縱傳注孟康曰

律　囚以飢寒死曰瘐　漢書宣帝紀注如淳曰

漢律　及其門首洒湑　說文解字卷十一上（湑）

漢律　婦告威姑　說文解字卷十二下（威）

律　民不繇貲錢二十二　說文解字卷六下（貲）

按スルニ律文ニアラサルモ律意ヲ傳フル者少カラス例ヘハ鹽鐵論卷四（刑復第五十五）ニ今盜馬者罪死、盜牛者加、乘車馬馳行道中、吏擧苛而不止、以爲盜馬而罪亦死、ノ如

キノ類枚擧ニ堪エス今律若クハ漢律ト明記セルモノノミヲ採錄シテ其他ニ及ハス又王應麟ノ漢制考ニハ漢律ト明記セルモノノミヲ採用セルモ如淳等ノ律モ亦漢律ナルヲ信シテ之ヲ附加セリ

第三款 漢令逸

令ハ律ニ比シテ存スルモノ少シ今得ルニ從テ左ニ採錄ス

漢令　逝張百人　說文解字卷二上(逝)

漢令　蹶張士百人　史記張丞相傳索隱孟康曰

漢令　蠻夷長有罪、當殊之　說文解字卷四下(殊)

漢令　蠻夷卒有頟　說文解字卷十三上(頟)

漢令　鬲　說文解字卷三下(鬲)

漢律令　簞小筐也　說文解字卷五上(簞)

獄令　若盧主治庫兵將相大臣　漢書百官公卿表注如淳曰

品令　若盧郎中二十八、主弩射　同上

獄令　(都船治水官)　同上

宮衛令　諸出入殿門公事司馬門、乘軺傳者皆下、不如令、罰金四兩　○史記張釋之傳集解如淳曰　漢書同傳注如淳曰

漢令　解衣耕謂之襄　説文解字卷八上(襄)

金布令　不孝死死所爲櫝、傳歸所居縣、賜以衣棺　漢書高帝紀注臣瓚曰

漢律金布令　皇帝齋宿、親帥群臣、承祠宗廟、群臣宜分奉請、諸侯列侯、各以民口數、率千口奉金四兩、奇不滿千口至五百口、亦四兩、皆會酎、少府受大鴻臚食邑九眞交阯日南者、用犀角二、長九寸以上、若瑇瑁甲一、鬱林用象牙、長三尺以上、著翡翠各二十、準以當金、　後漢書禮儀志注○通典卷五十二

金布令甲　邊郡數被兵、離飢寒、夭絶天年、父子相失、令天下共給其費　漢書蕭望之傳

秩祿令　姬並內官也、秩比二千石、位次倢伃下、在八子上　漢書文帝紀注臣瓚曰

祀令

天子行有所之、出河、沈用白馬珪璧各一、衣以繒緹五尺、祠用繒二束酒六升鹽一升、涉渭灞涇雒他名水、如此者沈珪璧各一、律在所給祠具及行沈祠、佗川水先驅投石、少府給珪璧、不滿百里者不沈

後漢書祭祀志注○通典卷五十四

任子令

吏二千石以上、視事滿三年、得任同產若子一人爲郎

漢書哀帝紀注應劭曰

光祿挈令

諸當試者、不會都所免之

漢書燕刺王傳注師古曰

樂浪挈令

織

說文解字卷十三上(織)

令

人有產子者、復勿算三歲、令諸懷妊者、賜胎養穀、人三斛、復其夫、勿算一歲

後漢書章帝紀元和二年正月詔

令甲

諸侯在國、名田他縣、罰金二兩

漢書哀帝紀注如淳曰

令甲

女子犯罪作如徒六月、顧山遣歸

漢書平帝紀注如淳曰

令甲

死者不可復生、刑者不可復息

漢書宣帝紀地節四年詔

令乙　騎乘車馬、行馳道中、已論者、沒入車馬被具　漢書江充傳注如淳曰

乙令　蹕先至而犯者、罰金四兩　史記張釋之傳集解如淳曰　漢書同傳如淳曰

令丙　箠長短有數　後漢書章帝紀詔曰

田令　商者不農　後漢書黃香傳

以上ノ外一時公布セラレタル令ト名ツクル法令少カラス漢文帝ノ箠令ノ如キ是ナリ或ハ著令ノ名ヲ以テ法令ト爲スモノアリ漢書景帝紀ニ年八十以上八歲以下頌繫ト云ヒ史記平準書ニ令三封君以下以レ差出二牝馬一トアルカ如キ是ナリ即著以爲レ令ノ意ナリ

第四章　魏晉以後ノ法典

第一節　總說

漢代ヲ承ケタル魏晉以後ニ至リテハ法典編纂ノ業漸盛ニシテ其組織ノ如キ大ニ整頓セルモノアルヲ見ル殊ニ此時代以後ニ於ケル法典ハ其法文ヲ傳ヘサルモノモ法典ノ卷數篇數及編纂年月編纂者ノ如キハ明ニ史上ニ傳ハレルヲ以テ略形式ノ一斑ヲ察スルニ難カラス加之其逸文ヲ傳フルモノ亦少カラス要スルニ漢代ノ法典ニ關スル資料ノ僅少ナルニ反シ較豐富ナル智識ヲ得ルニ難カラス

魏晉以後國家兩分シ法令二途ニ出ツ所謂政治史上南北朝ノ時代ナリ北朝ニハ元魏東西魏北齊後周相繼キ南朝ニハ宋齊梁陳相承ケ遂ニ隋ノ後周ニ繼キテ陳ヲ合スニ及ヒ國內一統セラル本章ハ此等魏晉六朝ノ法典ニ就キテ敍說セントス其間法典編纂ノ發達進步セル績大ニ見ルヘキモノアリ但宋一代ノ法典ニ關シテハ多ク傳フル所ナシ六典卷六注ニ宋及南齊律之篇目及刑名之制略同ト曰ヒ又令ニ關シ同注ニ宋齊略同晉氏ト曰ヘルニ據リテ考フレハ法典ノ存セシハ明ナリ今此間

ニ於ケル歴代法典編纂ノ沿革ヲ表示スレハ左ノ如シ

	名稱	年代	撰者
魏	新律十八篇	明帝ノ時	陳群劉劭等撰
	州郡令	明帝	陳群劉劭等撰
	尚書官令軍中令百八十餘篇	明帝	陳群劉劭等撰
晋	泰始新律二十篇	武帝泰始三年	賈充杜預等撰
	晋令四十篇	武帝泰始三年	賈充杜預等撰
	六條五條尚書十二條		
後魏	神䴥律	太武帝神䴥中	崔浩等撰
	神䴥令	同上	同上
	太和律	孝文帝太和十五年	
	太和令	同上	
東魏	麟趾格	靜帝興和三年	文襄王等撰
西魏	大統式三卷	文帝大統十年	蘇綽等撰
北齊	齊律十二篇十二卷	武成帝河清三年	趙郡王叡等撰
	新令四十卷二十八篇	武成帝河清三年	趙郡王叡等撰
	權令二卷	武成帝河清三年	趙郡王叡等撰

後周	大律二十五卷二十五篇	武宗保定三年	趙肅拓拔廸等撰
	令	同上	同上
南齊	永明律二十卷	武帝永明九年	竟陵王子良等撰
梁	梁律三十卷	武帝天監二年	蔡法度等撰
	梁令三十卷三十篇	同上	蔡法度等撰
	梁科三十卷	同上	蔡法度等撰
	晋宋齊梁律二十卷		蔡法度等撰
陳	陳律二十卷	永定元年	范泉等撰
	陳令三十卷	永定元年	范泉等撰
	陳科三十卷	永定元年	范泉等撰
	陳新制六十卷		

以下此等ノ法典ニ就キ細説セン

第二節　魏ノ法典

魏ノ時編纂セル法典ハ卽新律十八篇、州郡令四十五篇、尙書官令軍中令百八十餘篇是ナリ

第一款　新律

新律十八篇ハ明帝ノ時司空陳群散騎常侍劉劭等ノ撰ナリ然レトモ主タル編纂者ハ劉劭ニシテ舊科ヲ刪約シ漢律ニヨリテ編纂スル所ナリ（註一）十八篇ノ名稱ハ蕭何ノ九章ニ劫掠、詐僞、毀亡、告劾、係訊、斷獄、請賕、警事、償賦ノ九篇ヲ加ヘシニ因ル但具律ハ改メテ刑名トシ篇首ニ置クコト、ス以來流例トナリ名例ヲ以テ律ノ篇首ニ置ク（註二）蓋九章ハ總括スル所廣キニ失シ內容ト篇名ト相符セサルモノアリ加之社會ノ複雜トナルニ從ヒ之ニ應スル法令ノ爲ニ別ニ篇ヲ設クルノ必要ヲ感シ爲ニ十八篇ノ目ヲ立ツルニ至リシナリ例ヘハ詐僞ニ關スル刑罰ハ從前ハ賊律囚律中ニ規定セシカ改テ詐僞律ノ一篇ヲ立テ官物ノ破毀亡失ニ關スル刑罰ハ賊律等ニ規定セラレシカ新ニ毀亡ノ一篇ヲ立テ之ニ編入セルカ如シ晉書刑法志引ク所ノ序略ニ詳カナリ（註三）其內容ノ一斑ハ同書ニ據ルニ正刑五アリ死刑三髡刑四完刑三作刑三贖刑十一トス又罰金六雜抵罪七アリ合シテ三十七種トス宗廟園寢ヲ犯スヲ大逆無道ト曰ヒ要斬ニ處ス家屬從坐ノ罪ハ祖父母孫ニ及ハス謀反大逆ハ臨時ニ捕ヘテ或ハ汗瀦シ或ハ梟葅シ其三族ヲ夷ク但此等ハ律令ニ入レス惡跡ヲ嚴絶センカ爲ナリ賊ノ人ヲ闘殺シ劾シテ亡シタル者ハ子弟ノ追殺スルヲ許ス但赦ニ會ヒ及過誤相殺ハ之ヲ許サス殺害ヲ止ムル所以ナリ繼母ヲ殺シタル者ハ親母ト同罪トス繼假ノ隙ヲ防カンカ爲ナリ又異子ノ科ヲ除ク父子ヲシテ異財ナカラシムル爲ナリ此他兄姊ヲ歐打スル者ハ加ヘテ五歳刑ニ至リ囚徒人ヲ誣告セハ罪親屬ニ及フノ類アリ（註四）而カモ魏律今ニ傳ヘサレハ其詳細ヲ知ルニ由ナシ

註

一　三國志魏志卷二十一曰、劉劭字孔才、廣平邯鄲人也、黄初中爲尚書郎散騎侍郎、受詔集五經群書、以類相從、作皇覽、明帝即位、出爲陳留太守、敦崇敎化、百姓稱之、徵拜騎都尉、與議郎庾嶷荀詵等、定科令、作新律十八篇、著律略論、遷散騎常侍、云々、凡所撰述、法論人物志之類、百餘篇、卒追贈光祿勳。劉劭傳

劉邵律略曰、删舊科、採漢律、爲魏律、懸之象魏。太平御覽卷六百三十八所引

二　唐律疏義卷一曰魏因漢律、爲一十八篇、改漢具律、爲刑名第一。

唐六典卷六曰、魏氏受命、參議復肉刑、屬軍國多故、意寢之、乃命陳群等、採漢律、爲魏

律十八篇、增漢蕭何律劫掠詐僞毀亡告劾繫訊斷獄請賕驚事償贓等九篇也、依古義制爲五刑、其大辟有三、髡刑有四、完刑作刑各三、贖刑十一、罰金六、雜抵罪七、凡三十七名。

三　晉書卷三十曰、其後天子又下詔、改定刑制、命司空陳群散騎常侍劉劭給事黃門侍郎韓遜議郎庾嶷中郎黃休荀詵等、刪約舊科、傍采漢律、定爲魏法制新律十八篇州郡令四十五篇尚書官令軍中令合百八十餘篇、其序略曰、舊律所難知者、由於六篇篇少故也、篇少則文荒、文荒則事寡、事寡則罪漏、是以後人稍增、更與本體相離、今制新律、宜都總事類、多其篇條。舊律因秦法經、就增三篇、而具律不移、因在第六、罪條例既不在始、又不在終、非篇章之義、故集罪例以爲刑名、冠於律首、盜律有劫略恐猲和賣買人科、有持質者、皆非盜事、故分以爲劫略律、賊律有欺謾詐僞踰封矯制、囚律有詐僞生死令景、有許自復免、事類衆多、故分爲詐僞律、賊律有賊伐樹木殺傷人畜產及諸亡印、金布律有毀傷亡失縣官財物、故分爲毀亡律、囚律有告劾傳覆、廐律有告反逮受科、有登聞道辭、故分爲告劾律、囚律有繫囚鞫獄斷獄之法、興律有上獄之事科、有考事報讞、宜別爲篇、故分爲繫訊斷獄律、盜律有受所監受財枉法、雜律有假借不廉、令乙有呵人受錢科、有使者驗賂、其事相類、故分爲請賕律、盜律有勃辱强賊、興律有擅興徭役、具律有出賣呈科、有擅作修舍事、故分爲興擅律、興律有乏徭稽留、賊律有儲峙不辦、廐律有乏軍之興、及舊典有奉詔不謹不承用詔書、漢氏施行、有小愆之反不如令輒劾以不承用詔書、乏軍要斬、又減以丁酉詔書、丁酉詔書、漢文帝所下、不宜復以爲法、故別爲之留律、秦世舊有廐置乘傳副車食厨、漢初承秦不改、後以費廣稍省、故後漢但設騎置、而無車馬、律猶著其文、則爲虛設、故除廐律、取其可用合科者以爲郵驛令、其告反逮驗、別入告劾律、上言變事、以爲變事令、以驚事告急、與興律烽燧及科令者以爲驚事律、盜律有還贓畀主、金布律有罰贖入責、以呈黃金爲價科、有平庸坐贓事、以爲償贓律、律之初制、無免坐之文、張湯趙禹始作監臨部主見知故縱之例、其見知而故不舉劾、各與同罪、失不舉劾、各以贖論、其不見不知不坐也、是以文約而例通、科之爲制、每條有違科不覺不知從坐之免、不復分別、而免坐繁多、宜總爲免例、以省科文、故更制定、其由例以爲免坐律、諸律令中、有其教制、本條無從坐之文者、皆從此取法也、凡所定、增十三篇、故就五篇、合十八篇、於正律九篇爲增、於旁章科令爲省矣、改漢舊律、不行於魏晋者、皆除之。刑法志四晉書卷三十曰、更依古義制爲五刑、其死刑有三、髡刑有四、完刑作刑各三、贖刑十一、罰金六、雜抵罪七、凡三十七、名以爲律首、又改賊律、但以言語及犯宗廟園陵、謂之大逆無道、要斬、家屬從坐、不及祖父母孫、至於謀反大逆臨時捕之、或汙瀦、或梟菹、夷其三族、不在律令、所以嚴絕惡跡也、戰鬪殺人以劾而亡、許依古義、聽子弟得追殺之、會赦及過誤相殺、不得報讐、所以止殺害也、正殺繼母、與親母同、防繼假之隙也、除異子之科、使父子無異財也、毆兄姊加至五歲刑、以明教化也、囚徒誣告人、反罪及親屬、異於善人、所以累之使省刑息誣也、改投充棄市之科、所以以輕刑也、正篡囚棄市之罪、斷凶强、爲義之縱也、二歲刑以上、除以家人乞鞫之制、省所煩獄也、改諸郡不得自擇伏日、所以齊風俗也。

第二款　魏令

州郡令四十五篇尚書官令軍中令合百八十餘篇モ亦明帝ノ時陳群劉邵等ノ撰スル所ナリ然レトモ其内容篇名ノ如キ之ヲ明ニスヘカラス（註及第一款註參照）

備考　通典、初學記、北堂書鈔、藝文類聚、太平御覽等ニハ多ク魏武帝令ヲ引用セリ

其內容ヲ觀ルニ多クハ訓戒ニ屬シ法令ヲ以テ目スヘキニアラサルニ似タリ此等ノ令ハ魏武令書鈔卷九十七〇同卷百十八〇類聚卷二十一〇同卷二十二〇同卷四十〇御覽卷百八十一〇同卷二百四十一〇同卷四百三十一〇同卷四百二十四〇同卷四百二十九〇同卷七百四十三〇同卷七百六十一〇同卷八百十九〇同卷九百八十一〇同卷九百八十二魏武帝令類聚卷六十〇御覽卷三百四十五〇同卷五百六十七〇同卷七百三十九〇同卷八百十七〇同上武帝令御覽卷七百魏武帝內誡令書鈔卷百二十三〇同卷百三十一〇同卷百三十二〇同卷百三十六〇御覽卷三百四十五〇同卷六百九十七〇同卷七百五十六魏武帝明罰令類聚卷四〇御覽卷二十八〇同卷三十〇同卷八百六十九魏武選舉令初學記卷二十〇書鈔卷七十七〇魏武集選舉令書鈔卷六十九〇御覽卷二百十九魏武選令御覽卷二百四十九〇同卷四百九十六魏武集選令書鈔卷三十九魏武軍令通典卷一百四十九御覽卷二百九十六〇魏武策軍令書鈔卷百二十三〇御覽卷三百四十六魏武軍策令御覽卷三百三十七魏武帝策令書鈔卷一百二十六魏武船戰令通典卷一百四十九御覽卷三百三十四〇魏武步戰令通典卷一百四十九〇御覽卷三百魏武褒賞令書鈔卷六十九魏武設官令書鈔卷一百三十一魏武故事載令御覽卷二百四十八魏武內嚴器誡令御覽卷七百十七魏武遺令書鈔卷百三十二〇御覽卷五百〇同卷五百六十〇同卷六百八十二〇同卷六百八十七〇同卷六百九十七〇同卷六百九十九〇同卷八百二十〇同卷八百五十九ノ名ヲ以テ稱セラル此他魏武ト明記セサルモノナキニアラスト雖今一々列セス

第三節　晋ノ法典

晋ノ法典ニ泰始新律及晋令アリ此他ニ六條五條詔書倚書十二條故事ト名ツクルモノアリ

第一款　泰始新律

泰始律ハ初文帝賈充等十五人ニ勅シテ之ヲ撰セシメシカ武帝ノ泰始三年ニ至テ成リ翌年正月ヨリ天下ニ頒行セリ凡二十篇六百二十條（一ニ一千五百三十條）二萬七千六百五十七言アリ（註一）二十篇ノ目左ノ如シ

一刑名　二法例　三盜律　四賊律　五詐僞　六請賕
七告劾　八捕律　九繫訊　十斷獄　十一雜律　十二戶律
十三擅興　十四毀亡　十五衞宮　十六水火　十七廐律　十八關市
十九違制　二十諸侯

之ニ據レハ魏律ノ刑名ヲ分テ刑名及法例ノ二トシ刼掠警事償賦ノ三律ヲ廢シ新ニ衞宮水火關市諸侯ノ四律ヲ加ヘ囚律ハ之ヲ斷獄律ニ歸併セリ故ニ增ス所一篇ナリ（註二）其刑名ニ死罪、耐罪、贖罪ノ三アリ死罪ハ卽大辟ノ刑ニシテ梟、斬、棄市ノ三種アリ耐罪ハ即髡刑ニシテ髡鉗五歲刑笞二百、四歲刑、三歲刑、二歲刑ノ四種アリ贖罪ハ即雜抵罪ニシテ罰金十二兩、八兩、四兩、二兩、一兩ノ五種アリ死ヲ贖フ金二斤五歲刑ヲ贖フ金一斤十二兩以下各四兩ヲ以テ差トス（註三）其內容ハ之ヲ傳ヘサルヲ以テ詳ニシ難シト雖其逸文ハ太平御覽刑法部ニ引用セルモノ少ナカラス左ニ採錄ス

晉律　髡鉗五歲刑笞二百（若諸王亡詐僞將吏越武庫垣兵守逃歸家兄弟保人之屬、並五歲刑也）四歲刑（若復上闌沃殿問上選擧事變事通露泄謀發密事毆兄姊之屬並四歲刑）三歲刑（若傷人上而謗僞造官印不憂軍事戲殺人之屬並三歲刑也）二歲刑（二歲刑減一等入罰金三歲至五歲刑耐罪皆越戍作弃走馬衆中有挾天文圖讖之屬並爲二歲刑）

太平御覽卷六百四十二

晉律　鉗重二斤、翘長一尺五寸

同卷六百四十四鉗

晉律　諸有所督罰五十以下鞭、如令平心無私、而以辜死者、二歲刑

同卷六百五十督

晉律　吏犯不孝謀殺、其國王侯伯子男官長誣、偸受財枉法、及掠人和賣、誘藏亡奴婢、雖遇赦皆除名爲民

同卷六百五十一除名

晉律　除名、比三歲刑　　同上

晉律　其當除名、而所取飮食所用之物、非以爲財利者
應罰金四兩以下勿除名　　同上

晉律　免官比三歲刑、其無眞官而應免者、正刑召還也　　同上免官

晉律　有罪應免官、而有文武加官者、皆免所居職官　　同上

晉律　其犯免官之罪、不得減也　　同上

晉律　其當免官者、先上免官、謂不聽應收治者也　　同上

晉律　贖死、金二斤也　　同上收贖○北堂書鈔卷四十四贖刑五

晉律　其年老小篤癃病及女徒、皆收贖　　同上

晉律　諸應收贖者、皆月入中絹一疋、老小女人半之　　同上

晉律　失贖罪囚、罰金四兩也　　同上○北堂書鈔卷四十四贖刑五無失字

晉律　以金罰相代者、率金一兩以罰當十也　　同上

律　（無嫡孫先諸父承財之文）　　通典卷八十八晉庾純曰

晉律　凡諸侯上書言（諸侯不敬皆贖論）　　北堂書鈔卷四十四贖刑五

晉律　諸侯應八議以上、請得減收留贖、勿髠鉗笞也　同上

此後明法掾張裴律ニ注シテ上ル其上表ノ中ニ略律意ヲ察スルニ足ルヘキモノアリ其中故、失、謾、詐、不敬、鬪、戲、賊、過失、不道、惡逆、戕、造意、謀、率、强、略、群、盜、贓ノ二十義ニ關シ解釋セル所アリ又律ニ事狀相似テ罪名相涉ル者アリト說キ威勢ヲ以テ財ヲ得ル者ニ名殊ルモノ罪相似タルモノヲ列擧セリ此他律ハ至精ニアラサレハ其理ヲ極ムル能ハストテ刑官ノ奸人ニ對シ視聽言動ニ留意スヘキヲ論セリ（註四）張裴ノ律注ハ晉書刑法志ニ引用シ又史記平準書索隱注北堂書鈔太平御覽ニモ引用セリ

漢晉律序　鈦狀如跟衣着足、足下重六斤、以代刖、至魏武改以減代鈦也　史記平準書索隱曰

張裴律序　贖罰誤者之試　北堂書鈔卷四十四贖刑五

張裴律序　鄭注刑書普作執秩申韓之徒各自立制　北堂書鈔卷四十五律令十三

張裴律序　律令者政事之經、萬機之偉也　同上

張裴律序　髠刑者秋落之象也　同上徒刑七〇太平御覽卷六百四十九作髠者刑之威秋凋落之象

張斐律序　張湯制越宮律、趙禹作朝會正見　太平御覽卷六百三十八律令下

張裴律序　徒加不過六、囚加不過五罪已定爲徒未定爲囚累作不過十二歳五歳徒犯一等加六歳犯六等加爲十二歳作累笞不過千二百五歳徒加六等笞之一千二百　同卷六百四十二徒

杜預亦之カ注解ヲ作レリ（註五）然レトモ今傳ハラス北堂書鈔ニ引用セルモノアリ

晉律注　梟斬棄之於市者、斬頭也、令上不及天、下不及地也　北堂書鈔卷四十五死刑九

晉律注　謂其贖五歳以下一等減半、四歳以下一等減半也　同卷四十四贖刑五

杜預律序　律者八正罪名、令者八序事制、二者相須爲用也　同卷四十五律令十三〇太平御覽卷六百三十八八作以序作存

註

一　晉書刑法志卷三十曰文帝爲晉王、患前代律令本注煩雜、云々、於是令賈充定法律令、與太傅鄭沖司徒荀顗中書監荀勗中軍將軍羊祜中護軍王業廷尉杜友守河南尹杜預散騎侍郎裴楷潁川太守周權齊相郭頎都尉成公綏尚書郎柳軌及吏部令史榮邵等十四人典其事。就漢九章、增十一篇、仍其族類、正其體號、改舊律、爲刑名法例、辨囚律、爲告劾繫訊斷獄、分盜律、爲請賕詐僞水火毀亡、因事類、爲衞宮違制、撰周

官、爲諸侯律、合二十篇六百二十條二萬七千六百五十七言、蠲其苛穢、存其清約、事從中典、歸於益時、其餘未宜除者、若軍事田農酤酒、未得皆從人心、權設其法、太平當除、故不入律、悉以爲令、施行制度、以此設敎、違令有罪則入律。刑法志

晋書卷四十曰、帝襲王位、云々、充所定新律、既班于天下、百姓便之、詔曰、漢氏以來、法令嚴峻、故自元成之世、及建安嘉平之間、咸欲辯章舊典、刪革刑書、述作大體、歷年無成、先帝愍元元之命陷於密網、親發德音、釐正名實、車騎將軍賈充、奬明聖意、諮詢善道、太傅鄭沖又與司空荀顗中書監荀勗中軍將軍羊祜中護軍王業及廷尉杜友守河南尹杜預散騎侍郎裴楷潁川太守周雄齊相郭頎騎都尉成公綏荀煇尙書郎柳軌等、典正其事、朕每鑒其用心、常慨然嘉之、今法律既成、始班天下、刑寬禁簡、足以充當先旨。云々賈充傳

按スルニ晋書載スル所各撰者傳ニ多少其事績アリ今煩ヲ厭テ揭ケス

二 唐六典卷六曰、晋氏受命、議復肉刑、復寢之、命賈充等十四人、增損漢魏律、爲二十篇、一刑名、二法例、三盜律、四賊律、五詐僞、六請賕、七告劾、八捕律、九繫訊、十斷獄、十一雜律、十二戶律、十三擅興律、十四毀亡、十五衞宮、十六水火、十七廐律、十八關市、十九違

制、二十諸侯、凡一千五百三十條。刑部郎中員外郎注

唐律疏義卷一曰、晉命賈充等、增損魏律、爲二十篇、於魏刑名律中、分爲法例律、

三 唐六典卷六曰、其刑名之制、大辟之刑有三、一曰梟、二曰斬、三曰棄市、髡刑有四、一曰髡鉗五歲刑笞二百、二曰四歲刑、三曰三歲刑、四曰二歲刑、贖死金二斤、贖五歲刑金一斤十二兩、四歲三歲二歲各以四兩爲差、又有雜抵罪、罰金十二兩八兩四兩二兩一兩之差、棄市以上爲死罪、二歲刑以上爲耐罪、罰金一兩以上爲贖罪。刑部郎中員外郎注

四 隋書經籍志卷三十三曰、漢晉律序注一卷晉僮長張斐撰 雜律解二十一卷張斐撰 ○經籍志

晉書卷三十曰、其後明法掾張裴又注律表上之、其要曰、律始於刑名者、所以定罪制也、終於諸侯者、所以畢其政也、王政布於上、諸侯奉於下、禮樂撫於中、故有三才之義焉、其相須而成、若一體焉、刑名所以經略罪法之輕重、正加減之等差、明發衆篇之多義、補其章條之不足、較擧上下綱領、其犯盜賊詐僞請賕者、則求罪於此、作役水火畜養守備之細事、皆求之作本名、告訊爲之心舌、捕繫爲之手足、斷獄爲之定罪、名例齊其制、自始及終、往而不窮、變動無常、周流四極、上下無方、不離于法律之中也、其知而犯之謂之故、意以爲然謂之失、違忠欺上謂之謾、背信藏巧謂之詐、虧禮廢節謂之不

敬、兩訟相趣、謂之鬪、兩和相害、謂之戲、無變斬擊謂之賊、不意誤犯謂之過失、逆節絕理、謂之不道、陵上僭貴謂之惡逆、將害未發、謂之戕、唱首先言謂之造意、二人對議、謂之謀、制衆建計謂之率、不和謂之強、攻惡謂之略、三人謂之群、取非其物、謂之盜、貨財之利、謂之贓、凡二十者、律義之較名也、（中略）律有事狀相似而罪名相涉者、若加威勢下手取財爲强盜、不自知亡、爲縛守、將中有惡言、爲恐猲、不以罪名呵爲呵人、以罪名呵、爲受賕、劫名其財爲持質、此八者、以威勢得財、而名殊者也、即不求自與爲受求、所監求而後取、爲盜賊、輸入呵受、爲留難、斂人財物、積藏於官、爲擅賦、加毆擊之、爲戮辱、諸如此類、皆爲威勢得財、而罪相似者也、夫刑者司理之官、理者求情之機、情者心神之使、心感則情動於中、而形於言、暢於四支、發於事業、是故奸人心愧而面赤、內怖而色奪、論罪者務本其心、審其情、精其事、近取諸身、遠取諸物、然後乃可以正刑、仰手似乞、俯手似奪、捧手似謝、擬手似訴、拱臂似自首、攘臂似格鬪、矜莊似威、怡悅似福、喜怒憂懽貌在聲色、奸眞猛弱候在視息、出口有言當爲告、下手有禁當爲賊、喜子殺怒子當爲戲、怒子殺喜子當爲賊、諸如此類、自非至精、不能極其理也。刑法志

五

隋書卷三十三曰、律本二十一卷杜預撰（按梁有杜預雜律七卷亡○經籍志）

舊唐書卷四十六曰、刑法律本二十一卷。賈充等撰 ○經籍志

唐書卷五十八曰、賈充杜預刑法律本二十一卷。

晋書卷三十四曰、與車騎將軍賈充等定律令、既成、預爲之注解、乃奏之曰、法者蓋繩墨之斷例、非窮理盡性之書也、故文約而例直、聽省而禁簡、例直易見、禁簡難犯、易見則人知所避、難犯則幾於刑厝、厝刑之本在於簡直、故必審名分、審名分者、必忍小理、古之刑書、銘之鍾鼎、鑄之金石、所以遠塞異端使無淫巧也、今所注、皆網羅法意、格之以名分、使用之者、執名例以審趣舍、伸繩墨之直、去析薪之理也、詔班于天下。杜預傳

第二款　晋令

晋令ハ晋律ト共ニ賈充等ノ撰スル所ナリ（註一）凡四十卷四十篇トス其篇目左ノ如シ

一戶　二學　三貢士　四官品　五吏員　六俸廩
七服制　八祠　九戶調　十佃　十一復除　十二關市
十三捕亡　十四獄官　十五鞭杖　十六醫藥疾病　十七喪葬

十八雜上　十九雜中　二十雜下　二十一門下散騎中書　二十二尙書
二十三三臺秘書　二十四王公侯　二十五軍吏員　二十六選吏
二十七選將　二十八選雜士　二十九宮衞　三十贖　三十一軍戰
三十二軍水戰　三十三―三十八軍法　三十九―四十雜法

之ヲ後ノ隋唐令ニ比スルニ較差異アルヲ見ル但晉令ハ門下散騎中書尙書三臺秘書王公侯軍吏員ノ爲ニ特ニ一篇ヲ設ケシモ隋唐令ハ之ヲ職員令ノ一篇ニ總括シ更ニ之ヲ細別シ軍戰令軍水戰令軍法令雜法令等ハ之ヲ軍防令ノ一篇ニ包含セシメタリ其他ニ至テハ大同小異ニ屬ス（註二）其條數ハ晉書刑法志ニ凡律令合二千九百二十六條十二萬六千三百言ト曰ヘルニヨリテ考フレハ此中晉律ノ六百二十條二萬七千六百五十七言ヲ減シ令ノ數凡二千三百六條九萬八千六百四十三言アリシカ如シ（註一參照）其內容ハ之ヲ傳ヘサルヲ以テ詳ニシ難シト雖其逸文ハ六典注、初學記、通典、北堂書鈔、藝文類聚、後漢書欒巴傳注、宋書禮志、北史劉芳傳、太平御覽、及酉陽雜組等ニ引用セリ今得ルニ從テ左ニ晉令逸ヲ作ル多ク官品令ニ係リ通典卷三十七ニハ官品令ニヨリテ晉官品ヲ列擧セリ

晉令逸

晉官品令　司馬官品第一、武冠、絳朝服、佩山玄玉

北堂書鈔卷五十一大司馬

晉官品令　三公綠綟綬也

初學記卷十一太師太傅太保

晉官品令　尙書僕射、尙書六人、皆銅印墨綬、進賢兩梁冠、納言幘、絳朝服、佩水蒼玉、執笏、負符、加侍中者、武官左貂金蟬

北堂書鈔卷五十九尙書惣七十

晉令　吏部尙書、五時朝服、納言幘、進賢兩梁冠、佩水蒼玉、乘軺車皂輪

唐六典卷二吏部尙書注

晉令　侍中、品第三、武冠、絳朝服、佩水蒼玉

六典卷八侍中注

晉官品令　舊侍中職掌、擯威儀、盡獻納、糺正、補過、文樂、若有不正、皆得駁除、書表章奏皆掌署也

書鈔卷五十八侍中

晉官品令　大法駕出、則正直侍中、負傳國璽、陪乘

書鈔卷五十八侍中

晉官品令　大法駕出、則次直侍中、護駕、正直侍中、負傳國璽

晋令　陪乘、不置劍、餘皆騎從、御登殿、與散騎常對狀、侍中居左、常侍居右　書鈔卷五十八侍中

晋令　黃門侍郎、品第五、秩六百石、武冠、絳朝服　六典卷八黃門侍郎注

晋官品令　給事黃門四人、與侍中、掌文案、讚相威儀、典署其事　書鈔卷五十八給事黃門侍郎

晋官品令　給事黃門四人、大法駕出、次直黃門郎、從駕　書鈔卷五十八給事黃門侍郎

晋令　給事中、品第五、武冠、絳朝服　六典卷八給事中注

晋令　散騎常侍、品第三、冠右貂金蟬、絳朝服、佩水蒼玉　六典卷八左散騎常侍

晋令　城門郎、品第四、秩二千石、銀章青綬、絳朝服、武冠佩水蒼玉　六典卷八城門郎注

晋令　中書監令、並第三品、秩千石、銅印墨綬、進賢兩梁冠、絳朝服、佩水蒼玉　六典卷九中書令注

晋令　中書侍郎四人、品第四、給五時朝服、進賢一梁冠　六典卷九中書侍郎注

晋令　中書、爲詔令、記會時事、典作文書也　太平御覽卷二百二十中書令

晉令　中書通事舍人、品第七、絳朝服、武冠　六典卷九尙書舍人注

晉令　舍人通事、兼謁者之任　六典卷九通事舍人注

晉令　秘書寺監、品第五、絳朝服、銅印墨綬、進賢兩梁冠
佩水蒼玉　六典卷十秘書監注

晉令　秘書丞、品第六、銅印墨綬、進賢一梁冠、絳朝服　六典卷十秘書丞注

晉令　秘書郎中、品第六進賢一梁冠、絳朝服　六典卷十秘書郎注

晉令　秘書郎、掌中外三閣經書、覆校殘闕、正定脫誤　初學記卷十二秘書郎

晉官品令　秘書郎、掌中外五閣經書、覆核閣事、正定脫誤　書鈔卷五十七秘書郎

晉令　秘書郎、掌中外三閣、經書、復校闕遺、正定脫誤　太平御覽卷二百三十三秘書郎

晉令　著作郎、品第六、進賢一梁冠、絳朝服　六典卷十著作郎注

晉令　著作佐郎、品第六、進賢一梁冠、絳朝服　六典卷十著作佐郎注

晉令　太史令、品第七、秩六百石、銅印墨綬、進賢一梁冠
絳朝服　六典卷十太史局令注

晉令　崇德殿大監、尙衣尙食大監、並銀章艾綬、二千石

崇華殿大監、元華食監、都監上監、銅印墨綬、千石女史、賢人、蔡人、中使、大使、碧綸綬　六典卷十二宮官注

晉令　大小中正爲內官者、聽用三會議、上東門外、設幔陳席　通典卷三十二注

晉令　三貴人、典蓋、九嬪、直蓋、皆信幡　六典卷十二門僕令注

晉令　衞尉主簿二人　六典卷十六衞尉寺主簿注

晉令　獄左右丞各一人　六典卷十八大理獄丞注

晉令　大鴻臚、置主簿錄事史　六典卷十八鴻臚寺主簿注

晉　太常(置功曹主簿五官等員)品第三、銀章青綬、進賢兩梁冠、五時朝服、佩水蒼玉　六典卷十四太常寺卿注

晉　宗正、屬官太醫令丞、銅印墨綬、進賢一梁冠、絳朝服、品第七　六典卷十四太醫署令注

晉　太僕、銀章青綬、五時朝服、進賢兩梁冠、佩水蒼玉品第四、丞一人、部丞五人(置功曹主簿五官等員)

晉令

統典農、典虞都尉、典虞丞、牧官都尉、左右中典牧都尉、典牧令、諸羊牧丞、乘黃廐驊騮龍馬三廐令

六典卷十七太僕寺卿注

晉令

司農丞、品第七、進賢一梁冠、介幘、皂衣、銅印黃綬

六典卷十九司農寺丞注

晉令

祭酒博士、當爲訓範總統學中衆等

六典卷二十一祭酒注

晉令

國子博士、品第六、介幘、兩梁冠、服佩同祭酒

六典卷二十一國子博士注

晉令

博士、皆取履行清淳、通明典義（類聚作清通淳明）若散騎中書侍郎、太子中庶子以上、乃得召試諸生有法度者、及白衣試在高第、拜郎中

北堂書鈔卷六十七博士（無太子以下凡二十七字）○藝文類聚卷四十六博士○太平御覽卷三百三十六博士

晉

少府監、功曹主簿五官等員、少府、銀章青綬、五時朝服、進賢兩梁冠、絳朝服、佩水蒼玉、品第三、統材官校尉、中左右三尙方中黃左右藏左校甄官平準奚官等令、左校坊鄴中黃左右藏油官等丞

六典卷二十二少府監注

晉令

少府置主簿二人

六典卷二十二少府監主簿注

晉令

諸冶官庫各置督一人

六典卷二十二諸冶監注

晉　將作大匠、置功曹主簿五官等員、掌土木之役　六典卷二十三將作監大匠注

晉令　都水臺、都水使者一人、掌舟檝之事、官品第四　六典卷二十三都水監使者注

晉令　車駕出入相風已前侍御史令史主之　御覽卷九相風

晉令　車駕出入相風前引　類聚卷六十八

晉令　晉承漢置五校尉爲宿衞軍各領千兵晉初諸王起家多爲之　書鈔卷六十一五校尉

晉令　水衡都尉、置主簿一人、又左右前後中五水衡、皆有主簿　六典卷二十三都水監主簿注

晉令　左右衞大將軍一人、品第四、銀章青綬、武冠、絳朝服、佩水蒼玉　六典卷二十四左右衞大將軍注

晉　領軍、品第三、金章紫綬、中領軍將軍、第四品、銀章青綬、武冠、絳朝服、佩水蒼玉　六典卷二十四左右領軍衞大將軍注

晉　羽林郎將、羽林左右監、品第五、銅印墨綬、武冠、絳朝服、其侍陛殿、著鶡尾冠紗縠單衣　六典卷二十五左右羽林軍衞大將軍注

晉令　冠軍將軍、金章紫綬、給五時服、武冠、佩水蒼玉　六典卷五兵部郎中注

晉官品令　游擊將軍、四品　六典卷五兵部郎中注○通鑑卷二百三胡注

晉官品令　太子太師、品第三、舊視尚書令、位在卿下、進賢兩冠、五時朝服　書鈔卷六十五太子太師

晉官品令　太子太師、銀印青綬　書鈔卷六十五太子太師

晉官品令　太子太師、佩水蒼玉　書鈔卷六十五太子太師

晉令　太子太傅、品第三、進賢兩梁冠、絳朝服、佩水蒼玉銀章青綬　六典卷二十六太子太傅太保注

晉令　太子太保、銀印青綬　通典卷三十注

晉令　詹事、品第三、銀章青綬、絳朝服、兩梁冠、局事擬尚書令、位視領護將軍中書令長三率中庶子庶子洗馬舍人　六典卷二十六太子詹事府詹事注

晉令　詹事、品第三、舊視中領護　書鈔卷六十五太子詹事

晉令　詹事、分清兩梁冠、絳朝服、銀章青綬　書鈔卷六十五太子詹事

晉令　詹事丞一人、品第七、銅印墨綬、進賢一梁冠

六典卷二十六太子詹事府丞注

晉　太子詹事、有中庶子庶子各四人、局擬散騎常侍品第五、班同三令四率次、中書侍郎下、絳朝服、武冠、平巾幘、高功中庶子、與高功中舍人、共掌禁令糾正違闕、侍從左右、儐相威儀、盡規獻納、奏事文書、皆典綜之、釋奠、中庶子扶左、庶子扶右

六典卷二十六太子左春坊左庶子注

晉　太子詹事屬官、太子洗馬八人、掌皇太子圖籍經書、職如謁者、局準秘書郎、品第七、班同舍人次、中書舍人下、絳朝服、進賢一梁冠、黑介幘

六典卷二十六太子洗馬注

晉　家令、品第五、銅印墨綬、進賢兩梁冠、絳朝服

六典卷二十七家令注

晉　詹事屬官、太子率更令一人、銅印墨綬、進賢兩梁冠絳朝服、掌宮殿門戶之禁、郎將屯衛之士、局擬光祿勳衛尉

六典卷二十七太子率更寺令注

晉　詹事屬官、太子僕、銅印墨綬、進賢兩梁冠、絳朝服

晉令
主輿馬親族、局擬太僕宗正
六典卷二十七太子僕寺僕注

晉令
左右衞率品第五、舊視中領護
書鈔卷六十五太子詹事

晉令
（有開國郡公、縣公、郡侯、縣侯、伯子男、及鄉亭關內
關外等侯之爵）
通典卷三十一注

晉令式
郡公侯太夫人中人、銀印靑綬、佩水蒼玉
六典卷二司封郎中注

晉令
公府長史、官品第六、銅印墨綬、絳朝服、進賢兩梁
冠、掾屬、官品第七、絳朝服、進賢一梁冠
宋書卷十八禮志五

晉官品令
太康十年、皇子三人爲郡王、領四郡、爲城皆五萬
戶
書鈔卷七十諸王

晉令
皇太子及妃諸王、玄（御覽作纁）朱綬、郡公主朱綬
郡侯靑朱綬
初學記卷二十六綬○御覽卷六百八十二綬

晉令
皇太子妃、珮瑜玉、諸王郡公太宰太傅太保司空
諸長公主諸王世子大司馬大將軍大尉、佩元玉
御覽卷六百九十二佩

晉令　郡國諸戶口黃籍、籍皆用一尺二寸札、已在官役者載名　御覽卷六百六札

晉令　諸郡國、不滿五千、以下置幹吏二人　後漢書欒巴傳注

晉令　縣千戶以上、州郡五百以上、皆爲令、不滿此爲長也　書鈔卷七十八縣令

晉令　諸縣率千餘戶、置一小學、不滿千戶亦立　御覽卷五百三十四學校

晉令　擧秀才明經傳者、簡以衆典才茂　書鈔卷七十九秀才

晉令　擧秀才、皆行儀典爲一州之俊　書鈔卷七十九秀才

晉令　擧秀才、必五策皆通、拜爲郎中、一策不通、不得選　書鈔卷七十九秀才

晉服制令　婕妤、銀印青綬、佩采瓄玉　御覽卷百四十四婕妤

晉令 第七品已下始服金釵、第三品已上蔽結爵釵 書鈔卷一百三十六釵

晉令 六品下得服金釵、以蔽髻 御覽卷七百十八釵

晉令 女奴不得服銀釵 御覽卷七百十八釵

晉令 步搖蔽髻、皆爲禁物 御覽卷七百十四步搖

晉令 士卒百工、不得著假髻 御覽卷七百十四假髻

晉令 士卒百工、不得服眞珠璫珥 書鈔卷一百三十五璫及珥○御覽卷八百三珠上

晉令 士卒百工、不得服珠璫 御覽卷七百十八璫珥

晉令 履曰七卒、百工履色、無過綠青白、奴婢履色無過純青、古儈賣者、一足著白履、一足著黑履 初學記卷二十六舃履

晉令 士卒百工、履色無過綠青白、婢履色無過紅青、古儈古會切賣者、皆當著巾帖、額題所儈賣者、及姓名一足著黑履、一足著白履 御覽卷六百九十七履○同卷八百二十八駔儈(儈賣以下)

晉令 山鹿白、貀遊毛狐白貂領黃貂班白鼲子渠搜裘皆禁物 初學記卷二十六裘

晉令 山鹿白貀遊毛狐白貂領黃貂班白鼲子渠搜國
裘皆禁服也 御覽卷六百九十四裘

晉令 第（初學記無）六品已下、不（初學記無）得服羅絹 初學記卷二十七羅○御覽卷八百十六羅、絹

晉令 第三品已下、得服雜杯之綺、第六品已下得服七
綵綺 御覽卷八百十六綺

晉令 織成衣、爲禁物 御覽卷八百十六織成

晉令 士卒百工、不得服越疊 御覽卷八百二十白疊

晉令 百官不得服大絳紫襈假髻眞珠璫珥文犀瑇瑁
越疊、以飾路張、乘犢車 御覽卷七百七十五犢車

晉令 錦帳爲禁物 御覽卷六百九十九帳

晉令 元帝時、有奏太極殿施絳帳、帝詔曰、漢文已上書
皁囊爲帷、冬可青布、夏可青葛 御覽卷六百九十九帳

晉令 桓元小會於西堂殿、施絳綾帳、鏤黃金龍、銜五色
羽葆流蘇、群臣切相語曰、此頗似輀車、亦王莽仙

蓋之流　御覽卷六百九十九帳

晉令　朝服皂緣中單衣　御覽卷六百九十一單衣

晉令　旄頭羽林、著韋腰襦　御覽卷六百九十五襦

晉令　王公之太子、攝命治國者、安車駕三旂七鑾、其侯太子五鑾　宋書卷十八禮志五

晉令　諸官有秩支子守護者、置吏一人　御覽卷九百五十九支子

晉令　諸官有秩梔子守護者、置吏一人　藝文類聚卷八十九梔子

晉令　閬中縣置守黃甘吏一人　御覽卷九百六十六甘

晉令　諸官有梨、守護者、置吏一人　御覽卷九百六十九梨

晉令　諸官有秩者、守護橙者、置吏一人　御覽卷九百七十一橙

晉祠令　郡縣國祠社稷先農、縣又祠靈星　北史卷四十二劉芳傳

晉令　其趙郡中山常山國輸縑、當絹者、及餘處常輸疎

布、當綿絹者、縑一疋當絹六丈、疎布一疋當絹一疋、絹一疋當綿三斤、舊制人間所織絹布等、皆幅廣二尺二寸、長四十尺、爲一端、令任服後、乃漸至濫惡、不依尺度　初學記卷二十七絹

晉令　其上黨及平陽、輸上麻二十二斤、下麻三十六斤當絹一疋、課應用者、枲麻加半畝　御覽卷九百九十五麻

晉令　其夷民守護欆皮者、一身不輸之　類聚券八十九栟閭○御覽卷九百五十九栟櫚

晉令　諸渡關、及乘船筏、上下經津者、皆有所寫、一通付關吏　御覽卷五百九十八過所

晉令　使信節皆烏書之　御覽卷六百八十一節

晉令　坐盧使者、皆不得宿肆　御覽卷八百二十八肆

晉令　諸津渡二十四所、各置監津吏一人　六典卷二十三諸津令注

晉令　欲作漆器物賣者、各先移主吏者名、乃得作、皆當

淳漆著布骨、器成以朱題年月姓名
御覽卷七百五十六器皿

晉令　奴始亡加銅青若墨、黥兩眼、從再亡、黥兩頰上、三亡橫黥目下、皆長一寸五分
酉陽雜組卷八黥

晉令　奴婢亡、加銅青若墨黥、黥兩眼、后再亡、黥兩頰上、三亡橫黥目下、皆長一寸五分廣五分
御覽卷六百四十八黥

晉令　獄屋皆當完固、厚其草蓐、家人餉饋、獄卒爲温暖傳致、去家遠、无餉饋者、悉給廩、獄卒作食、寒者與衣、疾者給醫藥
御覽卷六百四十三獄

晉令　獄屋皆當完固、厚其草蓐、切無令漏溼
書鈔卷四十五獄

晉令　死罪二械、加拳手
御覽卷六百四十四拳

晉令　應得法鞭者、執以鞭過五十、稍行之有所、督罪皆

隨過大小、大過五十、小過二十、鞭皆用牛皮革、廉成、法鞭生革、去四廉、常鞭用熟靼（之列反柔革也）不去廉作鵠頭、紐長一尺一寸、鞘長二尺二寸、廣三分、厚一分、柄皆長二尺五寸　御覽卷六百四十九鞭

晉令　鞭皆用牛皮生革、廉成、法鞭生革、去四廉　書鈔卷四十五杖刑

晉令　應受杖、而體有瘡者、督之也　御覽卷六百五十督

晉令　應得法杖者、以小杖、過五寸者稍行之、應杖而脾有瘡者、臀也　書鈔卷四十五杖刑

晉令　杖皆用荊、長六尺、制杖大頭圍一寸、尾三分半　書鈔卷四十五杖刑

晉喪葬令　長吏卒官吏、皆齊縗、以喪服理事、若代者至、皆除之　通典卷九十九

晉令　諸葬者、皆不得立祠堂石碑石表石獸　御覽卷五百八十九碑

晉令　乘傳出使、遭朞喪以上、卽自表聞、聽白服騾車、副使攝事　御覽卷七百七十五騾車

晉令　乘傳出使、遭喪以上、卽自表聞、聽得白服乘騾車

到、副使攝事　宋書卷十八禮志五

晋令　弓弩士、習弓(御覽無)射者、給竹弓角弓、皆二八一帳　初學記卷二十二弓〇御覽卷三百四十七弓

晋令　兩頭進戰、視麾所指、聞三金音止、二金音還　御覽卷三百四十一麾

晋令　軍列營步騎士以下、皆着兜鍪　御覽卷三百五十六兜鍪

晋令　水戰、有飛雲船蒼隼船先登船飛鳥船　初學記卷二十五舟

晋令　水戰有飛蒼隼船　御覽卷七百六十九叙舟中

晋令　水戰、飛雲船相去五十步、蒼隼船相去四十步、金船相去三十步、小兒先登、飛鳥船相去五十步　御覽卷七百六十九叙舟中

晋令　水戰、飛雲舟相去五十步、蒼隼舡相去四十步　書鈔卷一百三十七舟揔篇

晋令　誤舉烽燧、罰金一斤八兩。故不舉者弃市　御覽卷三百三十五烽燧

晋令　凡民不得私煮鹽、有犯者四歲刑、所在主吏二歲刑　書鈔卷一百四十六鹽

晋令　凡民不得私煮鹽、犯者四歲刑、主吏二歲刑　御覽卷八百六十五鹽

晋令　犯免官、禁錮三年

御覽卷六百五十一禁錮

晋令　急假者一月五急、一年之中、以六十日爲限、千里内者、疾病申延二十日、及道路解故九十五日

初學記卷二十假

晋令　蜜工收蜜十斛、有能增煎二升者、賞穀十斛

御覽卷八百五十七蜜

晋令　諸有虎、皆作檻穽籬柵、皆施餌、捕得大虎、賞絹三疋、虎子半之

御覽卷八百九十二虎下

晋令　翡鳥不得西度隴

御覽卷九百二十四翡翠

晋令　居洛陽内園菜欲課以當者耳、其引長流灌紫葱可各三畝

類聚卷八十二葱

晋令　(有紫葱)

齊民要術卷三種葱注

晋令　承尉以宮舍有桑果皆給之、其無桑及不滿三百株、皆使吏卒隨同於官舍、種桑滿三百株

類聚卷八十八桑

晋令　常以蝗向生時、各部吏案行境界、行其所由動生苗之内、皆令周徧

類聚卷一百蝗

備考　六典引ク所單ニ晉ト稱スルハ晉氏又ハ晉ト稱シテ晉令ト明記セサルモノニ係ル其意ヲ推シテ晉令ナルヘキヲ信シ假ニ併記ス此他單ニ晉ト稱スルモノ少カラサルモ凡テ之ヲ省略セリ通典卷三十四ニ惠帝元康中定令ヲ引用セルモノアリ

特進位次諸公、在開府驃騎上、冠進賢兩梁冠、黑介幘、五時朝服、佩水蒼玉、

註

一晉書卷三十四曰、杜預字元凱、京兆杜陵人也、云々與車騎將軍賈充等、定律令。杜預傳

晉書卷三十曰、於是有詔、改定律令、云々於是賈充定法律令、與太傅鄭沖司徒荀顗中書監荀勗中軍將軍羊祜中護軍王業廷尉杜友守河南尹杜預散騎侍郎裴楷穎川太守周權齊相郭頎都尉成公綏尙書郎柳軌及吏部令史榮邵等十四人典其事、云々、凡律令合二千九百二十六條、十二萬六千三百言、六十卷、故事三十卷、泰始三年事畢表上、刑法志

二晉書卷三曰、泰始四年春正月律令既就、班之天下。武帝紀

唐六典卷六曰、晉命賈充等、撰令四十篇、一戸、二學、三貢士、四官品、五吏員、六俸廩、七

服制、八祠、九戸調、十佃、十一復除、十二關市、十三捕亡、十四獄官、十五鞭杖、十六醫藥疾病、十七喪葬、十八雜上、十九雜中、二十雜下、二十一門下散騎中書、二十二尚書、二十三三臺秘書、二十四王公侯二十五軍吏員、二十六選吏、二十七選將、二十八選雜士、二十九宮衞、三十贖、三十一軍戰、三十二軍水戰、三十三至三十八皆軍法、三十九四十皆雜法。刑部郎中員外郎令注

隋書卷三十三曰、晉令四十卷。經籍志

舊唐書卷四十六曰、晉令四十卷。賈充等撰　經籍志

唐書卷五十八曰、晉令四十卷。藝文志

第三款　晉六條五條詔書尚書十二條及故事

晉律令ノ外ニ　(一)六條ハ武帝咸熙二年十一月公布スル所ナリ六條トハ一ニ忠恪匪躬二ニ孝敬盡禮三ニ友于兄弟四ニ潔身勞謙五ニ信義可復六ニ學以爲己是ナリ晉書武帝紀ニ以六條擧淹滯ト見エタレハ群臣ニ施政ノ方針ヲ示セル敕書タルニ過キス(註一)此後穆帝永和元年四月會稽王昱ニ詔シテ尚書六條事ヲ錄セシメシコ

トアリ又晉刺史六條制ナルモノヲ傳フ(註二)共ニ内容ヲ傳ヘサレハ規定セル所ヲ詳ニセス　(二)五條詔書ハ武帝泰始四年十二月郡國ニ頒ツ所所謂五條トハ一ニ正身二ニ勤百姓三ニ撫孤寡四ニ敦本息末五ニ去人事是ナリ(註三)　(三)尚書十二條ハ尚書ニ關スル事項ヲ錄セルモノト見ユ詳ナルコト知ルヘカラス(註四)　(四)故事ハ晉律令ト共ニ賈充等ノ撰スル所ナリ凡三十卷皆當時ノ制詔ノ條ヲ錄シ其府ニ留ム隋書經籍志ニハ四十三卷ニ作レト六典晉書刑法志共ニ三十卷ニ作ル(註五)此他隋書經籍志唐書藝文志ニハ各種ノ公私撰ノ法典ヲ掲ケタリ(註六)

註

一　晉書卷三曰、咸熙二年十一月乙未、令諸郡中正、以六條舉淹滯、一曰忠恪匪躬、二曰孝敬盡禮、三曰友于兄弟、四曰潔身勞謙、五曰信義可復、六曰學以爲己。武帝紀

二　晉書卷八曰、永和元年夏四月壬戌、詔會稽王昱錄尚書六條事。穆帝紀

隋書卷三十三曰、晉刺史六條制一卷。經籍志

三　晉書卷三曰、泰始四年十二月、班五條詔書於郡國、一曰正身、二曰勤百姓、三曰撫孤寡、四曰敦本息末、五曰去人事。武帝紀

四　宋書卷三十九曰、晉康帝世何充讓錄表曰、咸康中分置三錄、王導錄其一、荀崧陸曄各錄六條事、然則似有二十四條、若止有十二條、則荀陸各錄六條、導又何所司乎、若導總錄荀陸分掌、則不得復云導錄其一也、其後每置二錄、輒云各掌六條事、又是止有十二條也、十二條者不知悉何條、（百官志）

五　晉書卷三十曰、於是令賈充定法律令、云々、其常事品式章程、各還其府、爲故事。（刑法志）

唐六典卷六曰、晉賈充等撰律令、兼刪定當時制詔之條、爲故事三十卷、與律令並行。

刑部郎中員外郎注

隋書卷三十三曰、晉故事四十三卷。（經籍志）

舊唐書卷四十六曰、晉故事四十三卷。（經籍志）　新志同之

六　按スルニ晉ノ時故事ヲ以テ名ツクル者ハ隋書經籍志ニ晉建武故事一卷（唐志三卷）晉咸和咸康故事四卷（晉孔愉撰　唐志建武咸和咸康故事四卷）晉修復山陵故事五卷（車灌撰○唐志同之）晉八王故事十卷（唐志作十二卷盧綝撰）晉四王起事四卷（晉廷尉盧綝撰○唐志作四王起居四卷盧綝撰）等アリ唐志ニハ更ニ晉太始太康故事八卷晉氏故事三卷晉諸雜故事二十二卷ヲ掲ケタリ此他隋書經籍志ニハ晉朝雜事二卷（唐志同之）晉要事三卷晉東宮舊事十卷（唐志同之）

晋公卿禮秩故事九卷傅暢撰晋雜儀十卷晋彈事十卷唐志作九卷晋駁事四卷唐志同之晋雜制六十卷唐志有晋雜議十卷等アリ

第四節　後魏ノ法典

後魏ノ法典ニ神麚律令太和律令アリ按スルニ玉海卷六十五ニ曰ク隋志（兼唐六典等書）太和十五年五月己亥、更ニ定律令、（先是太和五年新律成八百三十三章）於ニ東明觀、親決ニ疑獄、十六年四月丁亥朔、班ニ新律令、大赦、（隋志後魏律二十卷）ト隋志ト曰ヘル誤脱アルニ似タリ魏書ニ據ルニ世祖太武帝神麚中（北史ニ四年冬十月トス）司徒崔浩ニ詔シテ律令ヲ定メシメ次テ高祖孝文帝太和ノ初中書令高閭等ヲシテ舊文ヲ修改增減シ五年ニ至テ成ル凡八百三十二章アリカクテ同十五年五月ニ至リ又律令ヲ議改シ東明觀ニ於テ疑獄ヲ斷ス十六年四月新律令ヲ班チ天下ニ大赦ストアリ（註一）六典ノ説之ニ同シ（註二）通典卷三十八ニハ太和十八年ノ定令ニヨリテ百官ヲ列セリ此等ノ律令ハ共ニ之ヲ傳ヘサルヲ以テ詳ニシ難シト雖其逸文ハ往々ニシテ存ス律ハ通典卷百六十七ニ賊律法例律鬪律ヲ載セ令ハ六典太平御覽ニ職品令ヲ掲ケタリ今左ニ採錄ス

後魏違制律居㆓三年之喪㆒而冐㆑哀求㆑仕五歳刑　通典巻一百

律　掠㆑人和賣、爲㆓奴婢㆒者死　同巻一百六十七

律　賣㆑子一歳刑、五服内親屬在㆓尊長㆒者死、賣周親及妾與子婦者流　同上

律　謀殺人而發覺者流、從㆓五歳刑㆒、已傷及殺而還蘇者死、從者流、已殺者斬、從而加㆑功者死、不㆑加㆑功者流　同上

律　諸共犯罪者、皆以㆓發意㆒爲㆑首　同上

賊律　(殺人有㆓首從之分㆒)　同上

律　知㆓人掠盜之物㆒而故買者、以㆓隨從㆒論　同上

法例律　諸犯罪、若祖父母父母年七十以上、無㆓成人子孫㆒旁無㆓周親㆒者、具㆑狀上請、流者鞭笞、留㆓養其親㆒、終則從㆑流、不㆑在㆓原赦之例㆒　同上

鬪律　祖父母父母忿怒、以兵刃殺子孫者、五歲刑、毆殺及愛憎而故殺者、各加一等　同上

令

後魏職品令太和中改定百官、都官尚書管左士郎、　六典卷四膳部郎中注

職品令　太和中吏部管南主客北主客、其祠部管左主客右主客、　同上主客郎中注

職品令　明威將軍正六品上　同上

後魏職令　光祿少卿第四品上第二、請用肅勤明敏兼職古典者　太平御覽卷二百二十九光祿少卿

後魏職令　宗正卿第四品上第二、請用懿清和職參敎典者先盡皇宗、無則用庶姓　同卷二百三十宗正少卿

後魏職令　廷尉少卿、第四品上第二、請用思理平斷明刑識法者　同卷二百三十一大理少卿

後魏職令　鴻臚少卿第四品上第二、請用雅學詳當明樞達

理者　　同卷二百三十二 鴻臚少卿

後魏職令　司農少卿第五、請用堪勤有幹能者　　同卷二百三十二 司農少卿

後魏職令　太府少卿第四品上、士八官、請用勤篤有幹細務無滯者　　同上太府少卿

尙通典ニ魏令トシテ左ノ二條ヲ引用セリ合セテ之ニ收ム

魏令　每調一夫一婦帛一疋粟二石、人年十五以上未娶者、四人出二一夫一婦之調一、奴任レ耕、婢任レ績者、八口當未娶者四、耕牛十頭當奴婢八、其麻布之鄉一夫一婦、布一疋、下至レ牛、以レ此爲レ降、大牽十疋中五疋爲二公調一、二疋爲二調外費一、三疋爲二內外百官俸一、人年八十以上聽二一子不一レ從レ役、孤獨病老篤貧、不能二自立一者、亦一人不レ從レ役　　通典卷五

魏令　官長卒者、官吏皆齋縗、葬訖而除レ之　　同卷九十九

又宋贊寧撰セル僧史略ニ世宗宣武帝ノ時俗格內律僧制アリ（註三）內容ヲ詳ニセス

註

一 魏書卷一百十一曰。世祖卽位、以刑禁重、神䴥中詔司徒崔浩、定律令、除五歲四歲刑、增一年刑、分大辟爲二、科死斬死入絞、大逆不道腰斬誅、其同籍年十四已下腐刑、女子沒縣官、害其親者轘之、爲蠱毒者、男女皆斬、而焚其家、巫蠱者、負羖羊、抱犬、沉諸淵、當刑者贖、貧則加鞭二百、畿內民、富者燒炭於山、貧者役於圊溷、女子入舂稾、其固疾不逮于人、守苑囿、王官階九品、得以官爵除刑、婦人當刑而孕、產後百日乃決、年十四已下、降刑之半、八十及九歲、非殺人不坐、搒訊不踰四十九、論刑者、部主具狀、公車鞫辭、而三都決之、當死者、部案奏聞、以死不可復生、懼監官不能平、獄成皆呈、帝親臨問無異辭、怨言乃絕之、諸州國之大辟、皆先讞報、乃施行、闕左懸登聞鼓、人有窮寃、則撾鼓、公車上奏其表、云々、正平元年詔曰、刑網太密、犯者更衆、朕甚愍之、其詳案律令、務求厥中、有不便於民者、增損之、於是游雅與中書侍郞胡方回等、改定律制、盜律復舊加故縱通情止舍之法、及他罪、凡三百九十一條、門誅四大辟一百四十、五刑二百二十一條、有司雖增損條章、猶未能闡明刑典、高宗初、仍遵舊式、云々、又增律七十九章門房之誅十有三大辟三十五刑六十二。刑罰志

北史卷二曰、神䴥四年冬十月戊寅、詔司徒崔浩、改定律令。魏本紀二

魏書卷一百十一曰、高祖太和三年、云々、先是以律令不具、姦吏用法、致有輕重、詔中書令高閭云々中秘官等、修改舊文、隨例增減、又勅群官、參議厥衷、經御刊定、五年冬訖、凡八百三十二章、門房之誅十有六、大辟之罪二百三十、五刑三百七十七、除群行剽刧首謀門誅律、重者止梟首。刑罰志

魏書卷七下曰、太和十五年五月己亥、議改律令、於東明觀折疑獄、十六年四月丁亥朔、班新律令、大赦天下。高祖紀下

隋書卷三十三曰、後魏律二十卷。經籍志

二 唐六典卷六曰、至太武帝、始命崔浩、定刑名、於漢魏以來律、除髠鉗五歲四歲刑、增二歲刑、大辟有轘腰斬、殊死、棄市四等、凡三百九十條、門房誅四條、大辟一百四十條、五刑二百三十一條、始置枷拘罪人、文成時、又增律條章、至孝文時、定律凡八百三十三章、門房之誅十有六、大辟之罪二百三十、五刑三百七十七。刑部郎中員外郎律注

同上曰、後魏初、命崔浩定令、後命游雅等成之、史失篇名。同上令注

三 僧史略曰、後魏世宗宣武帝卽位、下詔曰、云々、其僧犯殺人以上罪、依俗格斷、餘悉付

昭玄以内律僧制判之。

第五節　東魏ノ法典

東魏ノ法典トシテ傳フルモノハ麟趾格アルノミ麟趾格ハ孝靜帝興和三年十月班行スル所ナリ文襄王等群臣ト共ニ麟趾閣ニ於テ議定ス故ニ名ツク（註一）唐書藝文志ニハ文襄帝時撰トアリ猶西魏大統式ヲ隋書經籍志ニ周大統式ト曰ヘルカ如シ（註二）蓋文襄王魏相トナリ麟趾格ヲ撰シ其弟文宣王帝位ニ即クニ及ヒ諡シテ文襄皇帝ト曰ヘルニ本ツク文宣王即位ノ初又麟趾格ヲ刋定ス（註三）然カモ共ニ之ヲ傳ヘス内容ヲ詳ニスヘカラス

註

一　魏書卷十二曰、興和三年冬十月、先是詔文襄王、與群臣、於麟趾閣、議定新制、甲寅班於天下。孝靜紀

唐六典卷六曰、後魏以格代科、於麟趾殿刪定、名爲麟格趾。刑部郎中員外郎格注

二　唐書卷五十八曰、麟趾格四卷。文襄帝時撰○藝文志

三　隋書卷二十五曰、齊神武文襄、並由魏相、尚用舊法、及文宣天保元年、始命群官、刊定魏朝麟趾格。（刑法志）

第六節　西魏ノ法典

西魏ノ法典ニ大統式アリ文帝大統十年七月ニ班行スル所ナリ凡五卷トス是ヨリ先大統元年有司ヲシテ二十四條ノ制ヲ設ケシメ次テ七年又十二條制ヲ下シ十年更ニ尚書蘇綽ニ命シ三十六條ヲ增損シテ大統式ヲ作ラシム（註一）隋書經籍志ニハ之ヲ周大統式ト曰ヘリ蓋周文帝魏相トナリ命シテ之ヲ撰セシメシニ本ツク（註二）周書蘇綽傳ニハ大統十年六條詔書ヲ作リシ事見ユ（北史蘇綽傳ニハ十一年ニ作ル）六條トハ先治心、敦敎化、盡地利、擢賢良、卹獄訟、均賦役是ナリ（註三）六條詔書ノ全文ハ之ヲ周書北史ニ載スト雖大統式ハ之ヲ傳ヘス故ニ內容ヲ詳ニシ難シ

註

一　周書卷二曰、魏大統元年三月、太祖以戎役屢興、民吏勞弊、乃命所司、斟酌今古、參考變通、可以益國利民便時適治者、爲二十四條新制奏、魏帝行之、七年冬十一月、太祖

奏行十二條制、恐百官不勉於職事、又下令申明之。十年秋七月、魏帝以太祖前後所上二十四條、及十二條新制、方爲中興永式、乃命尚書蘇綽、更損益之、總爲五卷、班於天下。文帝紀下○北史卷九所載略同之

隋書卷二十五曰、周文帝之有關中也、覇業初基、典章多闕、大統元年、命有司、斟酌今古、通變可以益時者、爲二十四條之制、奏之、七年又下十二條制、十年、魏帝命尚書蘇綽、總三十六條、更損益、爲五卷、班於天下。刑法志○唐六典卷六所載略同。

二 隋書卷三十三曰、周大統式三卷。經籍志

唐書卷五十八曰、蘇綽大統式三卷。藝文志

三 周書卷二十三曰、大統十年（中略）又爲六條詔書、奏施行之。蘇綽傳○北史卷六十三蘇綽傳作十一年、玉海卷六十五作七年九月。

崇文總目卷二曰、　蘇綽六條一卷○職官類

第七節　北齊ノ法典

北齊ノ法典ニハ律、令、及權令ノ三者アリ

第一款　北齊律

北齊律ハ武成帝河清三年撰定スル所ナリ是ヨリ先文宣王ノ天保元年群官ニ命シテ魏ノ麟趾格ヲ刊定セシメシカ（第五節注三參照）斷獄多ク格ニ據ラス變法ト稱シテ法ヲ濫用スル虞アリシカハ又群臣ニ詔シテ齊律ヲ議セシメタリ然レ共年ヲ積テ成ラス武成卽位スルニ及ヒ屢之ヲ催督シ遂ニ河清三年ニ至リ尙書令趙郡王叡等齊律十二篇ヲ上レリ三月之ヲ天下ニ班行ス（註一）十二篇ノ目ハ左ノ如シ

一名例　二禁衞　三戶婚（六典作二戶婚一 隋志作二婚戶一）　四擅興
五違制　六詐僞　七鬪訟　八盜賊（六典作二盜賊一 隋志作二賊盜一）
九捕斷　十毀損　十一廄牧　十二雜律

之ニ據レハ晉律ノ刑名法例ヲ合シテ名例トシ盜律賊律ヲ合シテ盜賊トシ捕律斷獄ヲ合シテ捕斷トシ戶律廄律衞宮毀亡ノ名ヲ改メテ戶婚廄牧禁衞毀損トシ請賕告劫繫訊水火關市諸侯ノ六律ヲ廢シテ各律ニ編入シ詐僞雜律擅興違制ノ四律ハ舊ノ如ク存續セリ凡定罪九百四十九條アリ其卷數ハ隋書經籍志ニハ十二卷目一卷

トシ舊唐書經籍志新唐書藝文志ハ共ニ二十卷トセリ卷ノ分合ニヨリテ異同アルノミ其內容ノ一斑ハ隋書刑法志ニ見ユ即刑名五アリ死、流、刑、鞭、杖是ナリ死ニ轘、梟首、斬、絞ノ四等アリ流刑ハ鞭笞各一百ヲ加ヘ髡シテ邊裔ニ送リテ兵ニ充ツ輕キハ長徒配舂各六年トス刑ハ即耐罪ナリ五歲四歲三歲二歲一歲ノ五等アリ各鞭一百ヲ加ヘ更ニ五歲以下二歲ニ至ル各定數ノ笞ヲ加フ鞭ニ一百、八十、六十、五十、四十ノ五等アリ杖ニ三十、二十、十ノ三等アリ又贖罪ノ制ヲ設ケ絹ヲ以テ罪ニ代フ死ハ一百疋流ハ九十二匹刑五歲ハ七十八匹四歲ハ六十四匹三歲ハ五十匹二歲ハ三十六匹トシ各鞭笞ヲ通シテ論シ一歲笞ナキ者ハ鞭ヲ通シテ二十四匹トシ鞭杖各十ヲ絹一匹鞭百ニ至テ絹十匹トス絹ナケレハ錢ヲ收ム贖ノ恩典ヲ受クル者ハ流內官及爵秩比視老小閹癡並ニ過失ノ類トス死刑ハ之ヲ桁シ流ハ杻械ヲ加ヘ刑ハ鎖若クハ枷ヲ加ヘ流以下贖スヘキ者婦人ノ犯刑以下侏儒篤疾癃殘ノ死罪ヲ犯スニアラサル者ハ皆之ヲ頌繫ス流刑ヲ決スル鞭笞ハ其背ヲ鞭スル五十毎ニ執鞭人ヲ易フ鞭鞘ハ熟皮ヲ用キ廉稜ヲ削去ス長一尺笞ハ臀ヲ笞チ人ヲ易ヘス杖長三尺五寸大頭徑二分半小頭徑一分半三十以下ノ杖ハ長四尺大頭徑三分小頭徑二分トス赦日ニハ武庫令金鷄及鼓ヲ閶闔門ノ外ニ設ケ囚徒ヲ闕前ニ集メ鼓ヲ撾ツ千聲ニシテ枷鎖ヲ解クヲ法トス又十惡八議ノ制ヲ定メ反逆、大逆、叛、降、惡逆、不道、不敬、不孝、不義、内亂ノ十重罪ヲ十惡トシ八議ヲ以テスルモ贖スル能ハサル法ナリ（註二）此ノ如ク刑名ノ一斑ヲ察シ得ヘキモ其他ニ至リテハ之ヲ傳ヘサルヲ以テ詳ニスヘカラス

註

一 北齊書卷七曰、河清三年辛酉、以律令班天下。武成紀

隋書卷二十五曰、既而司徒功曹張老上書稱、大齊受命已來、律令未改、非所以創制垂法革人視聽、於是始命群官議造齊律、積年不成、其決獄猶依魏舊云々、武成即位、思存輕典、大寧元年乃下詔曰、王者所用、唯在賞罰、賞貴適理、罰貴得情、云々、自今諸應賞罰者賞疑從重、罰疑從輕、又以律令不成、頻加催督、河清三年尚書令趙郡王叡等奏上齊律十二篇、一曰名例、二曰禁衛、三曰婚戸、四曰擅興、五曰違制、六曰詐僞、七曰鬭訟、八曰賊盜、九曰捕斷、十曰毀損、十一曰廐牧、十二曰雜、其定罪九百四十九條、又上新令四十卷、大抵採魏晋故事。刑法志

唐六典卷六曰、北齊初命造新律、未成、文宣猶採魏制、性忍暴、恣行酷虐、訊囚用車輻、

壓踝、或使臂貫燒車缸、或使立燒犂耳、上常命憲司、先定死罪囚、置仗衞內、帝欲殺人、執以應命、謂之供御囚、至武成時、趙郡王叡等造律、成奏上、凡十二篇、一名例、二禁衞、三戶婚、四擅興、五違制、六詐僞、七鬬訟、八盜賊、九捕斷、十毀損、十一廐牧、十二雜律、凡定罪九百四十九條、大抵採魏晉故事。刑部郎中員外郎律註

二 隋書卷二十五曰、其制、刑名五、一曰死、重者轘之、其次梟首、並陳屍三日、無市者、列於鄉亭顯處、其次斬刑、殊身首、其次絞刑、死而不殊、凡四等、二曰流刑、謂論犯可死、原情可降、鞭笞各一百、髡之、投于邊裔、以爲兵卒、未有道里之差、其不合遠配者、男子長徒、女子配舂、並六年、三曰刑罪、即耐罪也、有五歲四歲三歲二歲一歲之差、凡五等、各加鞭一百、其五歲者、又加笞八十、四歲者、六十、三歲者四十、二歲者二十、一歲者無笞、並鎖輸左校而不髡、無保者鉗之、婦人配舂、及掖庭織、四曰鞭、有一百八十六十五十四十之差、凡五等、五曰杖、有三十、二十、十之差、凡三等、大凡爲十五等、當加者上就次、當減者下就次、贖罪舊以金、皆代以中絹、死一百疋、流九十二疋、刑五歲七十八疋、四歲六十四疋、三歲五十疋、二歲三十六疋、各通鞭笞論、一歲無笞、則通鞭二十四疋、鞭杖每十、贖絹一疋、至鞭百則絹十疋、無絹之鄉、皆准絹收錢、自贖笞十以上至死、又爲十

五等之差、當加減次如正決法、合贖者、謂流內官及爵秩比視老小閹癡並過失之屬、犯罰絹一匹、及杖十已上、皆名爲罪人、盜及殺人而亡者、即懸名注籍、甄其一房配驛戶、宗室則不注、盜及不入奚官不加害刑、（通典卷一百六十四作盜不入奚官不加宮刑）自犯流罪以下合贖者、及婦人犯刑已下、侏儒篤疾癃殘非犯死罪、皆頌繫之、罪刑年者鎖、無鎖以枷、流罪已上加杻械、死罪者桁之、決流刑鞭笞者、鞭其背五十、一易執鞭人、鞭鞘皆用熟皮、削去廉稜、鞭瘡長一尺、笞者、笞臀而不中易人、杖長三尺五寸大頭徑二分半、小頭徑一分半、決三十已下、杖者長四尺、大頭徑三分、小頭徑二分、在官犯罪、鞭杖十爲一負、閑局六負爲一殿、平局八負爲一殿、繁局十負爲一殿、加於殿者、復計爲負焉、赦日、則武庫令設金鷄及鼓於閶闔門外之右、勒集囚徒於闕前、撾鼓千聲、釋枷鎖焉、又列重罪十條、一曰反逆、二曰大逆、三曰叛、四曰降、五曰惡逆、六曰不道、七曰不敬、八曰不孝、九曰不義、十曰內亂、其犯此十者、不在八議論贖之限。隋書刑法志

唐六典卷六曰、其制、刑名五、一曰死、重者轘之、其次梟首、其次斬、其次絞、二曰流刑、鞭笞各一百、髡之、投邊裔、未有道里之差、以六年爲限、三曰刑罪、即耐罪也、有五歲四歲三歲二歲一歲之差、凡五等、各加鞭一百、其五歲者又加笞八十、四歲六十、三歲三十、

二歲二十、一歲無笞並鎖、輸左校、四曰鞭、有一百八十六十五十四十之差、凡五等、五曰杖、有三十二十一十之差、凡三等、贖罪舊以金、皆代以中絹、罪刑年者鎖、無鎖以枷、流罪已上加杻械、死罪桁之、又制立重罪十條、爲十惡。刑部郎中員外郎律注

第二款　北齊令

北齊令ハ河清三年律ト共ニ趙郡王叡等ノ撰上スル所ナリ篇目凡二十八尙書二十八曹ヲ以テ篇ニ名ツク（註一）北齊ノ制尙書省ニ吏部、殿中、祠部、五兵、都官、度支ノ六尙書アリ六尙書列曹ヲ分統ス即吏部尙書ハ吏部、考功、主爵三曹ヲ殿中尙書ハ殿中、儀曹、三公、駕部四曹ヲ祠部尙書ハ祠部、主客、虞曹、屯田、起部五曹ヲ五兵尙書ハ左中兵、右中兵、左外兵、右外兵、都兵五曹ヲ都官尙書ハ都官、二千石、比部、水部、膳部五曹ヲ度支尙書ハ度支、倉部、左戶、右戶、金部、庫部六曹ヲ各統フ即二十八曹ナリ（註二）卷數ハ六典註ニハ五十卷ト曰ヒ隋書刑法志ニハ四十卷ト曰ヒ通典卷一百六十四ニハ三十卷ト曰ヒ舊唐書經籍志唐書藝文志共ニ八卷ト曰ヒ一定セス隋書經籍志ニハ五十卷ト曰ヘルニヨリテ考フレハ蓋五十卷ヲ是トスヘシ或ハ卷ノ分合ニヨリテ異同ヲ生

セルカ其內容ハ之ヲ傳ヘサルヲ以テ詳ニスヘカラスト雖逸文ハ往々隋書食貨志六典通典等ニ存ス今左ニ採錄ス

河淸三年定令　人居十家爲比鄰、(通典卷三作鄰比)五十家爲閭里、百家爲族黨、　男子十八以上、六十五以下、爲丁、十六已上、十七已下、爲中、六十六已上、爲老、十五已下、爲小、(通典卷七同之)　率以十八受田、輸租調、二十充兵、六十免力役、六十六退田、免租調(通典卷五同之)

京城四面諸坊之外、三十里內爲公田、受公田者、三縣代遷、內執事官、一品已下、逮于羽林武賁、各有差、其外畿郡、華人官第一品已下、羽林武賁已上、各有差。

職事及百姓、請墾田者、名爲受田、奴婢受田者、親王止三百人、嗣王止二百人、第二品嗣王已下、及庶姓王、止一百五十人、正三品已上、及王宗止一百人、七品已上、限止八十人、八品已下、至庶人、限止六十人、奴婢限外不給田者、皆不輸。

其方百里外、及州人一夫、受露田八十畝、婦四十畝、奴婢依良人、限數與在京百官同、丁牛一頭、受田六十畝、限止四年、　又每丁給永業二十畝、爲桑田、其中種桑五十根楡三根棗五根、不在還受之限、非此田者、悉入還受之分。

土不宜桑者、給麻田、如桑田法、　率人一牀、調絹一疋、綿八兩、凡十斤綿、中折一斤作糸、墾租二石、義租五斗、奴婢各(通典卷五皆作)准良人之半、牛調二尺、(通典作丈)墾租一斗、義租五升、墾租送臺、義租納郡、以備水旱、墾租皆依貧富爲三梟、其賦稅常調、則少者直出、上戸中者、及中戸多者、及下戸上梟、輸遠處、中梟輸次遠、下梟輸當州(通典卷五略同)倉三年一校焉、租入臺者、五百里內輸粟、五百里外輸米、入州鎭者、輸粟、人欲輸錢者、准上絹收錢(通典卷五同之)諸州郡、皆別置富人倉、初立之日、准所領中下戸口數、得支一年之糧、逐當州穀價、賤時斟量、割當年義租充入、穀貴下價糶之、賤則還用、所糶之物、依價糴貯(通典卷十一同之)每歲春月、各依鄕土早晚、課入農桑、自春及秋、男二十五已上、皆布田畝、桑蠶之月、婦女十五已上皆營蠶桑、孟冬刺史聽審邦敎之優劣、定殿最之科品人有人力無牛、或有牛無力者、須令相使、皆得納種使地無遺利、人無游牛焉、緣邊城守之地、堪墾食者、皆營屯田、置都使子使以統之、一子使當田五十頃、歲終考其所入、以論褒貶、 隋書卷二十四食貨志

河淸令 改左士郎爲膳部 六典卷四注

河淸令 改左主客爲主爵、南主客爲主客、以領諸蕃雜客事 同上

河淸定令 四時祭廟、及元日廟廷並設庭燎二所 通典卷四十九

註

一　隋書卷二十五曰、河清三年尙書令趙郡王叡等、奏上齊律十二篇、(中略)又上新令四十卷、大抵採魏晉故事。刑法志

唐六典卷六曰、北齊令趙郡王叡等撰令五十卷、取尙書二十八曹爲其篇名。刑部郞中員外郞令註

二　隋書卷二十七曰、尙書省置令僕射吏部殿中祠部五兵都官度支等六尙書、云々、其六尙書分統列曹、吏部統吏部(掌褒崇選補等事)考功(掌考第及秀孝貢士等事)主爵(掌封爵等事)三曹、殿中統殿中(掌駕行百官留守名帳宮殿禁衞供御衣倉等事)儀曹(掌吉凶禮制等事)三公(掌五時讀時令、諸曹囚帳斷罪、赦日建金雞等事)駕部(掌車輿牛馬廐牧等事)四曹、祠部統祠部(掌祠部醫藥死喪贈賜等事)主客(掌諸蕃雜客等事)虞曹(掌地圖山川遠近園囿田獵殽膳雜味等事)屯田(掌籍田諸州屯田等事)起部(掌諸興造工匠等事)五曹、祠部無尙書則右僕射攝、五兵統左中兵(掌諸郡督告身諸宿衞官等事)右中兵(掌畿內丁帳事力蕃兵等事)左外兵(掌河南及潼關已東諸州丁帳及發召征兵等事)右外兵(掌河北及潼關巳西諸州所典與左外同)都兵(掌鼓吹太樂雜

戸等事)五曹、都官統都官(掌畿內非違得失事)二千石(掌畿外得失等事)比部(掌詔書律令勾檢等事)水部(掌舟船津梁公私水事)膳部(掌侍官有司禮食肴饌等事)五曹、度支統度支(掌計會凡軍國損益事役糧廩等事)倉部(掌諸倉帳出入等事)左戶(掌天下計帳戶籍等事)右戶(掌天下公私田宅租調等事)金部(掌權衡量度內外諸庫藏文帳等事)庫部(掌凡是戎仗器用所須事)六曹、凡二十八曹。百官志中

第三款　北齊權令

權令ハ其編纂年代ヲ詳ニセサルモ蓋律令ト共ニ撰上スル所ナルヘシ隋書刑法志ニハ其不可爲定法者、別制權令二卷、與之並行ト見エ六典卷六注ニ又撰權令二卷、兩令並行トアリ隋書經籍志ニモ權令二卷ヲ載セタリ按スルニ令ニ權令アルカ如ク律ニモ權格アリト見エテ隋書刑法志ニ後平秦王高歸彥謀反、須有約罪律、無正律、於是遂有別條權格、與律並行トアリ通典卷一百七十ニハ之ヲ別條權令ト曰ヘリ

第八節　後周ノ法典

後周ノ法典ニハ周大律及周令アリ

第一款　後周大律

周文帝魏相トシテ西魏大統式ヲ撰上セシメテ後更ニ趙肅ニ命シテ法律ヲ撰定セシム肅積思累年遂ニ心疾ヲ得テ死セシカハ別ニ拓拔廸ヲシテ之ヲ續定セシム武宗保定三年ニ至テ成ル隋書刑法志ニハ三月成ルト曰ヒ周書武帝紀ニハ二月庚子頒行トアリ名ツケテ大律ト曰フサレハ律撰上ノ時ハ拓拔廸ニシテ趙肅既ニ在ラス然ルニ六典注舊唐書經籍志唐書藝文志ニハ趙肅ヲ擧テ廸ニ及ハス先功ヲ失セシメサルニヨルカ其篇目凡二十五アリ左ノ如シ

一刑名　二法例　三祀享　四朝會　五婚姻
六戶禁　七水火　八興繕　九衞宮　十市廛
十一鬪競　十二劫盜　十三賊叛　十四毀亡　十五違制
十六關津　十七諸侯　十八廐牧　十九雜犯　二十詐僞
二十一請求　二十二告言　二十三逃亡　二十四繫訊　二十五斷獄

其條數凡一千五百三十七アリ北齊律ニ比シテ五百八十八條ヲ增セリ此故ニ隋書刑法志ニハ條章ニ繁ク苛密ニ流レ齊法ニ比シテ要ナラスト曰ヘリ(註一)其內容ノ一斑ハ隋書刑法志ニ見ユ刑名五アリ死刑流刑徒刑鞭刑杖刑是ナリ五刑各五等ノ差アリ死刑ニ罄、絞、斬、梟、裂アリ流刑ニ流衞服（皇畿ヲ去ル二千五百里鞭一百笞六十ヲ加フ）流要服（皇畿ヲ去ル三千里鞭一百笞七十ヲ附加ス）流荒服（皇畿ヲ去ル三千五百里鞭一百笞八十ヲ附加ス）流鎭服（皇畿ヲ去ル四千里鞭一百笞七十ヲ附加ス）流蕃服（皇畿ヲ去ル四千五百里鞭笞各一百ヲ附加ス）アリ徒刑ニ徒一年（鞭六十笞十ヲ附加ス）徒二年（鞭七十笞二十ヲ附加ス）徒三年（鞭八十笞三十ヲ附加ス）徒四年（鞭九十笞四十ヲ附加ス）徒五年（鞭一百笞五十ヲ附加ス）アリ鞭刑ニ六十、七十、八十、九十、一百アリ杖刑ニ十、二十、三十、四十、五十アリ共ニ二十五等トス十惡ノ目ナキモ惡逆、不道、大不敬、不孝、不義、內亂ノ罪ヲ重クス又贖罪ノ制アリ杖刑ハ一兩ヨリ五兩ニ至リ鞭刑ハ六兩ヨリ十兩ニ至リ徒刑ハ一年ハ十二兩二年ハ十五兩三年ハ一斤二兩四年ハ一斤五兩五年ハ一斤八兩流刑ハ一斤十二兩共ニ六年ヲ役シ死刑ハ二斤トス鞭笞ヲ附加スル者ハ先笞ヲ加ヘ後鞭ニ及フ婦人笞ニ當ル者ハ贖ヲ聽ス其絹ヲ以テ當ツル者ハ鞭杖各十ニ絹一疋流徒ハ毎年ニ絹十二疋死刑ハ一百疋トス(註二)卷數ハ凡テ二十五卷トス隋書經籍志唐書藝文志皆然リ此律亦後世ニ傳ヘサルヲ以テ詳

ニスヘカラス

註

一隋書卷二十五曰、其後以河南趙肅爲廷尉卿、撰定法律、肅積思累年、遂感心疾而死、乃命司憲大夫拓拔廸掌之、至保定三年三月庚子乃就、謂之大律、凡二十五篇、一曰刑名、二曰法例、三曰祀享、四曰朝會、五曰婚姻、六曰戶禁、七曰水火、八曰興繕、九曰衞宮、十曰市廛、十一曰鬪競、十二曰劫盜、十三曰賊叛、十四曰毀亡、十五曰違制、十六曰關津、十七曰諸侯、十八曰廐牧、十九曰雜犯、二十曰詐僞、二十一曰請求、二十二曰告言、二十三曰逃亡、二十四曰繫訊、二十五曰斷獄、大凡定罪一千五百三十七條云々班之天下、其大略、滋章條流、苛密、比於齊法、煩而不要、又初除復讐之法、犯者以殺論。刑法志

唐六典卷六曰、後周命趙肅等造律、保定中奏之、凡二十五篇、一刑名、以下略之、大凡定罪一千五百三十七條、比於齊律、煩而不當。刑部郞中員外郞律注

周書卷三十七曰、趙肅字慶、河南洛陽人也、云々、大統十三年除廷尉少卿、云々十七年進位車騎大將軍儀同三司散騎常侍、賜姓乙弗氏、先是太祖命肅撰定法律、肅積

思累年、遂感心疾、去職、卒於家。武帝紀

周書卷五曰、保定三年二月庚子初頒新律。武帝紀

二 隋書卷二十五曰、其制罪、一曰杖刑五、自十至五十、二曰鞭刑五、自六十至于百、三曰徒刑五、徒一年者、鞭六十笞十、徒二年者、鞭七十笞二十、徒三年者、鞭八十笞三十、徒四年者、鞭九十笞四十、徒五年者、鞭一百笞五十、四曰流刑五、流衛服、去皇畿二千五百里者、鞭一百笞六十、流要服、去皇畿三千里者、鞭一百笞七十、流荒服、去皇畿三千五百里者、鞭一百笞八十、流鎮服、去皇畿四千里者、鞭一百笞九十、流蕃服、去皇畿四千五百里者、鞭一百笞一百、五曰死刑五、一曰罄、二曰絞、三曰斬、四曰梟、五曰裂、五刑之屬各有五、合二十五等、不立十惡之目、而重惡逆不道大不敬不孝不義內亂之罪、凡惡逆肆之三日、盜賊群攻鄉邑及入人家者、殺之無罪、若報讐者、告於法而自殺之不坐、經爲盜者注其籍、唯皇宗別否、凡死罪枷而拲、流罪枷而梏、徒罪枷、鞭罪桎、杖罪散、以待斷、皇族及有爵者、死罪以下鎖之、徒已下散之、獄成將殺者、書其姓名及其罪於拲、而殺之市、唯皇族與有爵者隱獄、其贖杖刑五、金一兩至五兩、贖鞭刑五、金六兩至十兩、贖徒刑五、一年金十二兩、二年十五兩、三年一斤二兩、四年一斤五兩、五年一

斤八兩、贖流刑、一斤十二兩、俱役二六年一、不下以二遠近一爲上レ差等、贖死罪金二斤、鞭者以二一百一爲レ限、加レ笞者合二百止、應レ加二鞭笞一者、皆先笞、後鞭、婦人當レ笞者、聽三以レ贖論二徒輸作者、皆任二其所一レ能、而役二使之一、杖十已上、當レ加者上就レ次、數滿乃坐、當レ減者、死罪流蕃服、蕃服已下俱至二徒五年一、五年已下各以二一等一爲レ差、盜賊及謀反大逆降叛惡逆、罪當レ流者、皆甄二一房一、配爲二雜戶一、其爲二賊盜一、事發逃亡者、懸レ名注配、若再犯レ徒、三犯レ鞭者、一身永配二下役一、應二贖金一者、鞭杖十收二中絹一疋一、流徒者、依レ限歲レ收二絹十二疋一、死罪者一百疋、其贖刑、死罪五旬、流刑四旬、徒刑三旬、鞭刑二旬、杖刑一旬、限外不レ輸者、歸二於法一、貧者請而免レ之。

刑法志

第二款　後周令

周令ハ編纂年時ヲ詳ニセス隋書刑法志ニハ之ヲ揭ケサルモ六典卷六注ニ後周命二趙肅拓拔廸一定レ令、史失二篇目一トアレハ律ト同ク前ニハ趙肅後ニハ拓拔廸之ヲ撰上セシニ似タリ隋書經籍志舊唐書經籍志唐書藝文志皆著錄セスサレハ篇數卷數ノ如キ之ヲ知リ難シトス

第三款　刑書要制刑經聖制及刑書要律

律令ノ外ニ武帝建德六年刑書要制ヲ行フ(註一)宣帝宣政元年詔シテ九條ヲ制ス周書宣帝紀ニ詳ナリ(註二)大象元年刑書要制ノ重キヲ以テ之ヲ除キ次テ刑書要制ヲ廣メ其法ヲ峻メ刑經聖制ヲ作ル六典注ニ之ヲ法經ト曰ヘリ(註三)其後靜帝ノ時楊堅相タルニ及ヒ舊律ヲ刪略シテ刑書要律ヲ作レリ(註四)今皆之ヲ傳ハス

註

一　周書卷六曰、建德六年十一月己亥、初行刑書要制、持杖群彊盜一匹以上、不持杖群彊盜五匹以上、監臨主掌自盜二十匹以上、小盜及詐僞請官物三十匹以上、正長隱五戶及十丁以上、隱地三頃以上者至死、刑書所不載者、自依律科。武帝紀下

隋書卷二十五曰、其年(建德六年)又爲刑書要制、以督之、其大抵持杖群盜一匹以上、不持杖群盜五匹以上、監監主掌自盜二十匹以上、盜及詐請官物三十匹以上、正長隱五戶及十丁以上、及地頃以上、皆死、自餘依大律。刑法志

二　隋書卷二十五曰、帝又恐失衆望、乃行寬法、以取衆心、宣政元年八月詔、制九條、宣下

州郡。刑法志

周書卷七曰、宣政元年八月詔、制九條宣下州郡、一曰決獄科罪、皆准律文、二曰母族絶服外者聽婚、三曰以杖決罰、悉令依法、四曰郡縣當境賊盜不擒獲者、竝仰錄奏、五曰孝子順孫義夫節婦表其門閭、才堪任用者、卽宜申薦、六曰或昔經驅使、名位未達、或沈淪蓬蓽、文武可施、宜竝採訪、具以名奏、七曰僞齊七品以上、已敕收用八品以下、爰及流外若欲入仕、皆聽預選、降二等授官、八曰州擧高才博學者、爲秀才、郡擧經明行修者、爲孝廉、上州上郡歲一人、下州下郡三歲一人、九曰年七十以上依式授官、鰥寡困乏、不能自存者、竝加稟恤。宣帝紀

三 隋書卷二十五曰、大象元年又下詔曰、高祖所立刑書要制、用法深重、其一切除之、然帝荒淫日甚、惡聞云々刑法政令不一、下無適從、於是又廣刑書要制、而更峻其法、謂之刑經聖制、宿衞之官一日不直、罪至削除、逃亡者皆死、而家口籍沒、上書字誤者、科其罪、鞭杖皆百二十爲度、名曰天杖。刑法志

唐六典卷六曰、至武帝、又造刑書要制、與律兼行、至宣帝、殘酷廣刑書要制、爲刑經聖制、謂之法經。刑部郎中員外郎律註

四 隋書卷二十五曰、隋高祖爲相、又行寛大之典、刪略舊律、作刑書要制、既成奏之、靜帝下詔頒行、諸有犯罪、未科決者、依制處斷。刑法志

第九節 南齊ノ法典

南齊ノ法典ニハ永明律アルノミ初晉ノ杜預張裴各律ヲ註セシカ泰始以來常ニ此二註ヲ用キ律文ヲ解釋セリ然ルニ律文簡約ニシテ一章ノ中兩家説ヲ異ニスル者アリ司法官時ニ臨ミ斟酌判決シ爲ニ非曲ヲ行フ者アリ是ニ於テ齊ノ武帝卽位スルニ及ヒ意ヲ法令ニ留メ獄官ニ詔シテ舊註ヲ一定セシム永明七年尙書刪定郎王植ハ張裴註七百三十一條杜預註七百九十一條ヲ取リ又兩家註ノ義備ハルモノ百七條其註相同シキ者一百三條ヲ取リ集テ一書トス凡一千五百三十二條二十卷アリ乃公卿八座ニ詔シテ參議考定セシム竟陵王子良總裁タリ衆説異同アリテ決セサル者ハ制旨ヲ受ケテ決ス永明九年ニ至テ成ル凡二十卷序一卷トス廷尉孔稚圭之カ上表ヲ造ル按スルニ舊唐書經籍志ニハ齊永明律八卷宋躬撰ニ作リ唐書藝文志ニハ宋躬齊永明律八卷ニ作ル然レ共齊律二十卷篇目二十篇ナル事ハ南齊書卷

四十八ニ律文二十卷錄叙一卷ト見エ六典卷六注ニ宋及南齊律之篇目及刑名之制略同ト見エ唐律疏義卷一ニ宋齊梁及後魏因而不改ト曰ヘルニ據レハ二十篇二十卷ナルカ如シ八卷ハ蓋數篇ヲ合シテ一卷トセルニ似タリ註

註

南齊書卷四十八曰、孔稚珪字德璋、會稽山陰人也、云々、世祖留二心法令一、數訊二囚徒一、詔二獄官一、詳二正舊注一、先レ是七年、尚書删定郎王植撰二定律章一、表二奏之一曰、臣尋二晉律一、文簡辭約、旨通二大綱一、事之所レ質、取レ斷難レ釋、張裴杜預同注、一章而生殺永殊、自二晉泰始一以來、唯斟酌參用、(中略)陛下紹興、光二開帝業一、下二車之痛一、每惻二上仁一、滿堂之悲、有レ矜二聖思一、爰發二德音一、删二正刑律一、敕レ臣集二定張杜二注一、謹礪二愚蒙一、盡レ思詳撰、削二其煩害一、錄二其尤衷一、取二張注七百三十一條一、杜注七百九十一條、或二家兩釋、於レ義乃備者、又取二一百七條一、其注相同者、取二一百三條一、集爲二一書一、凡一千五百三十二條、爲二二十卷一、請レ付二外詳校一、擿二其違謬一、從レ之、於レ是公卿八座參議、考二正舊注一有二輕重處一、竟陵王子良下レ意、多使レ從レ輕、其中朝議不レ能斷者、制旨平決、至二九年一、稚圭上表曰、臣聞匠二萬物一者、以二繩墨一爲レ正、取二大國一者、以二法理一爲レ本、是以古之聖王、臨レ朝思レ理、遠防二邪萠一、深杜二姦漸一、莫レ不レ資二法理一以成レ化、明二刑賞一以樹レ功者也、伏惟、陛下躡歷登皇、乘圖踐帝、天地更築、日月再張、五禮裂而復縫、六樂殰而爰緝、乃發德音、下明詔、降恤刑之文、申愼罰之典、敕臣、與公卿八座、共刪注律、謹奉聖旨、諮審司徒臣子良、稟受成規、創立條緒、使兼監臣宋躬兼平臣王植等、抄撰同異、定其去取、詳議八座、裁正大司馬臣嶷、其中洪疑大議、衆論相背者、聖照玄覽、斷自天筆、始就成立、律文二十卷錄敘一卷、凡二十一卷、今以奏聞、請付外施用、宣下四海。（孔稚珪傳）

第十節　梁ノ法典

梁代ノ法典ニハ梁律、梁令、梁科アリ又別ニ晉宋齊梁律アリ

第一款　梁律

梁律ハ梁ノ武帝天監元年八月尚書删定郎蔡法度尚書令王亮侍中王瑩尚書僕射沈約等凡十八人ニ詔シテ撰定セシメ翌年四月ニ至テ成ル蔡法度ノ家律學ヲ傳フ齊ノ王植ノ集注殆滅セルニ法度能ク之ヲ知リシカハ召シテ王植ノ集注舊律ニヨリ損益シテ之ヲ撰定セシメシナリ凡二十篇二十卷トス其目左ノ如シ

一刑名　二法例　三盜劫　四賊叛　五詐僞
六受賕　七告劾　八討捕　九繋訊　十斷獄
十一雜　十二戶　十三擅興　十四毀亡　十五衞宮
十六水火　十七倉庫　十八廐　十九關市　二十違制

凡二千五百二十九條アリ（註一）其内容ノ一斑ハ隋書刑法志ニ見ユ刑名ニ死罪、耐罪、贖罪アリ死罪ニ梟首、棄市アリ耐罪ニ髡鉗五歲刑笞二百、四歲刑、三歲刑、二歲刑ノ四等アリ贖罪ニ贖死、贖髡鉗五歲刑笞二百、贖四歲刑、贖三歲刑、贖二歲刑、罰金十二兩、罰金八兩、罰金四兩、罰金二兩、罰金一兩ノ十等アリ共ニ十五等トス此贖罪十等ハ又金ト絹トヲ以テ贖スルコトヲ得例ヘハ贖死ハ金二斤男子ハ十六疋贖髡鉗五歲刑笞二百ハ金一斤十二兩男子ハ十二疋ナルカ如シ女子ハ凡テ之ニ半ス又別ニ一歲刑、半歲刑、百日刑、鞭杖二百、鞭杖一百、鞭杖五十、鞭杖三十、鞭杖二十、鞭杖一十ノ九等ノ差免官加杖督一百、免官、奪勞百日杖督一百、杖督一百、杖督五十、杖督三十、杖督二十、杖督一十ノ八等ノ差ヲ設ケタリ鞭ニ制鞭、法鞭、常鞭ノ別アリ制鞭ハ生革廉アリ法鞭ハ生革廉ヲ去リ常鞭ハ熟靻廉ヲ去ラス皆紐長一尺一寸梢長二尺七寸廣三寸靶長二尺五寸トス杖ニ大杖、法杖、小杖ノ別アリ共ニ生荊ヲ用キ長六尺トス大杖大頭圍一寸三分小頭圍八分半法杖ハ圍一寸三分小頭五分小杖ハ圍一寸一分小頭極抄トス平時ハ常鞭小杖ヲ用キ制鞭杖法鞭杖ハ特詔ニアラサレハ用キス其他尚數條ノ規定アリ(註二)本律ハ亦之ヲ傳ヘサルヲ以テ詳ニスヘカラス

備考　酉陽雜組卷八ニ梁律一條ヲ引用セリ

梁朝雜律、　凡囚未レ斷、先刻レ面作二劫字一。

註

一　隋書卷二十五曰、梁武帝承二齊昏虐之餘一、刑政多僻、既卽位、乃制二權典一、依二周漢舊事一、有レ罪者贖二其科一、(中略)、時欲レ議二定律令一、得二齊時舊郎濟陽蔡法度一、家傳二律學一云、齊武時刪定郎王植之、集二注張杜舊律一、合爲二一書一、凡一千五百三十條事、未二施行一、其文殆滅、法度能言レ之、於レ是以爲二兼尙書刪定郎一、使下損二益植之舊本一、以爲中梁律上、天監元年八月乃下レ詔曰、律令不レ一、實難レ去レ弊、殺傷有レ法、昏墨有レ刑、此蓋常科、易レ爲二條例一、至レ如二三男一妻、懸首造獄、事非二慮內一、法出二恒鈞一、前王之律、後王之令、因循創附、良各有レ以、若遊辭費句、無レ取二於實錄一者、宜二悉除一レ之、求下文指歸可二適變一者上、載二一家一爲二本用一、衆家以附、景丁俱有、則去レ丁以

存レ景、若景丁二事注釋不レ同、則二家兼載、咸使三百司議二其可不一、取二其可一安以爲二標例一、宜レ云三如干人同レ議、以レ此爲レ長則定以爲二梁律一、留二尚書比部一、悉使レ備レ文、若班二下州郡一、止撮二機要一、可レ無二二門侮法之弊一、法度又請曰、魏晉撰律止關二數人一、今若皆諮二列位一、恐緩而無レ決、於レ是以二尚書令王亮侍中王瑩尚書僕射沈約吏部尚書范雲長（梁書柳惲傳作二長史一）兼侍中柳惲給事黃門侍郞傅昭通直散騎常侍孔藹御史中丞樂藹太常丞許懋等一、參二議斷定一、定爲二二十篇一、一曰刑名、二曰法例、三曰盜劫、四曰賊叛、五曰詐僞、六曰受賕、七曰告劾、八曰討捕、九曰繫訊、十曰斷獄、十一曰雜、十二曰戶、十三曰擅興、十四曰毀亡、十五曰衞宮、十六曰水火、十七曰倉庫、十八曰廐、十九曰關市、二十曰違制、云々、大凡定罪二千五百二十九條、二年四月癸卯法度表二上新律一、又上二令三十卷科三十卷一、帝乃以二法度一守二廷尉卿一、詔班二新律於天下一。刑法律志

梁書卷二曰、天監元年八月丁未、詔二中書監王瑩等八人一參二定律令一、二年夏四月癸卯、尚書删定郞蔡法度上二梁律二十卷令三十卷科四十卷一。武帝本紀中

唐六典卷六曰、梁氏受レ命、命二蔡法度沈約等十人一、增二損晉律一、爲二二十篇一。（篇目略）凡定罪二千五百二十九條。刑部郎中員外郎律注

隋書經籍志曰、梁律二十卷。梁義興太守蔡法度撰

舊唐書經籍志曰、梁律二十卷。蔡法度撰

唐書藝文志曰、蔡法度梁律二十卷。

隋書刑法志卷二十五曰、其制刑、爲十五等之差、棄市已上爲死罪、大罪梟其首、其次棄市、刑二歲以上爲耐罪、言各隨伎能、而任使之也、有髡鉗五歲刑、笞二百、收贖絹男子六十疋、又有四歲刑、男子四十八疋、又有三歲刑、男子三十六疋、又有二歲刑、男子二十四疋、罰金一兩已上爲贖罪、贖死者金二斤、男子十六疋、贖髡鉗五歲刑笞二百者金一斤十二兩、男子十四疋、贖四歲刑者、金一斤八兩、男子十二疋、贖三歲刑者、金一斤四兩男子十疋、贖二歲刑者、金一斤、男子八疋、罰金十二兩者、男子六疋、罰金八兩者、男子四疋、罰金四兩者、男子二疋、罰金二兩者、男子一疋、罰金一兩者、男子二丈、女子各半之、五刑不簡、正于五罰、五罰不服、正于五過、以贖論、故爲此十五等之差、又制九等之差、有一歲刑、半歲刑、百日刑、鞭杖二百、鞭杖一百、鞭杖五十、鞭杖三十、鞭杖二十、鞭杖一十、有八等之差、一曰免官、加杖督一百、二曰免官、三曰奪勞百日、杖督一百、四曰杖督一百、五曰杖督五十、六曰杖督三十、七曰杖督二十、八曰杖督一十、論加

者上就次、當減者下就次、(中略)、四有械杻升械及鉗、並立輕重大小之差、而爲定刑、其鞭有制鞭法鞭常鞭凡三等之差、制鞭生革廉成、法鞭生革去廉、常鞭熟靼不去廉、皆作鶴頭、紐長一尺一寸、梢長二尺七寸、廣三寸、靶長二尺五寸、杖皆用生刑、長六尺、有大杖法杖小杖三等之差、大杖大頭圍一寸三分、小頭圍八分半、法杖圍一寸三分、小頭五分、小杖圍一寸一分、小頭極杪、諸督罰、大罪無過五十三十、小者二十、當笞二百以上者笞半餘半後決、中分鞭杖、老小於律令當得鞭杖罰者皆半之、其應得法鞭杖者、以熟靼鞭小杖、過五十者稍行之、將吏以上、及女人應有罰者、以罰金代之、其以職員應罰及律令指名制罰者、不用此令、其問事諸罰、皆用熟靼鞭小杖、其制鞭制杖法鞭法杖自非特詔、皆不得用、詔鞭杖在京師者、皆於雲龍門行、女子懷孕者、勿得決罰、其謀反降叛大逆以上皆斬、父子同產、男無少長、皆棄市、母妻姊妹、及應從坐棄市者、妻子女妾、同補奚官、爲奴婢、貲財沒官、劫身皆斬、妻子補兵、遇赦降死者、黥面爲劫字、髡鉗補冶、鎖士終身、其下又讁運配材官冶士尙方鎖士、皆以輕重差其年數、其重者或終身、士人有禁錮之科、亦有輕重爲差、其犯清議、則終身不齒、云々、大凡定罪二千五百二十九條。刑法志

第二款　梁令

梁令ハ梁律ト共ニ天監二年四月蔡法度等ノ撰上スル所ナリ凡三十卷三十篇トス篇目左ノ如シ（註、及第二款註一）

一戸　二學　三貢士贈官　四官品　五吏員
六服制　七祠　八戸調　九公田公用儀迎　十醫藥疾病
十一復除　十二關市　十三劫賊水火　十四捕亡　十五獄官
十六鞭杖　十七喪葬　十八雜上　十九雜中　二十雜下
二十一宮衛　二十二門下散騎中書　二十三尚書　二十四三臺祕書　二十五王公侯
二十六選吏　二十七選將　二十八選雜士　二十九軍吏　三十軍賞

卷數ニ關シテハ隋書刑法志、舊唐書經籍志、唐書藝文志、崇文總目卷二刑法類皆三十卷ニ作リ隋書經籍志ニハ錄一卷ヲ加ヘタリ內容ハ之ヲ傳ヘサルヲ以テ詳ニシ難シ但六典及通典ニ引用セルモノ數條アリ左ニ採錄ス

梁官品令　雜號將軍一百二十五、分爲二十四班、班多者爲

貴、驃騎班第二十四　　六典卷五兵部郎中注

梁官品令　輔國將軍並第三品　　同上

梁令　冠軍將軍第三品　　同上

梁官品令　寧遠將軍正五品　　同上

梁令　郡國有五岳、置宰祀三人、及有四瀆若海、應祀者皆孟春仲冬祀之。　　通典卷四十六

註

唐六典卷六曰、梁初命蔡法度等、撰梁令三十篇、一戶、二學、三貢士贈官、四官品、五吏員、六服制、七祠、八戶調、九公田公用儀迎、十醫藥疾病、十一復除、十二關市、十三劫賊水火、十四捕亡、十五獄官、十六鞭杖、十七喪葬、十八雜上、十九雜中、二十雜下、二十一宮衞、二十二門下散騎中書、二十三尚書、二十四三臺秘書、二十五王公侯、二十六選吏、二十七選將、二十八選雜士、二十九軍吏、三十軍賞。刑部郎中員外郎令注

第三款　梁　科

梁科モ律令ト共ニ天監二年四月蔡法度等ノ撰上スル所ナリ凡三十卷アリ（第一款註第一參考）科ハ漢晉ノ故事ニ相當ス隋書經籍志ニハ梁時又取故事之宜於時者、爲梁科ト見エ唐六典卷六註ニハ梁易故事、爲梁科三十卷、蔡法度所刪定トアリ篇目內容ハ之ヲ傳ヘサルヲ以テ明ニシ難シ按スルニ卷數ハ梁書卷二ニハ四十卷ニ作リ隋書刑法志經籍志及六典ニハ三十卷ニ作リ舊唐書經籍志唐書藝文志ニハ二卷ニ作ル二卷ト曰ヘル殘闕アルニヨルカ

備考　律令科ノ外ニ蔡法度又晉宋齊梁律二十卷ヲ撰スルコト隋書經籍志ニ見エ唐書藝文志ニハ條鈔晉宋齊梁律二十卷トアリ

第十一節　陳ノ法典

陳ノ法典モ亦梁ト同ク律、令、科ノ三種アリ

第一款　陳律

陳律ハ高祖武帝永定元年十月尚書刪定郎范泉等ニ命シテ撰定セシメシ所凡三十

卷三十篇アリ篇目ハ梁律ニ同シ故ニ今列擧セス（註一）按スルニ隋書刑法志六典卷六註ハ共ニ三十卷トシ隋書經籍志唐書藝文志ハ共ニ九卷トシ舊唐書經籍志ニハ之ヲ載セス六典ハ隋書刑法志ニ因リ唐志ハ同書經籍志ニ因ル然カモ兩志各相異レリ其內容ノ一斑ハ刑法志ニ見ユ其制淸議禁錮ノ科ヲ重クシ若縉紳ノ族名敎ヲ犯シ不孝及內亂ハ詔ヲ發シテ弃テ、齒セス又贖罪ノ律ヲ存シ父母緣座ノ刑ヲ復ス此他上測ノ法ヲ設ケ鍼驗アル者ヲ梁上ニ置キ日ヲ定メテ鞭杖ヲ加フ髡鞭五歲刑ハ鎖二重以下ハ一重トス又官當ノ法ヲ設ケ官ヲ以テ五歲刑以下三歲刑ノ二年ニ當テ其他ハ居作贖罪セシム死罪ヲ決スル時ハ露車ニ乘セ三械ヲ著ケ壺手ヲ加ヘ市ニ至テ刑ス但夜未明ケス雨晴レス晦朔八節六齋月ノ張心ニ在ル日ハ行ハス凡條綱輕重簡繁ハ一ニ梁法ヲ用キテ異ルナシ（註二）而カモ條流冗雜博ニシテ要ナラストヒフ此律亦傳ヘサルヲ以テ明ニスヘカラス六典ニ陳律一條ヲ引用セリ左ニ採錄ス

陳律　　律學博士秩六百石品第八

註

卷二十一律學博士注

一　隋書卷二十五曰、陳氏承梁季喪亂、刑典疎闊、及武帝卽位、思革其弊、乃下詔曰、朕聞、唐虞道盛、設畫象而不犯、夏商德衰、雖孥戮其未備、洎乎末代、綱目滋繁、矧屬亂離、憲章遺紊、朕始膺寶曆、思廣政樞、外可搜擧良才、刪改科令、群僚博議、務存平簡、於是稍求得梁時明法吏、令與尚書刪定郎范泉參定律令、又勅尚書僕射沈欽吏部尚書徐陵兼尚書左丞宗元饒兼尚書左丞賀朗參知其事、制律三十卷令律四十卷、採酌前代、條流冗雜、綱目雖多、博而非要。刑法志

陳書卷二曰、永定元年冬十月、立刪定郎、治定律令。高祖本記下

唐六典卷六曰、陳令范泉徐陵等、參定律令、律三十卷、令三十卷、科三十卷、採酌前代、條流冗雜、綱目雖多、博而非要云々。刑部郎中員外郞律注

二　隋書卷二十五曰、其制、唯重淸議禁錮之科、若縉紳之族、犯虧名敎、不孝及內亂者、發詔弃之、終身不齒、先與士人爲婚者、許妻家奪之、其獲賊帥及士人惡逆、免死付治、聽將妻入役、不爲年數、又存贖罪之律、復父母緣坐之刑、自餘篇目、條綱輕重簡繁、一用梁法、其有贓驗顯然而不款、則上測立、立測者、以土爲垜、高一尺、上圓劣容囚兩足立、鞭二十笞三十、訖著兩械及杻、上垜、一上測七刻日、再上三七日、上測七日一行鞭、凡

經杖合一百五十、得度不承者免死、其髡鞭五歲刑、降死一等、鎖二重、其五歲刑已下並鎖一重、五歲四歲刑、若有官准當二年、餘並居作、其三歲刑、若有官准當二年、餘一年贖、若公座過誤罰金、其二歲刑有官者贖論、一歲刑無官贖論、寒庶人准決鞭杖、囚並著械、徒並著鎖、不計階品、死罪將決、乘露車、著三枷、加壺手、至市、脫手械及壺手焉、當刑於市者、夜須明、雨須晴、晦朔八節六齋、月在張心日、並不得行刑。刑法志

按スルニ唐六典卷六注ハ之ヲ節略シ杜氏通典卷百十六略之ニ同シ

第二款　陳令

陳令ハ律ト共ニ范泉等ノ撰定スル所ナリ凡三十卷アリ篇目梁ノ舊ニ因ル（第一款註一參考）卷數ハ隋書經籍志、舊唐書經籍志、新唐書藝文志、皆三十卷ニ作ル然ルニ隋書刑法志ニ律三十卷令律四十卷トアリ玉海卷六十五引ク所ノ隋志ニ令科四十卷トアリ令律ハ令科ノ誤字ナルコト知ルヘシ然カモ同書經籍志ニ合セス六典ニ陳令一條ヲ引用セリ左ニ採錄ス

陳令　著作佐郎、僕射子、起家為之　卷十著作佐郎注

第三款　陳　科

陳科ハ律令ト共ニ范泉等ノ撰スル所ナリ凡三十卷アリ(第一款註一參考)隋書經籍志、舊唐書經籍志、唐書藝文志、皆同シ六典卷六格注ニ陳依レ梁トアレハ梁科ト大差ナカリシカ如シ

備考　律令科ノ外ニ隋書經籍志ニ陳新制六十卷ヲ掲ケタリ

第四章　隋ノ法典

漢以後南北朝ニ至リ法典編纂ノ事業漸進ミ其形式ノ如キ略一定スルニ至レリ南北朝ノ後ヲ承ケタル隋朝ニ於テモ亦法典ノ編纂アリ卽開皇律令及大業律令是ナリ此等ノ法典ハ唐代法典ノ則ル所ニシテ最密接ナル關係ヲ有ス殊ニ開皇律ノ篇目ハ唐律ノ篇目ニ同シ今此兩者ニ就キテ左ニ分說ス

第一節　開皇律令

第一款　開皇律

開皇律ハ文帝開皇元年尙書左僕射高熲上柱國鄭澤率更令裴政等ニ命シテ之ヲ撰定セシム是ヨリ先文帝周法ノ繁ニシテ要ナラサルヲ以テ律令ヲ改定スルノ意アリ時ニ裴政典故ニ通シ從政ニ達セルヲ以テ修撰ノ事ニ當ラシム是ニ於テ之ヲ頒行セシカ同三年更ニ蘇威牛弘等ヲシテ之ヲ删定セシメ死罪八十一條流罪一百五十四條徒杖刑等一千餘條ヲ除キ五百條ヲ留メ凡十二卷十二篇トス其篇目左ノ如

シ(註一)

一名例　二衞禁　三職制　四戸婚　五厩庫　六擅興

七賊盜　八鬪訟　九詐僞　十雜　十一捕亡　十二斷獄

其内容ノ一斑ハ隋書刑法志ニ見ユ其制刑名五アリ死刑(絞、斬ノ二種アリ)流刑(一千里、千五百里、二千里ノ三種アリ一千里ハ居作二年、一千五百里ハ二年半、三千里ハ三年トス又近流ニ杖一百ヲ加ヘ一等毎ニ三十ヲ加フ)徒刑(一年、一年半、二年、二年半、三年ノ五等アリ)杖刑(五十ヨリ百ニ至ル五等)笞刑(十ヨリ五十ニ至ル五等)トス而シテ前代ノ鞭刑梟首轘裂ノ法ヲ除キ大逆謀反叛ハ父子兄弟皆斬トス又後齊ノ制ヲ斟酌シ十惡ノ條ヲ設ケ謀反、謀大逆、謀叛、惡逆、不道、大不敬、不孝、不睦、不義、内亂ヲ以テ之ニ充ツ又八議ノ科及官品第七以上ハ一等ヲ例減シ品第九以上ハ贖ヲ聽ス笞十ハ銅一斤杖百ハ十斤徒一年ハ二十斤以上毎等ニ十斤ヲ加ヘ三年ハ六十斤流一千里ハ八十斤一千五百里ハ九十斤二千里ハ百斤二死ハ共ニ百二十斤トス私罪ヲ犯シ官ヲ以テ徒ニ當ツル者ハ五品以上ハ一官ヲ徒二年ニ九品以上ハ徒一年ニ當テ流ニ當ツル者ハ三流共ニ徒三年トス公罪ヲ犯サハ徒ハ一年ヲ加ヘ流ハ一等ヲ加フルヲ得タリ（註二）按スルニ此律亦傳ハラサルヲ以テ詳ニシ難シトス其卷數ニ關シテハ隋書經籍志、舊唐書經籍志、唐書藝文志皆十二卷ニ作レリ

註

一 隋書卷二十五曰、高祖既受周禪、開皇元年、乃詔尚書左僕射渤海公高熲上柱國沛公鄭譯上柱國清河郡公楊素大理前少卿平源縣公常明刑部侍郎保城縣公韓濬比部侍郎李諤兼考功侍郎柳雄亮等、更定新律奏上之、云々、定訖詔頒之、（中略）三年、因覽刑部奏、斷獄數猶至萬條、以爲律尚嚴密、故人多陷罪、又敕蘇威牛弘等、更定新律、除死罪八十一條流罪一百五十四條徒杖等千餘條、定留唯五百條、凡十二卷、一曰名例、二曰衞禁、三曰職制、四曰戶婚、五曰厩庫、六曰擅興、七曰盜賊、八曰鬪訟、九曰詐僞、十曰雜律、十一曰捕亡、十二曰斷獄、自是刑網簡要、疎而不失。刑法志

隋書卷一曰、開皇元年冬十月戊子、行新律。文帝紀

隋書卷六十六曰、裴政字德表、河東聞喜人也、（中略）開皇元年轉率更令、加位上儀同三司、詔與蘇威等、修定律令、政採魏晉刑典、下至齊梁、沿革輕重、取其折衷、同撰者十有餘人、凡疑滯不通、皆取決於政。裴政傳

唐六典卷六曰、隋開皇元年、命高熲等七人定、至三年又敕蘇威牛弘、删定凡十二篇、

刑部郎中員外郎律注

二　隋書卷二十五曰、其刑名有五、一曰死刑二、有絞有斬、二曰流刑三、有一千里千五百里二千里、應配者、一千里居作二年、一千五百里居作二年半、二千里居作三年、應住居作者、三流俱役三年、近流加杖一百、一等加三十、三曰徒刑五、有一年一年半二年二年半三年、四曰杖刑五、自五十至于百、五曰笞刑五、自十至于五十、而蠲除前代鞭刑及梟首轘裂之法、其法徒之罪皆減從輕、唯大逆謀反叛者父子兄弟皆斬、家口沒官、又置十惡之條、多採後齊之制、而頗有損益、一曰謀反、二曰謀大逆、三曰謀叛、四曰惡逆、五曰不道、六曰大不敬、七曰不孝、八曰不睦、九曰不義、十曰內亂、犯十惡及故殺人獄成者、雖會赦、猶除名、其在八議之科、及官品第七以上犯罪、皆例減一等、其品第九已上犯者、聽贖、應贖者皆以銅代絹、贖銅一斤爲一負、負十爲殿、笞十者銅一斤、加至杖百則十斤、徒一年贖銅二十斤、每等則加銅十斤、三年則六十斤矣、流一千里贖銅八十斤、每等則加銅十斤、二千里則百斤矣、二死皆贖銅百二十斤、犯私罪以官當徒者、五品已上、一官當徒二年、九品已上一官當徒一年、當流者、三流同比徒三年、若

犯二公罪一者、徒各加二一年一、當レ流者各加二一等一、其累レ徒過二九年一者流二二千里一。刑法志

唐六典卷六曰、並蠲二除前代梟首轘裂及鞭刑一、又依二北齊一、置二十惡一、應レ贖者、皆以レ銅代レ絹

刑部郎中員外郎律注

第二款　開皇令

開皇令ハ律ト共ニ高熲等ノ撰スル所ナリ開皇二年七月頒行ス凡三十篇三十卷目一卷トス篇目左ノ如シ

一官品上	二官品下	三諸省臺職員	四諸寺職員
五諸衞職員	六東宮職員	七行臺諸監職員	八諸州郡縣鎮戍職員
九命婦品員	十祠	十一戶	十二學
十三選擧	十四封爵俸廩	十五考課	十六宮衞軍防
十七衣服	十八鹵簿上	十九鹵簿下	二十儀制
二十一公式上	二十二公式下	二十三田	二十四賦役
二十五倉庫廐牧	二十六關市	二十七假寧	二十八獄官

二十九喪葬　三十雜

此令亦之ヲ傳ヘサルヲ以テ明ニシ難シトス但通典卷三十九ニハ官品令ニヨリテ官品ヲ列擧シ其他之ヲ引用セルモノ少ナカラス其一二ヲ左ニ採錄ス

隋新令　男女三歲以下爲黃、十歲以下爲小、十七以下爲中、十八以上爲丁、以從課役、六十爲老、乃免　通典卷七

新令　五家爲保、保五爲閭、閭四爲族、皆有正、畿外置里正、比閭正、黨長比族正、以相檢察　同上卷三

註

唐六典卷六曰、隋開皇命高熲等、撰三十卷、一官品上、二官品下、三諸省臺職員、四諸寺職員、五諸衞職員、六東宮職員、七行臺諸監職員、八諸州郡縣鎭戍職員、九命婦品員、十祠、十一戶、十二學、十三選擧、十四封爵俸廩、十五考課、十六宮衞軍防、十七衣服、十八鹵簿上、十九鹵簿下、二十儀制、二十一公式上、二十二公式下、二十三田、二十四賦役、二十五倉庫廐牧、二十六關市、二十七假寧、二十八獄官、二十九喪葬、三十雜。刑部郎中令註

玉海卷六十五曰、開皇二年七月甲午行ニ新令一。
隋書卷三十八曰、鄭譯字正義、滎陽開封人也、云々、未レ幾詔レ譯參ニ撰律令一、(中略)上勞レ譯曰、律令則公定レ之、音樂則公正レ之、禮樂律令公居ニ其三一、良定美也。鄭譯傳
隋書卷三十三曰、隋開皇令三十卷。目一〇卷經籍志
舊唐書卷四十六曰、隋開皇令三十卷。裴正等撰〇經籍志
唐書卷五十八曰、牛弘等隋開皇令三十卷。藝文志

第二節　大業律令

第一款　大業律

大業律ハ煬帝大業二年十月牛弘等ニ詔シテ撰定セシメ同三年四月ニ至テ頒行ス
凡十八篇十八卷トス篇目左ノ如シ

一名例	二衞宮	三違禁	四請求	五戶	六婚
七擅興	八告劾	九賊	十盜	十一鬪	十二捕亡
十三倉庫	十四廐牧	十五關市	十六雜	十七詐僞	十八斷獄

開皇律ニ比シテ輕減スル所アリ然レトモ之ヲ傳ヘサルヲ以テ明ニスヘカラス(註)
按スルニ卷數ハ隋書經籍志ニ十一卷ニ作リ舊唐書經籍志唐書藝文志共ニ十八卷ニ作ル十八卷ヲ是トスヘシ

註

隋書卷二十五曰、煬帝卽位以高祖禁網深刻、又敕脩律令、除十惡之條、時斗稱皆小、舊二倍、其贖銅亦加二倍爲差、杖百則三十斤矣、徒一年者六十斤、每等加三十斤爲差、三年則一百八十斤矣、流無異等、贖二百四十斤、二死同、贖三百六十斤、其實不異、云々、三年新律成、凡五百條、爲十八篇、詔施行之、謂之大業律、一曰名例、二曰衞宮、三曰違制、四曰請求、五曰戶、六曰婚、七曰擅興、八曰告劾、九曰賊、十曰盜、十一曰鬭、十二曰捕亡、十三曰倉庫、十四曰廐牧、十五曰關市、十六曰雜、十七曰詐僞、十八曰斷獄、其五刑之內、降從輕典者二百餘條、其枷杖決罰、訊囚之制、並輕於舊。刑法志

唐六典卷六曰、更制大業律、凡十八篇、一名例、(以下篇名略) 其五刑之內、降從輕典者二百餘條。刑部郞中律注

隋書卷三曰、大業三年夏四月甲申、頒律令。煬帝紀

玉海卷六十五曰、煬帝以開皇律令猶重、大業二年十月更制大業律、牛弘等造 三年四月甲申頒行、凡十八篇五百條。

第二款 大業令

大業令ハ律ト共ニ大業三月四月頒行スル所ナリ（第一款註参考）卷數ハ隋書經籍志ニ三十卷ニ作リ唐書藝文志ニハ十八卷ニ作ル其篇目內容ハ之ヲ傳ヘサルヲ以テ明ニシ難シ但篇目ハ大凡開皇令ニ準據セルニ似タリ通典卷三十九ニ開皇官品令ト煬帝三年定令トヲ比較シテ煬帝三年定令、品自第一至第九、唯置正從而除上下階、又定朝之班序、以品之高卑爲列、品同、則以省府爲前後、省府同、則以局署爲前後ト曰ヘリ。六典注通典ニ隋令ヲ引ケルモノアリ開皇大業何レナリヤ詳ニセス左ニ採錄ス

隋令　掌事　六典卷一掌固注

隋官品令　驃騎正四品　同上卷五

隋令　冠軍正六品下　同上

隋令　太史署、常以二月八日、於署廷中、以太牢祠老人

星、兼祀天皇大帝天一太一日月五星勾陳北極北斗三臺二十八宿丈人星孫星都四十六坐、凡應合祀享官、亦大醫給除穢氣散藥、先齋一日、服之以自潔。

通典卷四十四

備考　隋書經籍志ニ隋則律令格式並行ト曰ヒ同書蘇威傳ニ上令朝臣釐改舊法、爲一代通典、律令格式、多威所定トアレハ律令ノ外ニ格式ヲ存セシモノヽ如シ然レトモ之ヲ明ニセサルヲ以テ今揭ケス煬帝紀ニモ大業四年冬十月乙卯頒新式於天下ト見エタリ

第六章　唐ノ法典

第一節　總説

魏晋以降南北朝ヲ經テ隋ニ至ル其間國ヲ建ツルモノ少ナカラス然レ共晋ノ百數十年ヲ繼承セルヲ除キ其他ハ多キハ五十年少キハ十數年ニシテ其統絶ユ此故ニ法典編纂ノ如キモ一代ノ間僅ニ一二度乃至數度ニ止マリシカ唐ニ至テハ約三百年間繼承セルヲ以テ其間ニ編纂セラレタル法典實ニ少ナカラス試ニ其主要ナルモノ列擧セハ

名稱	年代	撰者
武德律令式	武德七年三月	尚書左僕射裴寂等撰
同　新格	武德九年六月	劉文靜等撰
貞觀律令格式	貞觀十一年正月	房玄齡等撰
同　留司格	同　上	同　上撰
永徽律令格式	永徽三年	長孫無忌等撰
同　式本		

格中本

永徽律疏義	永徽四年十月	長孫無忌等撰
垂拱留司格散頒格	垂拱元年三月	裴居道等撰
垂拱式	同上	同上撰
神龍散頒格及式	神龍元年正月	唐休璟等撰
太極格	太極元年二月	岑義等撰
開元前格	開元三年正月	盧懷愼等撰
開元後格	開元七年三月	宋璟等撰
同格後長行勅	開元十九年	裴光庭等撰
開元新格	開元二十五年九月	李林甫等撰
開元律	開元七年三月 開元二十五年九月	宋璟等撰 李林甫等撰
開元令	開元三年三月 開元七年三月 開元二十五年九月	盧懷愼等撰 宋璟等撰 李林甫等撰
開元式	開元七年三月 開元二十五年九月	宋璟等撰 李林甫等撰
唐六典	開元二十六年	御撰（註）李林甫等撰
格式律令事類	開元二十五年九月	李林甫等撰
元和刪定開元格後勅	元和五年	許孟容等撰
元和格後勅	元和十三年八月	鄭餘慶等撰

太和格後勅	太和七年十二月	刑部撰
開成詳定格	開成四年	狄兼謩等撰
大中刑法總要格後勅	大中五年四月	劉瑑等撰
大中刑律統類	大中七年五月	張戣等撰

然ルニ此等諸法典ノ中現時ニ傳フルモノハ僅ニ唐六典、唐律疏義アルノミ令ハ諸書ニ散見セルニヨリ略之ヲ推知シ得ヘキモ其他ノ法典ハ多ク亡佚シテ傳ハラス」此ノ如ク法典ノ數多シト雖其主要ナルモノハ律令格式ナリ律ハ蕭何九章律ヨリ以降歷代之ヲ編纂シ令ハ漢令以後歷代亦之ヲ編纂ス格ハ東魏麟趾格ニ始マリ前後故事或ハ科ヲ以テ稱セラル式ハ漢ノ品式以降西魏ニ大統式アリ隋ニ大業式アリ律ハ犯罪者ニ科スヘキ刑罰ヲ規定シタル法典ニシテ令ハ行政ニ關スル各種ノ法令ヲ集メタル法典ナリ格ハ官司ノ常ニ執行セル慣行法ヲ集メタル法典ニシテ式ハ官司ノ守ルヘキ式法ヲ規定セル法典ナリ(註一)要スルニ格式モ一種ノ刑法典若クハ行政法典ナリ而シテ格ニ又散頒格留司格アリ散頒格トハ天下ニ頒行スル格ヲ曰ヒ留司格トハ官司ノミニ留メテ廣ク頒行セサル格ヲ曰フ或ハ前者ヲ散行

格後者ヲ本行格トモ曰ヘリ（註二）律令格式ノ外ニ又勅ト名ツクル法典アリ或ハ中書頒行スル所ノ法典ヲ名ツクト曰ヘト蓋律ト大差ナキカ如シ宋代ニハ勅令格式ト曰ヘリ今此等ノ法典ニ就キ次節以下ニ分説スヘシ

備考　唐代法典ニ關シテハ唐六典、通典、舊唐書、唐會要、唐書載スル所詳ナリ此中唐六典、通典ハ等ク唐代ノ編纂ナルヲ以テ最信據スヘク六典、通典以後ハ舊唐書最詳ナリ唐書ト唐會要トハ共ニ宋初ノ編纂ニシテ唐會要ハ主トシテ舊唐書ニ據レリ唐書ハ記載頗簡ニシテ脱漏セルモノ少カラス但此事ハ同志ニモ特ニ之ヲ辯セリ（註三）今主トシテ此等ニヨリ參スルニ通鑑、玉海、崇文總目、書錄解題、郡齋讀書志等ヲ以テセリ

註

一　唐書卷五十六曰、唐之刑書有レ四、曰二律令格式一、令者尊卑貴賤之等數、國家之制度也、格者百官有司之所二常行一之事也、式者其所二常守一之法也、云々、其有レ所レ違、及人之爲レ惡而入二于罪戾一者、一斷以レ律。刑法志

弘仁格式序曰、蓋聞、律以二懲肅一爲レ宗、令以二勸誡一爲レ本、格則量レ時立レ制、式則補レ闕拾レ遺、四

者相須、足㆓以垂㆒範、譬猶㆓寒暑遞以成㆒歲、昏旦迭而育㆑物（刑部郎中格注）

二 唐六典卷六曰、其曹之常務、但留㆓本司㆒、別爲㆓留司格㆒、（刑部郎中格注）

唐書卷五十六曰、其曹司常務曰㆓留司格㆒、頒㆓之天下㆒曰㆓散頒格㆒、（刑法志）

三 唐書卷五十六曰、此其當世所㆓施行㆒、而著見者、其餘有㆓其書㆒、而不㆓常行㆒者、不㆑足㆑紀也、云々、蓋自㆓高宗㆒以來、其大節鮮㆑可㆑紀、而格令之書、不㆑勝㆓其繁㆒也。（刑法志）

第二節　武德律令格式

第一款　武德律

唐高祖隋ノ大業十三年京師ニ入リ主符郎宋公弼ニ命シテ圖籍ヲ收メ法十二條ヲ約ス唯人ヲ殺シ刧盜シ軍ニ背キ叛逆スル者ハ死ト次テ即位スルニ及ヒ武德元年五月（通鑑作五月壬申唐會要作六月一日）納言劉文靜等ニ詔シ隋ノ開皇律令ニヨリ損益シ遂ニ新格五十三條ヲ制ス六月（通鑑作六月唐書刑法志作二年唐會要作十一月四日）大業律令ヲ廢シテ新格ヲ行フ務メテ寛簡ニ從ヒ時ニ便ナルヲ採ル次テ尚書左僕射裴寂等ヲシテ更ニ律令ヲ撰定セシム（唐會要）十二月又蕭瑀等ヲ加ヘテ之ニ與ラシム（同上）七年三月ニ至テ成ル（同上）

四月頒行ス（通鑑新舊唐書高祖本紀作四月庚子舊唐書刑法志作五月奏上頒行）律凡十二卷トス篇目ハ隋開皇律ニ同ク十二篇トシ（六典）凡五百條アリ前ノ新格五十三條ハ新律ニ入ル（唐會要唐書刑法志）內容ハ之ヲ傳ヘサルヲ以テ詳ニスヘカラス其開皇律ト大差アル所ハ流罪三等何レモ一千里ヲ加ヘ居作ハ皆一年トセルニアリ

註

唐會要卷三十九曰、高祖初入關、除苛政、約法十二條、唯制、殺人刦盜背軍叛逆者死、餘並蠲除之、　武德元年六月一日、詔劉文靜與當朝通識之士、因隋開皇律令、而損益之、遂制爲五十三條、務寬簡、取便于時、其年十一月四日頒行、仍令尚書令左僕射裴寂吏部尚書殷開山大理卿郎楚之司門郎中沈叔安內史舍人崔善爲等、更撰定律令、十二月十二日、又加內史令蕭瑀禮部尚書李綱國子博士丁孝烏等、同修之、至七年三月二十九日成、詔頒于天下、大略以開皇爲準正、五十三條、凡律五百條、格入于新律、他無所改正。（按五十三條四字當入五百條之下）

通鑑卷百八十五曰、武德元年五月壬申、命裴寂劉文靜等、修定律令、六月廢隋大業律令、頒新格、七年夏四月庚子朔、赦天下、是日頒。

唐書卷五十六曰、隋文帝性刻深、而煬帝昏亂、民不勝其毒、唐興、高祖入京師、約法十二條、惟殺人劫盜背軍叛逆者死、及受禪、命納言劉文靜等、損益律令、武德二年頒新格五十三條、唯吏受賕犯盜、詐冒府庫物、赦不原、凡斷屠日、及正月五月九月不行刑云々、而又詔僕射裴寂等十五人、更撰律令、凡律五百、麗以五十三條、流罪三、皆加千里、居作三歲、至二歲半者、悉爲一歲、餘無改焉。刑法志

舊唐書卷五十曰、既平京城、約法爲二十條、惟制、殺人劫盜、背軍叛逆者死、餘並蠲除之、及受禪、詔納言劉文靜、與當朝通識之士、因開皇律令、而損益之、盡削大業所由煩峻之法、又制五十三條格、務在寬簡、取便於時、尋又勅尚書左僕射裴寂尚書右僕射蕭瑀及大理卿崔善爲給事中王敬業中書舍人劉林甫顏師古王孝遠涇州別駕靖延太常丞丁孝烏隋大理丞房軸上將府參軍李桐客太常博士徐上機等、撰定律令、大略以開皇爲準、云々、五十三條格、入於新律、餘無所改、至武德七年五月奏上、乃下詔曰、(上略)有隋之世、雖云釐革、然而損益不定、疎舛尚多、品式章程、罕能甄備、加以微文曲致、覽者惑其淺深、異例同科、用者殊其輕重、遂使姦吏巧詆、任情與奪、愚民妄觸、動陷羅網、屢聞釐革、卒以無成、朕膺期受籙、寧濟區宇、永言至治、興寐爲勞、補千年之

墜典、拯百王之餘弊、思所以正本澄源、式清流末、永垂憲則、貽範後昆、爰命群才、修定科律、但今古異務、文質不同、喪亂之後、事殊曩代、應機適變、救弊斯在、是以、斟酌繁省、取合時宜、矯正差遺、務從體要、迄茲歷稔撰次始畢、宜下四方、即令頒用、庶使吏曹簡肅、無取懸石之多、奏讞平允、靡競錐刀之末、勝殘去殺、此焉非遠。刑法志

唐六典卷六曰、皇朝武德中、命裴寂殷開山等、定律令、其篇目一准隋開皇之律、刑名之制、又亦略同、唯三流皆加一千里、居作三年二年半二年、皆爲一年、以此爲異、夫除苛細五十三條。刑部郎中律註

唐書卷五十八曰、武德律十二卷。尚書左僕射裴寂右僕射蕭瑀大理卿崔善爲給事中王敬業中書舍人劉林甫顏師古王孝達涇州別駕靖延太常丞丁孝烏隋大理丞房軸天策上將府參軍李桐客太常博士徐上機等、奉詔撰定、以五十三條附新律、餘無增改、武德七年上。○藝文志

第二款　武德令

武德令ハ律ト共ニ撰スル所ナリ撰者ハ律ニ同シ（註及第一款ノ註參考）篇目ハ開皇令ニ同シ卷數ハ舊唐書經籍志新唐書藝文志共ニ三十一卷ニ作ル蓋目一卷ヲ加フルコト開皇令ノ如シ此令今傳ヘストト雖杜氏通典ニハ之ヲ引用セルモノ少ナカラス武德

七年定令武德制令武德令ト曰ヘルモノ皆是ナリ其一二ヲ左ニ掲ク

武德七年定令　男女始生爲黃、四歲爲小、十六爲中。二十一爲丁、六十爲老　卷七

武德制令　皇后褘衣首飾花釵十二樹、餘各有差　卷六十二

註

唐六典卷六曰、皇朝之令、武德中裴寂等、與律同時撰。刑部郎中令注

第三款　武德格

格ハ武德元年ノ新格五十三條アルニ止マリ（第一款ノ注參考）其後修撰ヲ見ス故ニ武德七年律令式ヲ奏上セルモ格ニ及ハス

第四款　武德式

武德式ハ律令ト同時撰定スル所ナリ撰者ハ律令ニ同シ（第一款ノ注參考）卷數ハ唐書藝文志ニ十四卷ト見ユ篇目ヲ詳ニセス

第三節　貞觀律令格式

第一款　貞觀律

貞觀律ハ太宗貞觀中撰定スル所ナリ初太宗即位スルニ及ヒ長孫無忌房玄齡等ニ詔シテ舊令ヲ改正セシメシカ貞觀元年三月蜀王法曹參軍裴孔獻ノ律令四十餘事ヲ駁セルヲ以テ乃房玄齡等ニ命シ弘獻等ト共ニ律令ヲ重テ删定セシム房玄齡等法司ト計リ隋律ヲ增損シ凡五百條ヲ定メテ上ル貞觀十一年正月之ヲ頒行ス律凡十二卷篇目開皇律ニ同シ隋律ニ比シテ大辟二十餘條ヲ減シ大辟ヲ減シテ流トナスモノ九十二條流ヲ減シテ徒トスルモノ七十二條アリ此他繁ヲ去リ重ヲ輕ニ改ムルモノ頗多シト云フ（註一）其内容ノ一斑ハ新舊唐書刑法志ニ見エタリ刑名五アリ死刑二（絞、斬）流刑三（二千里、二千五百里、三千里）徒刑五（一年、一年半、二年、二年半、三年）杖刑五（六十、七十、八十、九十、一百）笞刑五（一十、二十、三十、四十、五十）ノ二十等トス又八議ノ制アリ死罪ヲ犯スモ議定奏裁シ聖慮ヲ竊ヒ官司ノ擅ニ決スル能ハサル恩典ヲ有スル者凡八種アルヲ曰フ議親、議故、議賢、議能、議功、議貴、議賓、議勳是ナリ流罪以下ハ當然一等ヲ減セラル此他有官爵者等ニ對スル議請減ノ法アリ又官當ノ制アリ官ヲ以テ罪ニ當テ刑ヲ輕減セラル、ヲ曰フ例ヘハ五品已上ノ官ハ一官ヲ以テ徒二年ニ當ツルカ如シ又十惡ノ制アリ犯罪ノ最重キモノ十種ヲ曰フ謀反、謀大逆、謀叛、謀惡逆、不道、大不敬、不孝、不睦、不義、内亂是ナリ十惡ヲ犯ス者ハ如何ナル恩典ヲ與ヘラレタル者ヲ問ハス輕減ヲ行フコトナシ年九十以上七歲以下ノ犯罪ハ凡テ不論罪トシ七十以上十五以下ハ贖罪ヲ科セリ以上ノ規定ハ此後編纂セル永徽律(名例律)ニ全ク同シ蓋永徽律ハ貞觀律ヲ襲用セルナリ(註二)此他斷獄ニ關シテハ每歲立春ヨリ秋分ニ至リ及大祭祀致齋朔望上下弦二十四氣雨未晴レス及夜未明ケス假日斷屠月ハ皆死刑ヲ停ム死ヲ決スルニハ京師ハ御史金吾外ハ上佐若クハ判官之ニ涖ミ五品以上ハ車ニ乘リ刑ニ就ク大理正之ニ涖ミ或ハ死ヲ家ニ賜フ凡囚已ニ刑シ親屬ナキ者ハ將作棺ヲ給シ京城七里外ニ瘞ム家人取テ葬ルコトヲ得囚人ハ夏月ニ漿飮ヲ給シ月一度沐浴セシメ病メハ醫藥ヲ給シ重キハ械ヲ釋キ其家一人入侍スルヲ得職事散官三品以上ハ婦女子孫二人入侍スルヲ得杻校鉗鎖ハ皆長短廣狹ノ制アリ囚ハ二十日ニ一訊シ三訊ニシテ止ム數二百ニ過キス杖ハ長三尺五寸節目ヲ削去ス訊杖ハ大頭徑三分二釐小頭二分二釐常行杖大頭二分七釐小頭一分七釐笞杖ハ大頭二分小頭一分半トス謀反者ハ男女奴婢ハ沒シテ官奴婢トシ司農ニ隷シ七十ノ者ハ之ヲ免ス凡役ハ男子ハ蔬圃ニ入レ女子ハ廚饎ニ入ル此他數條ノ規定アリ（註三）

註

一 唐會要卷三十九曰、貞觀十一年正月十四日、頒新格于天下、凡律五百條、分爲十二卷、大辟（脫入流二字）者九十三條、減流入徒者七十一條。

通鑑卷百九十四曰、貞觀十一年正月、初房玄齡等、先受詔定律令、以爲舊法兄弟異居、蔭不相及、而謀反連坐、皆死、祖孫有蔭、而止應配流、據禮論情、深爲未愜、今定律、祖孫與兄弟緣坐者、俱配役、從之、自是比古、死刑除其大半、天下稱賴焉。玄齡等定律五百條、立刑名二十等、比隋律減大辟九十二條減流入徒者七十一條、凡削繁去蠹、變重爲輕者、不可勝紀。

唐書卷五十六曰、太宗卽位、詔長孫無忌房玄齡等、復定舊令、議絞刑之屬五十、皆免死而斷右趾、云々、其後蜀王法曹參軍裴弘獻、駁律令四十餘事、乃詔房玄齡與弘獻

等、重加刪定、（中略）、玄齡等、遂與法司、增損隋律、降大辟爲流者九十二、流爲徒者七十一、以爲律。刑法志

舊唐書卷五十曰、及太宗卽位、又命長孫無忌房玄齡、與學士法官、更加釐改、戴胄魏徵又言、舊律令重、於是議絞刑之屬五十條、免死刑、斷其右趾、死者多蒙全活。（中略）、其後蜀王法曹參軍裴弘獻、又駁律令不便於時者四十餘事、太宗令參掌刪改之、云々玄齡等、遂與法司定律五百條、分爲十二卷、一曰名例、二曰衞禁、三曰職制、四曰戶婚、五曰廐庫、六曰擅興、七曰賊盜、八曰鬪訟、九曰詐僞、十曰雜律、十一曰捕亡、十二曰斷獄、（中略）比隋代舊律、減大辟者九十二條、減流入徒者七十一條、云々、凡削煩去蠹、變重爲輕者、不可勝紀、貞觀十一年正月頒下之、刑法志

杜氏通典卷一百六十五曰、至太宗卽位、制絞刑之屬五十條、免死斷右趾、其後蜀王府法曹參軍裴弘獻、又駁律令不便者四十餘事、太宗遂令刪改之、（中略）、據有司定律五百條、分爲十二卷、於隋代舊律、減大辟入流九十二條、減流入徒者七十一條、云々貞觀十一年正月頒行之、刑三

唐六典卷六曰、貞觀初、有蜀王法曹參軍裴弘獻、奏駁律令不便於時三十餘條、於時

又命長孫無忌房玄齡等、釐正凡爲三（當作五）百條、減開皇律大辟入流者九十三條、比古死刑、殆除其半。刑部郎中律注

唐書卷五十八曰、貞觀律十二卷。中書令房玄齡右僕射長孫無忌蜀王府法曹參軍裴弘獻等、奉詔撰定、凡律五百餘。

二 舊唐書卷五十曰有笞杖徒流死、爲五刑、笞刑五條、自笞十、至五十、杖刑五條、自杖六十、至杖一百、徒刑五條、自徒一年、遞加半年、至三年、流刑三條、自流二千里、遞加五百里、至三千里、死刑二條、絞斬、大凡二十等、又有議請減贖當免之法、八議、一曰議親、二曰議故、三曰議賢、四曰議能、五曰議功、六曰議貴、七曰議賓、八曰議勳、八議者、犯死罪、皆條所坐及應議之狀、奏請、議定奏裁（按唐律疏義卷二、作諸八議者犯死罪、犯者之者、蓋衍、）流罪已下減一等、若官爵五品已上、及皇太子妃大功已上親、應議者周以上親、犯死罪者上請（按唐律疏義卷二作期以上親及孫、周字當作期）流罪已下亦減一等、若七品以上官爵、得請者之祖父母兄弟姊妹妻子孫、犯流罪已下、各減一等、（按唐律疏義卷二作諸七品以上之官及官爵得請者之祖父母父母云々、）若應議請減、及九品已上官、若官品得減者之祖父母父母妻子孫、犯流罪已下、聽贖、其贖法、笞十贖銅一斤、遞加一斤、至杖一百、則贖銅十斤、自此已上、遞加十斤、至徒三年、則贖銅六十斤、流二千里者、贖銅八十斤、流二千五百里者、贖銅九十斤、流三千里者、贖銅一百二十

斤、又許以官當罪、以官當徒者、五品已上、犯罪者、一官當徒二年、九品已上、一官當徒一年、若犯公罪者、各加一年、（唐律疏義卷二作諸犯私罪以官當徒者五品已上一官當徒二年云々）以官當流者、三流同、比徒四年、仍各解見任、除名者、比徒三年、免官者、比徒二年、免所居官者、比徒一年、又有十惡之條、一曰謀反、二曰謀大逆、三曰謀叛、四曰謀惡逆、五曰不道、六曰大不敬、七曰不孝、八曰不睦、九曰不義、十曰內亂、其犯十惡者、不得依議請之例、年七十以上、十五以下、及廢疾、犯流罪以下、亦聽贖、八十已上、十歲以下、及篤疾、犯反逆殺人應死者、上請、盜及傷人亦收贖、餘勿論、九十以上七歲以下、雖有死罪、不加刑。刑法志

三 唐書卷五十六曰、凡州縣皆有獄、而京兆河南獄治京師、其諸司有罪、及金吾捕者、又有大理獄、京師之囚、刑部月一奏、御史巡行之、每歲立春至秋、及大祭祀致齋朔望上下弦二十四氣、雨及夜未明、假日斷屠月皆停死刑、京師決死、涖以御史金吾、在外則上佐、餘皆判官涖之、五品以上罪論死、乘車就刑、大理正涖之、或賜死于家、凡囚已刑、無親屬者、將作給棺、瘞于京城七里外、壙有甎銘上、揭以榜、家人得取以葬、諸獄之長官、五日一慮囚、夏置漿飲、月一沐之、疾病給醫藥、重者釋械、其家一人入侍、職事散官、三品以上、婦女子孫、二人入侍、天下疑獄、讞大理寺、不能決、尙書省衆議之、錄可爲法

者、送秘書省、奏報不馳驛經覆而決者、刑部歲以正月遣使、巡覆所至、閱獄囚杻校糧餉法不如法者、杻校鉗鎖、皆有長短廣狹之制、量囚輕重用之、囚二十日一訊、三訊而止、數不過二百、凡杖皆長三尺五寸、削去節目、訊杖、大頭徑三分二釐、小頭二分二釐、常行杖、大頭二分七釐、小頭一分七釐、笞杖、大頭二分、小頭一分有半、死罪校而加杻、官品勳階第七者鎖禁之、輕罪、及十歲以下至八十以上者、廢疾侏儒懷姙、皆頌繫以待斷、居作者、著鉗若校、京師隷將作、女子隷少府縫作、旬給假一日、臘寒食二日、毋出役院、病者、釋鉗校給假、疾差陪役、謀反者、男女奴婢沒爲官奴婢、隷司農、七十者免之、凡役男子、入于蔬圃、女子入于厨饎、流移人在道疾病、婦人免乳、祖父母父母喪、男女奴婢死、皆給假、授程糧、非反逆緣坐、六歲縱之、特流者、三歲縱之、有官者、得復仕、（刑法志）

第二款　貞觀令

貞觀令ハ律ト同時撰上スル所ナリ撰者ハ律ニ同シ（第一款註一參考）凡三十卷二十七篇トス條數ハ或ハ一千五百九十條ニ作リ或ハ一千五百四十七條ニ作ル此令今傳ハラ

ス内ヲ容詳ニスヘカラス（註）

備考　通典卷三十四注ニ武徳令ト貞觀令トノ差ヲ比較セル一條アリ

武徳令、職事高者、解散官、缺一階、不至者爲兼、職事卑者、不解散官、貞觀十一年改令以職事高者爲守、職事卑者爲行、其欠一階、依舊爲兼、與當階者、皆解散官、官階相當、無行無守、其子孫皆用蔭、皆依散官。

註

唐會要卷三十九曰、令爲三十卷二十七篇一千五百九十條。

通鑑卷百九十四曰、又定令一千五百九十餘條。

唐書卷五十六曰、定令一千五百四十六條、以爲令。刑法志

同上卷五十八曰、又令二十七卷。令一千五百四十六條。藝文志

舊唐書卷五十曰、又定令一千五百九十條、爲三十卷。刑法志

杜氏通典卷一百六十五曰、又定令一千五百九十條、爲三十卷。刑三

唐六典卷六曰、至貞觀初、又令房玄齡刊定。刑部郎中令注

第三款　貞觀格

貞觀格モ亦律令ト同時撰定スル所ナリ撰者ハ律令ニ同シ（第一款註一參考）凡十九卷七百條トス其篇目ハ尚書諸曹ヲ以テストアレハ蓋次ノ二十四篇ナルヘシ（註一）

吏部　司封　司勳　考功　戶部　度支　金部　倉部
禮部　祠部　膳部　主客　兵部　職方　駕部　庫部
刑部　都官　比部　司門　工部　屯田　虞部　水部

貞觀格ノ外ニ又留司格アリ格ト共ニ撰定スル所ナリ（第一款註一參考）凡一卷トス（註二）

註

一　唐會要卷三十九曰、格七百條。

通鑑卷百九十四曰、又刪武德以來敕詔格、定留七百餘條。

唐書卷五十六曰、又刪武德以來敕三千餘條、爲七百條、以爲格。刑法志

同上卷五十八曰、格十八卷。格七百條以尚書省諸曹爲目。○藝文志

舊唐卷四十六曰、貞觀格十八卷。房玄齡撰○經籍志

同上卷五十曰、又刪武德貞觀以來勅格三千餘件、定留七百條、以爲格十八卷、留本司施行、斟酌今古、除煩去弊、甚爲寬簡便於人者、以尚書省諸曹爲之目、初爲七卷。刑法志

杜氏通典卷一百六十五曰、又刪武德貞觀以來勅格三千餘件、定留七百條、以爲格十八卷。

唐六典卷六曰、皇朝貞觀格十八卷、房玄齡等刪定。刑部郎中格注

二 唐書卷五十八曰、留司格一卷。其常務留本司者、著爲留司格○藝文志

舊唐書卷五十曰、其曹之常務、但留本司者、別爲留司格一卷、蓋編錄當時制勅、永爲法則。刑法志

第四款　貞觀式

貞觀式ハ律令格ト共ニ撰定スル所ナリ撰者ハ律ニ同シ（第一款註一參考）凡三十三卷アリ篇目ハ尚書省諸曹及諸寺監十六衞計帳トス蓋開元式ノ如ク三十三篇ナルニ似タリ（註）

註

唐書卷五十六曰、又取ニ尙書省列曹及諸寺監十六衛計帳一以爲レ式。刑法志
同上卷五十八曰、式三十三卷。藝文志

第四節　永徽律令格式

第一款　永徽律

永徽律ハ高宗永徽二年閏九月太尉長孫無忌司空李勣左僕射于志寧右僕射張行成侍中黃季輔黃門侍郞宇文節等ニ詔シテ編纂セシメシ所ナリ令格式ト共ニ撰上ス凡十二卷アリ篇目ハ開皇律武德律貞觀律ニ同ク十二篇トス即左ノ如シ

一名例　二衞禁　三職制　四戶婚　五廐庫　六擅興
七賊盜　八鬪訟　九詐僞　十雜律　十一捕亡　十二斷獄

條數ハ貞觀律ニ同ク凡五百條トス(註)此律現時唐律疏義ノ中ニ於テ傳ヘラル即唐律疏義ハ永徽律ノ疏義ナリ凡唐代律ノ編纂少ナキニアラサルモ之ヲ現時ニ存セルハ僅ニ此一律アルノミ以テ如何ニ貴重ナル法典ナルカヲ推知スヘキナリ既ニ

法典ノ傳フルアリ其內容ノ如キ之ヲ詳ニスルヲ得ヘシ今其一斑ヲ示セハ左ノ如シ

第一刑名　刑名五アリ死刑二(絞斬)流刑三(二千里二千五百里三千里)徒刑五(一年一年半二年二年半三年)杖刑五(六十七十八十九十一百)笞刑五(一十二十三十四十五十)ノ二十等是ナリ流刑ノ外ニ又加役流アリ流刑ノ一種ニシテ流刑ハ配所ニ在テ役スルコト一年ナルニ加役流ハ三年トス

第二刑ノ適用　刑ハ官民ノ別貴賤ノ別良賤ノ別僧俗ノ別主從ノ別師弟ノ別長幼ノ別父子ノ別兄弟ノ別夫婦ノ別等ニヨリテ其適用ヲ異ニス此故ニ假リニ同一ノ犯罪アリトスレハ甲者ハ比較的輕ク乙者ハ比較的重キ事アリ蓋道德ノ刑法上ニ及ホセル影響ナリ試ニ毆打殺傷ノ場合ニ於ケル律ノ規定ヲ見ルニ其一般ノ規定ハ左ノ如シ

諸鬪毆レ人者、笞四十、傷及以二他物一毆レ人者、杖六十、傷及拔二髮方寸以上一、杖八十、若血從二耳口一出、及內損吐レ血者、各加二二等一。

此規定ハ手足ヲ以テ人ヲ毆打シタル者ハ笞四十ニ爲ニ傷ツキ及他物ヲ以テ毆打

シタル者ハ杖六十ニ爲ニ傷ツキ及髮方寸以上ヲ拔キタル者ハ杖八十ニ若血耳目ヨリ出テ及身體ノ内部ヲ損傷シ血ヲ吐クニ至レハ二等ヲ加ヘ杖一百ニ各處ス

諸闘毆人、折齒、毀缺耳鼻、眇一目、及折手足指、若破骨、及湯火傷人者、徒一年、折二齒二指以上、及髡髮者、徒一年半。諸闘以兵刃斫射人、不著者、杖一百。

若刃傷、及折人肋、眇其兩目、墮人胎、徒二年。

諸闘毆、折跌人支體、及瞎其一目者。徒三年、云々、即損二事以上、及因舊患、令至篤疾、若斷舌、毀敗人陰陽者、流三千里。

諸闘毆、殺人者、絞、以刃、及故殺人者、斬。

之ニ據レハ輕キハ笞四十重キハ流三千里爲ニ殺害シタル者ハ絞若クハ斬トス

今官吏ト凡人上官ト下級トノ關係ヲ見ルニ

諸毆制使本屬府主刺史縣令、及吏卒毆本部五品以上官長、徒三年、傷者流二千里、折傷者絞。

之ニ據レハ笞四十ハ徒三年徒一年ハ絞ニ加重セラルル其官上ノ品等ニヨリテ輕減スル所アリ

良賤間ノ關係ニ就キテハ

凡部曲毆二良人一者、加二凡人一等一、奴婢又加二一等一、若奴婢毆二良人一、折二跌支體一及瞎二其一目一者絞、死者斬。

其良人毆二傷他人部曲一者、減二凡人一等一、奴婢又減二一等一、若故殺二部曲一者絞、奴婢流三千里。

之ニ據レハ部曲カ良人ヲ毆打セハ一等ヲ加ヘ奴婢カ良人ヲ毆打セハ二等ヲ加ヘ若良人カ他人ノ部曲ヲ毆打セハ一等ヲ減シ奴婢ヲ毆打セハ二等ヲ減セラル其部曲ト奴婢トノ關係ハ良人ト部曲トノ關係ヲ適用ス若自己ノ部曲奴婢ヲ毆打シタル者ハ爲ニ死ヲ致シタル外ハ論セス

諸奴婢有レ罪、其主不レ請二官司一而殺者、杖一百、無レ罪而殺者、徒一年。

諸主毆二部曲一至レ死者徒一年、故殺者加二一等一、其有二愆犯一、決罰致レ死、及過失殺者各勿レ論。

夫婦間ノ關係ニ就キテハ

諸毆二傷妻一者、減二凡人二等一、死者以二凡人一論、毆レ妾、折傷以上、減二妻二等一。

若妻毆二傷殺妾一、與下夫毆二傷殺妻一上同、過失殺者、各勿レ論。

諸妻毆レ夫徒一年、若毆傷重者、加二凡闘傷三等一、死者斬。

之ニ據レハ夫カ妻ヲ毆打セシ場合ハ凡人ヨリ二等ヲ減シ妾ヲ毆打セハ妻ヨリ更ニ二等ヲ減ス之ニ反シ妻カ夫ヲ毆打セシ場合ハ凡人ニ七等乃至五等ヲ加ヘ妾ハ更ニ一等ヲ加ヘタリ而シテ妻ト妾トノ關係ハ夫ト妻トノ關係ヲ適用セリ

第三刑ノ加重輕減　罪ノ最重キヲ十惡トシ如何ナル恩典ヲ有スル者ト雖之ニ浴スルコト能ハス其加重ノ主ナルモノハ三犯加重トス輕減ニ八議、議請減、官當ノ制アルコト貞觀律ニ同シ此他律ニ自首減、從坐減、故失減、公坐相承減等ノ規定アリ如何ナルヲ十惡ト曰ヒ八議ト曰フカハ律ニ規定アリ

十惡

謀反　謂謀危社稷。　謀大逆　謂謀毀宗廟山陵及宮闕。　謀叛　謂謀背國從偽。

惡逆　謂毆及謀殺祖父母父母、殺伯叔父母姑兄姊外祖父母夫夫之祖父母父母者。

不道　謂殺一家非死罪三人及支解人、造畜蠱毒厭魅。　大不敬　謂盜大祀神御之物乘輿服御物、盜及偽造御寶、合和御藥、誤不如本方、及封題誤、若造御膳、誤犯食禁、御幸舟船誤不牢固、指斥乘輿、情理切害、及對捍制使、而無人臣之禮。

不孝　謂告言詛罵祖父母父母、及祖父母父母在、別籍異財、若供養有闕、居父母喪、身自嫁娶、若作樂、釋服從吉、聞祖父母父母喪、匿不舉哀、詐稱祖父母父母死。

不睦　謂謀殺及罵緦麻以上親、毆告夫及大功以上尊長小功尊屬。

不義　謂下謀二殺本屬府主刺史縣令見受業師一、吏卒殺二本部五品以上官長一、及聞二夫喪一、匿不二擧哀一、若作レ樂、釋レ服從レ吉及改嫁上。　內亂　謂下姦二小功以上親父祖妾一及與和者上。

八議

議親　謂二皇帝袒免以上親、及太皇太后皇太后緦麻以上親、皇后小功以上親一。　議故　謂二故舊一。

議賢　謂レ有二大悳行一。　議能　謂レ有二大才業一。　議功　謂レ有二大功勳一。

議貴　謂二職事官三品已上散官二品已上及爵一品者一。　議勤　謂レ有二大勤勞一。　議賓　謂下承二先代之後一爲二國賓一者上。

第四加減例及期間計算　加減例ハ死刑ハ一等流刑ハ三等共ニ一等トス故ニ流二千里ニ一等ヲ加ヘハ死刑トナルカ如シ徒刑以下各等皆一等トス律ニ規定スル所左ノ如シ

諸稱レ加者、就二重次一、稱レ減者、就二輕次一、唯二死三流、各同爲二一減一、加者滿レ數乃坐、又不レ得二加至一於死一、本條加入レ死者、依二本條一。

期間計算ハ日ハ百刻年ハ三百六十日トス

諸稱レ日者、以二百刻一、計二功庸一者、從レ朝至レ暮、稱レ年者、以二三百六十日一。

第五犯罪　犯罪ニ公罪私罪ノ別アリ公罪ハ公事ノ錯誤ニ本ツク犯罪ニシテ私罪ハ私曲ヲ以テ法ヲ枉クル犯罪ナリ私罪ハ公罪ヨリ重キヲ例トス又共犯ハ造意者

ヲ主トシ隨從者ヲ從トシ後者ハ前者ヨリ一等ヲ減セラル家人共犯ノ場合ハ只尊家ヲ坐ス數罪俱發ノ場合ハ其重キモノヲ以テ論シ等シキモノハ一ニ從ヒテ斷シ一罪先發シ已ニ論決ヲ經餘罪後ニ發スル時ハ其輕キト等シキトハ論セス重キハ更ニ論シ前罪ヲ通計シテ後數ニアツ

以上ハ名例律ノ一斑ナリ詳細ハ該律ニ讓ル

註

唐會要卷三十九曰、永徽二年閏九月十四日、上新刪定律令格式、太尉長孫無忌開府儀同三司李勣尚書左僕射于志寧尚書右僕射張行成侍中高季輔黃門侍郎宇文節柳奭尚書右丞段寶玄吏部侍郎高敬言刑部侍郎劉燕客太常少卿令狐德棻給事中趙文恪中書舍人李友益刑部郎中賈敏行少府監丞張行實大理丞元紹太府丞王文端等同修、勣成律十二卷令三十卷式四十卷、頒于天下。

通鑑卷百九十九曰、永徽二年閏月、長孫無忌等上所刪定律令式、甲戌詔頒之四方、

唐書卷五十八曰、永徽律十二卷。太尉無忌司空李勣左僕射于志寧右僕射張行成侍中高季輔黃門侍郎宇文節柳奭尚書右丞段寶玄太常少卿令狐德棻吏部侍郎高敬言刑部侍郎劉燕客給事中趙文恪中書舍人李友益少府丞張行實大府丞王文端大理丞元紹刑部郎中賈敏行等、奉詔撰定云々永徽三年上〇藝文志

第二款　永徽令

永徽令ハ律ト同時長孫無忌等ノ撰上スル所ナリ凡三十卷アリ(註)篇目ハ之ヲ詳ニセサルモ開元令トハ異同アルカ如シ唐律疏義ニ引用セル令ハ蓋永徽令ナルヘシ之ニ據リテ其篇名ヲ掲クレハ

官品令　祠令　戶令　選擧令　封爵令　祿令
宮衞令　軍防令　衣服令　鹵簿令　儀制令　公式令
田令　賦役令　廐牧令　關市令　獄官令　喪葬令
雜令　營繕令　捕亡令

凡二十一篇ナリ其他ニ至テハ詳ニスヘカラス按スルニ玉海卷六十六ニハ永徽令ノ篇目トシテ開元七年令ノ篇目二十七篇ヲ掲ケタレトモ開元令ノ篇目ト永徽令ノ篇目トニ異同アルコハ右ノ封爵令祿令捕亡令ノ開元令ニ無キニヨリテ明白ナリ殊ニ類聚三代格卷六ニ唐永徽祿令ヲ引用セリ永徽令ノ佚文ハ唐律疏義中ニ多ク存ス今集載セス通典卷三十三注ニ武德令ト比較シテ按武德令三萬戶以上爲ニ上

州、永徽令二萬戸以上爲上州トアルニヨリテ考フレハ内容ニ異同アルヲ知ルヘシ

註

按スルニ唐會要卷三十九唐書藝文志及大日本國見在書目錄皆三十卷ニ作ル六典卷六令注ニハ永徽令ヲ載セス其所以ヲ知ラス

第三款　永徽格

永徽格ハ律令ト同時長孫無忌等ノ撰上スル所ナリ格ニ二者アリ一ヲ留本司行格ト曰ヒ十八卷アリ一ヲ散頒天下格ト曰ヒ七卷アリ（註一）次テ龍朔二年二月源直心等ヲシテ重テ格式ヲ定メシメ麟徳二年之ヲ上ル留本司行格中本天下散行格中本ト曰フ只官曹局名ヲ改ムルノミ儀鳳二年又劉仁軌等ニ命シ格式ヲ删緝シ名ツケテ永徽留本司格後本ト曰フ凡十一卷トス（註二）

註

一　唐會要卷三十九曰、遂分格爲兩部、曹司常務者、爲留司格、天下所共者、爲散頒格。散頒格下州縣、留司格本司行用。

唐書卷五十六曰、又詔二長孫無忌等一、增二損格勅一、其曹司常務曰二留司格一、頒二之天下一曰二散頒格一。刑法志

唐書卷五十八曰、散頒天下格七卷、留本司行格十八卷、分レ格爲二二部一、以二曹司常務一爲二行格一、天下所レ共爲二散頒格一。○藝文志

舊唐書卷四十六曰、永徽散頒天下格七卷、永徽留木司行格十八卷。長孫無忌撰。○經籍志

舊唐書卷五十曰永徽留司格十八卷、散頒格七卷、長孫無忌等刪定。刑法志

杜氏通典卷一百六十五曰、高宗永徽初、又令二長孫無忌等撰二定格式一、舊制不レ便者、皆隨二有無一刪改、遂分レ格爲二兩部一、曹司常務、爲二留司格一、天下所レ共者、爲二散頒格一。刑三

唐六典卷六曰、永徽留司格十八卷、散頒格七卷、長孫無忌等刪定。

二 唐會要卷三十九曰、龍朔二年二月、改二易官名一、勅二司刑太常伯源直心等一、重二定格式一、唯改二曹局之名一、而不レ易二篇第一、至二麟德二年一奏二上之一、至二儀鳳二年一、官號復レ舊、又勅刪緝、三月九日、刪二緝格式一、畢上レ之、尙書左僕射劉仁軌尙書右僕射戴至德侍中張文瓘中書令李敬玄太子右庶子郝處俊黃門侍郎來恒太子左庶子高智周吏部侍郎裴行儉馬戴兵部侍郎蕭德昭裴炎工部侍郎李義琰刑部侍郎張楚金右司郎中盧律司等。

唐書卷五十六曰、龍朔儀鳳中司刑太常伯李敬玄左僕射劉仁軌、相繼又加刊正。刑法志

唐書卷五十八曰、散頒天下格七卷、留本司行格十八卷、(上略)至龍朔二年、詔司刑太常伯源直心少常伯李敬玄司刑大夫李文禮、復刪定、唯改官曹局名而已、題行格曰留本司行格中本、散頒格曰天下散行格中本、永徽留本司格後本十一卷、左僕射劉仁軌右僕射戴至得侍中張文瓘中書令李敬玄右庶子郝處俊黃門侍郎來恒左庶子高智周右庶子李義琰吏部侍郎裴行儉馬戴兵部侍郎蕭德昭裴炎工部侍郎李義琛刑部侍郎張楚金金部郎中盧律師等、奉詔撰、儀鳳二年上。○藝文志

舊唐書卷四十六曰、永徽散行天下格中本七卷、永徽留本司行(格)中本十七卷、源直心撰　永徽留本司格後本十一卷。劉仁軌撰○經籍志

舊唐書卷五十曰永徽中又令源直心等刪定、惟改易官號曹局之名、不易篇目、永徽留司格後本劉仁軌等刪定、(中略)龍朔二年改易官號、因勑司刑太常伯李敬玄司刑大夫李文禮等、重定格式、惟改曹局之名、而不易篇第、麟德二年奏上至儀鳳中、官號復舊、又勑左僕射劉仁軌右僕射戴至德(以下同唐書藝文志)等、刪緝格式、儀鳳二年二月九日撰定奏上。刑法志

唐六典卷六曰、永徽中、又令源直心等、刪定、唯改易官號曹局之名、不易篇第、永徽留

司格後本劉仁軌等刪定。刑部郎中格注
按スルニ舊唐書刑法志ニ永徽中源直心刪定ヲ載セ又龍朔二年源直心刪定ヲ載ス重複ニ似タリ六典又永徽中ト題ス誤脫アルニ似タリ今新唐書藝文志ニ依ル

第四款　永徽式

永徽式ハ律令格ト同時長孫無忌等ノ撰定スル所ナリ（第一款註一參考）凡十四卷トス按スルニ六典卷六注、舊唐書經籍志、刑法志、及唐書藝文志共ニ十四卷ニ作リ唐會要卷三十九ニ四十卷ニ作リ大日本國見在書目錄ニハ二十卷ニ作ル又永徽中式本四卷アリ舊唐書經籍志、唐書藝文志ニ見ユ

第五節　唐律疏義

一

唐律疏義或ハ略シテ律疏ト曰フハ高宗永徽三年五月太尉長孫無忌司空李勣等凡十九人ニ詔

シテ撰定セシメ同四年十一月ニ至テ成ル蓋高宗律學ニ未定疏ナク爲ニ法ヲ用ウルニ憑準ナキヲ憂ヘ遂ニ廣ク解律ノ士ヲ招キ之ヲ撰定セシメシナリ(註)凡三十卷トス永徽律十二篇五百條ニツキ注釋シ其疑義ヲ決シ律意ヲ發揮セリ唐律ノ今ニ傳フルヲ得タルハ實ニ律疏ノ存スルニヨル其形式左ノ如シ

卷一至卷六	名例律第一	凡六條五十七條
卷七至卷八	衞禁律第二	凡二卷三十三條
卷九至卷十一	職制律第三	凡三卷五十八條
卷十二至卷十四	戶婚律第四	凡三卷四十六條
卷十五	廐庫律第五	凡一卷二十八條
卷十六	擅興律第六	凡一卷二十四條
卷十七至卷二十	賊盜律第七	凡四卷五十四條
卷二十一至卷二十四	鬪訟律第八	凡四卷五十九條
卷二十五	詐僞律第九	凡一卷二十七條
卷二十六至卷二十七	雜律第十	凡二卷六十三條

卷二十八　捕亡律第十一　凡一卷十八條

卷二十九至卷三十　斷獄律第十二　凡二卷三十四條

註

唐會要卷三十九曰、至三年五月、詔律學未有定疏、毎年所擧明法、遂無憑準、宜廣召解律人、修義疏、奏聞、仍使中書門下監定、參撰律疏、成三十卷、太尉長孫無忌司空李勣尙書左僕射于志寧刑部尙書唐紹大理卿段寶玄尙書右丞劉燕客御史中丞賈敏行等同撰、四年十月九日上之、詔頒于天下。

唐書卷五十六曰、高宗初即位、詔律學之士、撰律疏。刑法志

唐書卷五十八曰、律疏三十卷。無忌李勣于志寧刑局尙書唐臨大理卿段寶玄尙書右丞劉燕客御史中丞賈敏行等、奉詔撰、永徽四年上○藝文志

舊唐書卷四十六曰、律疏三十卷。長孫無忌撰

舊唐書卷六十曰、三年詔曰、律學未有定疏、毎年所擧明法、遂無憑準、宜廣召解律人、條義疏、奏聞、仍使中書門下監定、於是太尉趙國公無忌司空英國公勣尙書左僕射兼太子少師監修國史燕國公志寧銀青光祿大夫刑部尙書唐臨太中大夫守大理卿段寶玄朝議大夫守尙書右丞劉燕客朝議大夫守御史中丞賈敏行等、參撰律疏、

成三十卷、四年十月奏之、頒于天下、自是斷獄者、皆引疏分析之。刑法志

通典卷一百六十五曰、四年有司撰律疏三十卷、頒天下。刑三

唐六典卷六曰、永徽中復撰律疏三十卷、至今並行。刑部郎中律注

二

唐律疏義ハ唐宋以來元明ニ至ル迄法曹界ニ準據トナリ歷代之ヲ採用セシ結果幸ニシテ散逸スルコトナク之ヲ現時ニ傳フルヲ得タリ（註一）宋以後ノ書目ニ之ヲ著錄セルニテ知ルヘシ（註二）從ヒテ更ニ之ヲ注釋シ摘要セル學者ノ著書亦少ナカラス試ニ之ヲ列擧セハ左ノ如シ

律音義一卷　宋孫奭撰　崇文總目　直齋書錄解題（註三）

唐律纂例圖　元王長卿撰

唐律删要三十卷　元吳萊撰　補三史藝文志

唐律類要六卷　元梁琮撰　補三史藝文志

唐律釋文三十卷　元王亮元撰　（註四）

唐律刑統賦注解　文淵閣書目一部四册欠

唐律明法類説　文淵閣書目一部一册欠

唐律棋盤抹子　文淵閣書目一部一册欠

右ノ中唐律釋文ハ官版唐律疏義ニ附刻セラレ纂例圖律音義ハ釋文ト共ニ近時舶載ノ唐刻本ニ附刻セラル其他ハ之ヲ傳ヘス

註

一　四庫全書總目卷八十二曰、論者謂、唐律一律、于禮以爲出入、得古今之平、故宋世多採用之、元時斷獄亦每引爲據、明洪武初、命儒臣同刑官進講。史部政書類唐律疏義

二　崇文總目卷二曰、律疏三十卷。長孫無忌等撰○刑法類

宋史藝文志曰、律疏三十卷。唐長孫無忌等撰

通志卷六十五曰、律疏三十卷。刑法類

國史經籍志卷三曰、律疏三十卷。法令類

文淵閣書目卷十四曰、唐律疏義一部三册欠、又一部十五册欠、又一部三册欠。

直齋書錄解題卷七曰、本朝天聖中、孫奭等、始撰音義、自名例至斷獄、歷代異名、皆著之。法令類。

三 玉海卷六十六曰、天聖律文音義。(天聖)七年四月、判國子監孫奭言、准詔、校定律文及疏、律疏與刑統不同、本疏依律生文、刑統參用後勅、雖盡引疏義、頗有增損、今校爲定本、須依元疏爲正、其刑統衍文者省、闕文者益、以遵用舊書、與刑統兼行、又舊本多用俗字、改從正體、作律文音義一卷、文義不同、即加訓解、詔崇文院雕印、與律文並行。

四 按スルニ傳本唐律疏義ニ附刻セル釋文ノ序(至正辛卯孟春)ニ此山貰冶子治經之暇、得覽金科、遂爲釋文以辯此義、此蓋有志於民者也トアリ清ノ顧廣圻ハ釋文ノ首ニ王元亮編トアルニヨリテ山貰冶子ノ釋文ヲ王元亮重編セルナリト論セリ其說唐本疏義ニ附刻セリ左ノ如シ

右至正辛卯崇化余志安刻本、其律及疏義、整繕略無譌錯抹子、亦完備靡漏、非尋常傳鈔者比也、唯釋文頗有難讀處、今年淵如先生、見屬摹刊於江寧、細爲尋繹、見其序有云、此山貰冶子治經之暇、得覽金科、遂爲釋文、此山貰冶子、未詳何人、序文無年月幷撰序人名氏、然必在王元亮以前、故元亮於第一卷下、自署重編也、柳待制序言、王君長卿以釋文纂例二書來、即指重編釋文、而不復追述元撰者耳、又考、第三卷義寧下有云、隋末年號、第十七卷、出繼同室卽不合緣坐、下有云、釋曰、出繼謂伯叔父及兄

弟之子己之子、內有出繼同宗者、同堂謂伯叔父之子、今俗呼爲親堂兄弟者、第廿六卷或注冷熱遲駛下有云疏史反、第廿八卷卽停家職貧下有云、停家職貧、謂前職前官、皆所謂此山貫治子釋文、而重編刪併有未盡也、證之以元亮廿八卷釋中詳其釋意之語尤確、無可疑矣、蓋其初是子注、而釋甚詳、如今在長孫無忌進表下及名例一疏議下者、後所重編乃總退入卷末、而自第二卷以下、釋往往簡焉、其所以難讀、則有應別自爲條、而連他條者、有應屬一條、而分數條者、有標其字而佚其釋者、有釋尙在、而遺標字者、有前後互換其處者、有釋所據本不同而抵牾者、則未知王元亮重編而如此與、抑余志安刻之、乃如此與、今守前人愼下雌黃之戒、悉依舊文、弗敢輕加改易、意欲請先生、更撰考定釋文、都爲一編、與此兩行、爰擧其大概、以書、後世有善讀者引類以求、探端知緒、或且不難所欲考定者、自多闇同也夫。

嘉慶丁卯八月元和顧廣圻書於思適寓齋

三

唐律疏義ノ傳本ノ今ニ存スルモノ最古キヲ元刻本トス至正十一年崇化余志安ノ勤有堂ニ刊スル所ナリ（註一）按スルニ疏義載スル所ノ泰定四年柳贇ノ序ニ據レハ

江西諸學經史ハ板本略具ハルモ律文獨缺ケタリ乃廉訪使朶州兎ト議シ行省檢校官王長卿カ家藏ノ善本及釋文纂例ヲ以テ公帑ヲ支シ之ヲ刋行ストアレハ當時既ニ校刋セシカ如シ或ハ至正本ニ至順壬申五月印トアルニヨリ至順三年ニ至テ校刋シ更ニ至正十一年ニ之ヲ重刋セシニ似タリ明ニ至テハ刻本ノ存スルヲ聞カス現時我國ニ流布セルハ文化二年ノ刋行ニ係ル官版本ナリ凡十五冊ニシテ每卷ノ末ニ釋文アリ但纂例圖ハ之ヲ揭ケス是ヨリ先我國寫本ヲ以テ之ヲ傳ヘシカ是ニ至テ始テ刋本ヲ見ルニ至レリ而シテ此書ノ本ツク所ハ詳ナラサルモ官庫ニ元至正重刋本ヲ藏セルヲ見ハ(註一參照)或ハ之ニ依リシニアラサルカ官版疏義ニ雍正乙卯刑部尙書勵廷儀撰ノ序ヲ載ス初享保十年幕府ヨリ荻生觀ニ命シ疏義ヲ校寫セシメシカ同十五年更ニ淸人沈爕菴ヲシテ之ヲ校閱セシム元文元年ニ至リ沈爕菴刑部尙書勵廷儀ノ序ヲ得テ上レリサレハ勵廷儀ノ序中ニ今年春抄、有二友人一至レ京出二唐律疏義抄本一示レ余トアル抄本ハ荻生觀ノ校寫本ヲ指セルニ似タリ而シテ此校寫本ハ卽官版ノ原本ナリ(註二)支那ニ於テハ早ク康熙中元刊本ヲ刋行セルカ如ク朱彝尊ノ曝書亭集ニ之ヲ載スト雖(註三)傳本頗稀ナリシカ如ク同勵廷儀ノ序ニ余亦常以未獲寓目爲恨トアルニテ知ルヘシ其後嘉慶中孫星衍岱南閣叢書中ニ收錄シ元刻余志安本ニヨリ更ニ元刊本洗冤錄ヲ加ヘテ刊行セリ其釋文纂例ヲ附スル亦元刊本ノ如シ光緒十七年ニ至リ岱南閣本ニ據リ江蘇書局ニ於テ刊行ス纂例ヲ毎卷ノ首ニ釋文ヲ尾ニ置キ又別ニ律音義一卷ヲ三十卷ノ末ニ附刻セリサレハ江蘇書局本ハ一部ニ律疏、纂例釋文、音義、洗冤錄ノ五書ヲ併刊セリト謂フヘシ

註

一 鐵琴銅劍樓藏書目卷十二曰、故唐律疏義三十卷。元刊本 題唐太尉揚州都督監修國史上柱國趙國公長孫無忌等撰、前有進書表、毎卷後附釋文纂例、元奉訓大夫江西等處行中書省檢校官王元亮撰、有劉有慶及無名氏序、序後有至正辛卯孟春重校一行、又墨圖記二行云、崇化余志安刊於勤有堂、又柳贇序後、有至順壬申五月印一行、卷末有考亭書院學生余資編校一行、舊爲泰興季氏辛夷館藏書、案此書進表中注釋、及本文有注字者、無名氏序謂、此山貰冶子釋文也、卷後之釋文則王元亮所爲、釋文纂例當時自爲一書、刊書者併入之耳。法令部

經籍訪古志卷三曰、唐律疏義三十卷。元槧本楓山官庫藏 元至正十一年崇化余志

安勒有堂刊本、紙刻陋劣、蓋元代坊本也、毎卷有二姑蘇呉岫家藏印記一。政書類

二　右文故事卷十三曰、享保十年十二月、荻生總七ヘ故唐律疏義ヲ校正セシメラル荻生總七跋語同十五年是ヨリ前荻生總七ニ校寫セシメシ故唐律疏義ヲ是歳旨アリテ、清人沈爕菴ニ校閲セシム。元文元年爕庵清ノ刑部尚書勵廷儀ニ此書ノ序チ作ラシメテ獻上ス

三　曝書亭集卷五十二曰、唐代遺書傳抄多致二殘闕一、是編前有二元泰定四年江西儒學提舉柳贇序一、又附二江西行中書省檢校官王元亮釋文一、末又綴二編校考亭書院學士余資姓氏一、信爲二完書一、世有二好事君子一、雕鋟以行。唐律疏義跋

第六節　垂拱格式

垂拱格式ハ武后ノ垂拱元年三月内史裴居道鳳閣侍郎韋方質等凡十餘人ノ撰スル所ナリ式ハ凡三十卷ニシテ貞觀永徽式ニ新ニ計帳勾帳ノ二式ヲ加ヘ格ハ垂拱留司格六卷散頒格二卷トス則天武后自其序ヲ製スト云フ韋方質法理ニ精通シ又其事ヲ王守愼ニ委ヌ守愼亦經理ノ才アリシニヨリ垂拱格式頗詳密ナリト云フ然レトモ之ヲ今ニ傳ヘサレハ詳ニシ難シトス(註)按スルニ唐書藝文志ニハ格十卷新格

二卷散頒格三卷留司格六卷ニ作ル他書皆之ヲ曰ハス疑フヘシ垂拱格式ノ外ニ又垂拱律令ノ編纂アリシモ僅ニ二十四條ノ改正ニ過キスト云フ

註

唐會要卷三十九曰、至垂拱元年三月二十六日、刪改格式、加計帳及勾帳式、通舊式成二十卷、又以武德已來垂拱已前詔勅便于時者、編爲新格二卷、內史裴居道夏官尙書岑長倩鳳閣侍郎韋方質與刪定官袁智弘等十餘人同修、則天自製其序、其二卷之外、別編六卷、堪爲當司行用、爲垂拱留司格、韋方質詳練法理、又委其事于咸陽縣尉王守愼、有經理之才、故垂拱格式、議者稱爲詳密、其律改二十四條、又有不便者、大抵仍舊。

唐書卷五十六曰、武后時、內史裴居道鳳閣侍郎韋方質等、又刪武德以後至于垂拱詔勅、爲新格、藏於有司、曰垂拱留司格。刑法志

唐書卷五十八曰、垂拱式二十卷又格十卷新格二卷散頒格三卷留司格六卷 秋官尙書裴居道夏官尙書同鳳閣鸞臺三品岑長倩鳳閣侍郎同鳳閣鸞臺平章事韋方質刪定官袁智弘咸陽尉王守愼奉詔撰加計帳勾帳二式垂拱元年上新格武后序○藝文志

舊唐書卷四十六曰、垂拱式二十卷、垂拱格二卷、垂拱留司格六卷。裴居道撰○經籍志

舊唐書卷五十曰、垂拱初年、(中略)則天又勅內史裴居道夏官尙書岑長倩鳳閣侍郞韋方質、與刪定官袁智弘等十餘人、刪改格式、加計帳及勾帳式、通舊式、成二十卷、又以武德已來垂拱已後詔勅便於時者、編爲新格二卷、則天自製序、其二卷之外、別編六卷、爲當司行用、爲垂拱留司格、時韋方質詳練法理、又委其事咸陽尉王守愼、又有經理之才、故垂拱格式、議者稱爲詳密、其律令惟改二十四條、又有不便者、大抵依舊。

杜氏通典卷一百六十五曰、武太后臨朝、又令有司刪定格式、加計帳及勾帳式、通舊式、成二十卷、又以武德以來垂拱以前詔勅便於時者、編爲新格二卷、太后自制序、其二卷之外、新編六卷、堪爲當司行用、爲垂拱留司格、時韋方質詳練法理、又委其事咸陽尉王守愼、又有經治之才、故垂拱格式、識者稱爲詳密、其律唯改二十四條、刑三

唐六典卷六曰(令)垂拱初裴居道刋定、刑部郞中令注(格)垂拱留司格六卷、散頒格二卷、裴居道等刪定。同上格注(式)垂拱式二十卷。式註

按スルニ舊唐書刑法志ニ其律令惟改二十四條トアルモ他書皆令ヲ曰ハス然レトモ令ノ存セシコトハ六典ノ令ノ注ニテ明ナリ

日本國見在書目錄曰。垂拱格二卷、垂拱常平格十五卷、垂拱留司格二卷

按スルニ垂拱格常平格他書見ル所ナシ

第七節　神龍刪定垂拱格式

中宗神龍元年六月左僕射唐休璟、韋安石、散騎李懷遠、禮部尚書祝欽明、左丞蘇瓌、郎中狄光嗣等、又垂拱格後神龍元年以前ノ制勅ヲ刪定シテ散頒格七卷ヲ編シ又舊式ヲ刪補シ二十卷ヲ編纂シテ上ル、按スルニ會要ニ神龍二年正月二十五日以前ノ制勅ヲ刪定ストアレトモ他書皆元年撰上トアレハ二年ハ元年ノ誤ナルヘシ此時令亦編纂セラレシカ如ク六典ニ刊定ノ事見ユ(註)

備考　景龍元年十月神龍刪定格式ヲ刑部尚書張錫集ニ命シテ重テ刪定ヲ加ヘシメシ事アリ唐會要ニ見ユ

註

唐會要卷三十九曰、至神龍元年六月二十七日、又刪定垂拱格及格後勅、尚書左僕射唐休璟中書令韋安石散騎常侍李懷遠禮部尚書祝欽明尚書右丞蘇瓌兵部郎中姜師度戸部郎中狄光嗣等、同刪定、至神龍二年正月二十五日已前制勅、爲散頒格七卷、又刪補舊式、爲二十卷、表上之制令、頒于天下、景龍元年十月十九日、以神龍元年所刪定格式漏略、令刑部尚書張錫集諸明閑法理人、重加刪定。唐書卷五十六曰、神龍元年、中書令韋安石、又續其後、至於神龍、爲散頒格。刑法志

唐書卷五十八曰、刪垂拱式二十卷、又散頒格七卷中書令韋安石禮部尚書同中書門下三品祝欽明尚書右丞蘇瓌兵部郎中狄光嗣等刪定、神龍元年上。○藝文志

舊唐書卷五十曰、神龍元年、（中略）勅中書令韋安石禮部侍郎祝欽明尚書右丞蘇瓌兵部郎中狄光嗣等、刪定垂拱格後至神龍元年已來制勅、爲散頒格七卷、又刪補舊式、爲二十卷、頒於天下。刑法志

杜氏通典卷百六十五曰、神龍中、又刪定垂拱格及神龍元年已來制勅、爲散頒格、皆七卷、又刪補舊式、爲二十卷、頒於天下。刑三

唐六典卷六曰（令）神龍初刊定、刑部郎中令註（式）神龍二十卷。同上式注

第八節　太極格

睿宗即位スルニ及ヒ景雲元年戶部尚書岑羲中書侍郎陸象先左散騎常侍徐堅等ニ

命シ格令ヲ刪定セシム太極元年二月ニ至テ奏上ス之レヲ太極格ト曰フ凡十卷アリ(註)

註

唐會要卷三十九曰、至景雲元年、勅又令刪定格令、太極元年二月二十五日奏上之、名太極格、戸部尚書岑義、中書侍郎陸象先、左散騎常侍徐堅、右司郎中唐紹、刑部員外郎邵知與、大理丞陳義海、左衛長史張處斌、大理評事張名播、左衛倉曹參軍羅思貞、刑部主事閻義顓等、同修。

唐書卷五十六曰、睿宗即位、戸部尚書岑義等、又著太極格。刑法志

唐書卷五十八曰、太極格十卷。戸部尚書同中書門下三品岑義中書侍郎同中書門下三品陸象先左散騎常侍徐堅右司郎中唐紹刑部員外郎邵知新大理寺丞陳義海評事張名播右衛長史張處斌左衛率府倉曹參軍羅思貞刑部主事閻義顓等刪定、太極元年上。○藝文志

舊唐書卷五十曰、景雲初、睿宗又勅戸部尚書岑義、中書侍郎陸象先、右散騎常侍徐堅、右司郎中唐紹、刑部員外郎邵知與、刪定官大理寺丞陳義海、右衛長史張處斌、大理評事張名播、左衛率府倉曹參軍羅思貞、刑部主事閻義顓凡十人、刪定格式律令、太極元年二月奏上、名爲太極格。刑法志

杜氏通典卷一百六十五曰、景雲初、又勅刪ニ定格式令、太極元年二月奏上、名ニ太極格。

刑三

唐六典卷六曰(令)太極初刋定、刑部郎中令注(格)太極格十卷、岑羲等刪定。同上格注

第九節　開元律令格式

第一款　開元律

玄宗ノ開元中律ヲ撰定セルハ開元七年及同二十五年ニアリ共ニ令格式ト共ニ奏上シ前者ハ吏部侍郎宋璟等後者ハ中書令李林甫等ノ編修ニ係ル開元七年律ハ舊律ニ仍テ改メス(註一)其二十五年律ハ凡十二卷トシ又別ニ律疏三十卷ヲ定メタリ(註二)按スルニ開元七年律ハ舊唐書刑法志ニ見エ他書之ヲ記サス六典亦之ヲ記サヽルハ其改定ヲ加ヘサルニヨルカ

註

一 舊唐書卷五十曰、六年玄宗又勅ニ吏部侍郎兼侍中宋璟、中書侍郎蘇頲、尚書左丞盧從愿、吏部侍郎裴漼慕容珦、戶部侍郎楊滔、中書舍人劉令植、大理司直高智靜、幽州

司功參軍侯郢璡等九人、刪定律令格式、至七年三月、奏上律令式、仍舊名、格曰開元後格。刑法志

二 唐會要卷三十九曰、二十五年九月一日、復刪輯舊格式律令、中書李林甫、侍中牛仙客、中丞王敬從、前左武衛冑曹參軍崔冕、衞州司戶參軍直中書陳承信、酸棗縣尉直刑部俞元杞等、共加刪緝舊格式律令、及勅、總七千二十六條、其一千三百二十四條、于事非要、並刪除之、二千一百八十條、隨事損益、三千五百九十四條、仍舊不改、總成律十二卷、律疏三十卷、令三十卷、式二十卷、開元新格十卷、云々奉勅、于尚書都省、寫五十本、頒于天下。

舊唐書卷五十曰、二十二年、戶部尚書李林甫、又受詔、改修格令、林甫遷中書令、乃與侍中牛仙客、御史中丞王敬從、與明法之官前左武衛冑曹參軍崔冕、衞州司戶參軍直中書陳承信、酸棗尉直刑部俞元杞等、共加刪緝舊格式律令及勅、總七千二十六條、其一千三百二十四條、於事非要、並刪之、二千一百八十條、隨文損益、三千五百九十四條、仍舊不改、總成律十二卷、律疏三十卷、令三十卷、式二十卷、開元新格十卷、云々二十五年九月奏上、勅於尚書都省、寫五十本、發使散於天下。刑法志

杜氏通典卷一百六十五曰、至二十五年、又令刪緝舊格式律令及勅總七千四百八十條、其千三百四條、於事非要、並刪除之、二千一百五十條、隨文損益、三千五百九十四條、仍舊不改、總成律十二卷、疏三十卷、令三十卷、式二十卷、開元新格十卷、云々二十五年九月、奏上之、勅於尚書都省寫五十本、發使散於天下。刑三

第二款　開元令

開元令ニ開元三年令、開元七年令、及開元二十五年令ノ三令アリ開元七年令及二十五年令ハ律格式ト共ニ撰上スル所ナリ（第一款註參考）開元三年令ハ開元ノ初黃門監盧懷愼等ニ命シテ格式ト共ニ删定セシメ三年三月ニ至テ成ル所ナリ（註）按スルニ六典注ニ開元初年姚元崇四年宋璟令ヲ刊定セル事見ユ三年七年二十五年ノ三令以外ニ此二令ノ存スルカ如キモ實ハ撰定ヲ命セシ年ニシテ其初年令ノ成ルハ三年、四年令ノ成ルハ七年ナリ舊唐書刑法志ニモ初年勅シ三年奏上ト曰ヘリ只七年令ハ六年勅七年奏上ト曰ヒテ合セサルモ共ニ宋璟等ノ撰ナルヲ見ハ同一令ナルハ明カナリ舊唐書ノ六年ハ四年ノ誤ニアラサルカ其六典ニ開元二十五年令ヲ載セ

サリシハ六典ノ其以前ニ成リシ故ナレハナリ六典ノ條ニ辯ス
開元令ハ之ヲ傳ヘサルモ只七年令ノ篇目ハ六典卷六ニ之ヲ揭ケタリ略其形式ヲ知ルニ足ルヘシ

一官品上下　二三師三公臺省職員　三寺監職員
四衞府職員　五東宮王府職員　六州縣鎭戍嶽瀆關津職員
七內外命婦職員　八祠　九戸　十選擧　十一考課
十二宮衞　十三軍防　十四衣服　十五儀制　十六鹵簿上下
十七公式上下　十八田　十九賦役　二十倉庫　二十一廐牧
二十二關市　二十三醫疾　二十四獄官　二十五營繕　二十六喪葬
二十七雜令

凡二十七篇三十卷ナリ其內容ヲ詳ニシ難キモ開元七年令ハ唐六典ニヨリテ其一斑ヲ察スヘシ蓋六典ノ規定ハ七年令ニ據リテ之ヲ各職官ノ下ニ分載スレハナリ其開元二十五年令ハ杜氏通典ニ二十五年定令トシテ引用セルモノ多シ此他通典ニハ儀制令、公式令、喪葬令、衣服令、田令、大唐令等ヲ引キ吾邦編纂ノ令義解、令集解、類聚三代格、三代實錄、和名抄、令抄、政事要略、小野宮年中行事等ニ唐令ノ逸文ヲ傳フルモノ少ナカラス其永徽令開元令ト明記セルモノハ此兩者ニ屬スルヲ知リ得ヘキモ然ラサルモノハ果シテ何レノ令ニ屬スヘキヤハ明ニスヘカラス今開元令逸ヲ作ラントスルニ其條數多ク寧特ニ之ヲ編輯解說スルノ要アルヲ信シ本論ニ於テハ之ヲ省畧セリ

註

唐會要卷三十九曰、開元三年正月、又勅、刪定格式令上之、爲開元格六卷、黃門監盧懷愼、刑部尚書李乂、紫微侍郎蘇頲、紫微舍人呂延祚、給事中魏奉古、大理評事高智靜、韓城縣丞侯郢璡、瀛州司法參軍閻義顓等同修、至七年三月十九日、修令格、仍舊名曰開元後格、吏部尚書宋璟、中書侍郎蘇頲、尚書左丞盧從愿、吏部侍郎裴漼、慕容珣、戶部侍郎楊縚、中書舍人劉令植、大理司直高智靜、幽州司功參軍侯郢璡等、同修。

唐書卷五十八曰、開元後格十卷、令三十卷、式二十卷、吏部侍郎兼侍中宋璟、中書侍郎蘇頲（以下撰者同會要）等刪定、開元七年上。藝文志

舊唐書卷五十曰、開元初、玄宗勅黃門監盧懷愼紫微侍郎兼刑部尚書李乂（以下撰者同會

（要惟作同州韓城縣）等、刪定格式令、至三年三月奏上、名爲開元格。刑法志

杜氏通典卷一百六十五曰、開元初、玄宗又令刪定格式令、名爲開元格、又刪定律令、名爲開元後格。

按スルニ杜氏通典舊唐書ニ刪定格式令名爲開元格トアルヲ格式令ヲ刪定シテ一ノ開元格ト爲スノ義ニ解スヘカラス此二書ハ共ニ格ノ沿革ヲ叙センカ爲ニ特ニ格ノ名稱ヲ擧ケシニ止マリ名ツケテ開元令ト爲シ開元式ト爲スノ義アルハ辯ヲ待タス

第三款　開元格

開元格ニ開元前格、開元後格、格後長行勅、及開元新格ノ四格アリ開元前格ハ開元三年正月黃門監盧懷愼、紫微令姚崇等ノ撰上スル所ナリ凡十卷トス（註一及第二款註參照）開元後格ハ開元七年三月吏部尚書宋璟等ノ律令式ト共ニ撰上スル所ナリ凡十卷トス（註二及第一、二款註參照）前後格共ニ尚書二十四曹ヲ以テ篇目トス即二十四篇ナリ其目左ノ如シ

吏部　司封　司勳　考功　戸部　度支　金部　倉部
禮部　祠部　膳部　主客　兵部　職方　駕部　庫部
刑部　都官　比部　司門　工部　屯田　虞部　水部

開元十九年侍中裴光庭、中書令蕭嵩等又格後ノ制勅ヲ删定シテ格後長行勅六巻ヲ撰ス（註三）次テ開元二十五年中書令李林甫等律令式ト共ニ新格十巻ヲ撰セリ舊格ヲ損益スル數千條トアレハ大删定ヲ加ヘシカ如シ（註四及第一款二款註參照）

備考　通典巻一百七十ニ開元格附ト題シ左ノ一條ヲ掲ケタリ

周朝酷吏、來子珣 京兆府萬年縣 萬國俊 荊州江陵縣 王弘義 冀州 侯思止 京兆府 郭覇 舒州同安縣 焦仁亶 蒲州河東縣 張知默 河南府緱氏縣 李敬仁 河南府河南縣 唐奉一 齊州全節縣 來俊臣、周興、邱神勣、索元禮、曹仁悊、王景昭、裴籍、李秦授、劉光業、王德壽、屈貞筠、鮑思恭、劉景陽、王處貞 以上檢州貫未獲及

右二十三人、殘害宗支、毒陷善良、情狀尤重、身在者宜長流嶺南遠處、縱身沒、子孫亦不得仕官

陳嘉言 河南府河南縣 魚承曄 京兆府櫟陽縣 皇甫文備 河南府緱氏縣 傅游藝

右四人、殘害宗支、毒陷善良、情狀稍輕、身在者、宜配嶺南、縱身沒、子孫亦不許近任、

勅依前件

開元十三年三月十二日

註

一 唐書卷五十六曰、玄宗開元三年、黃門監盧懷愼等、又著開元格、至二十五年、中書令李林甫、又著新格、凡所損益數千條、明年吏部尚書宋璟、又著後格、皆以開元名書。刑法志

唐書卷五十八曰、開元前格十卷、兵部尚書兼紫微令姚崇、黃門監盧懷愼、紫微侍郞兼刑部尚書李乂、紫微侍郞蘇頲、舍人呂延祚、給事中魏奉古、大理評事高智靜、韓城縣丞侯郢璡、瀛州司法參軍閻義顓等、奉詔刪定、開元三年上、○藝文志

舊唐書卷四十六曰、開元前格十卷。姚崇等撰○經籍志

六典卷六曰、開元前格十卷。姚元崇刪定

二 舊唐書卷四十六曰、開元後格九卷。宋璟等撰○經籍志

唐六典卷六曰、開元後格十卷、宋璟等刪定。刑部郞中格注

三 唐會要卷三十九曰、十九年、侍中裴光庭、中書令蕭嵩、又以格後制勅行用之後、與格

文ニ相違、于レ事非レ便、奏令ニ所司刪ニ撰格後長行勅六卷、頒ニ于天下ニ。

唐書卷五十八曰、格後長行敕六卷、（侍中裴光庭中書令蕭嵩等刪定、開元十九年上〇藝文志）

日本國見在書目錄曰、長行勅七卷。

唐書卷五十八曰、開元新格十卷、格式律令事類四十卷。（中書令李林甫、侍中牛仙客、御史中丞王敬從、右武衛冑曹參軍崔晃、衛州司戸參軍直中書陳承信、酸棗尉直刑部俞元杞等刪定、開元二十五年上〇藝文志）

日本國見在書目錄曰、開元新格五卷。

按スルニ崇文總目卷二ニ開元格十卷、見在書目錄ニ開元格十卷ヲ載ス前後格何レナルヲ明ニセス

第四款　開元式

開元式ニ開元七年式開元二十五年式ノ二式アリ共ニ律令格ト同時撰定セラル（第一二款註參照）各二十卷トス（註）篇目ハ六典卷六ニ三十三篇トアリ即尚書省列曹及秘書、太常、司農、光祿、太僕、太府、少府及監門、宿衛、計帳トス和名抄ニハ唐式トシテ多ク引用スル所アリ

註

舊唐書卷四十八曰、式二十卷。姚崇等撰○經籍志

日本國見在書目錄曰、開元式二十卷。

第五款　格式律令事類

以上律令格式ノ外ニ又格式律令事類四十卷アリ開元二十五年律令格式ト共ニ李林甫等ノ撰上スル所ナリ此書律令格式ヲ類ヲ以テ編集シ以テ省覽ニ便センカ爲ニ作ル所ナリ杜氏通典、舊唐書刑法志及唐會要ニ又撰ニ格式律令事類四十卷、以ㇾ類相從、便ニ於省覽ニト同文ノ語ヲ載セ唐書藝文志、崇文總目卷二ニモ各之ヲ著錄セリ（第三款註參照）

第十節　唐六典

一

唐六典ハ玄宗ノ開元二十六年李林甫等ノ撰上スル所ナリ稿ヲ開元十年ニ起シ幾

多ノ學者ノ手ヲ經テ漸二十六年ニ至テ撰上セリト云ヘハ其間略十六年ヲ費シタルノ理ナリ以テ如何ニ六典編纂ニ當事者ノ苦心セシヤヲ察スヘシ初玄宗開元十年起居舍人陸堅ニ旨ヲ傳ヘ集賢院ニ詔シテ六典ヲ編纂セシメ親ク六條ヲ白麻紙ニ書シ類ヲ以テ令ヲ撰錄セシム六條トハ理典、教典、禮典、政典、刑典、事典、是ナリ時ニ張說院ニ知タリ其事ヲ以テ徐堅ニ委ス徐堅沈吟歲餘人ニ謂テ曰堅乏キヲ承クル既ニ七度書ヲ修スルニ憑準アリ皆難カラサルニ似タリ唯六典歷年措思未從フ所ヲ知ラスト張說又學士毋煚、余欽、咸廙業、孫季良、韋述等ヲシテ參撰セシム乃前史職官ヲ檢シ今式ヲ以テ六司ニ分入ス然カモ功ヲ用フル艱難ニシテ數歲ヲ經タリ蕭嵩知院タルニ及ヒ又劉鄭蘭蕭晟盧若虛ヲ加ヘ次テ張九齡知院トナリ陸善ヲ加フ二十四年張九齡知政事ヲ罷ムルニ及ヒ李林甫之ニ代リ苑咸ニ委ス遂ニ二十六年ニ至リテ奏上ス以上ノ事績ハ唐新語唐書藝文志直齋書錄解題等ニ載スル所詳ナリ(註一)此ノ如ク書ハ開元二十六年ニ奏上スト雖實ハ張九齡相タルノ日ニ於テ既ニ成レリト曰ヘハ開元二十四年以前ニ大部ノ編修ヲ經タル者ノ如シ此故ニ唐會要ニハ撰者ヲ張九齡トシ刊本六典載スル所ノ王鏊カ序ニモ張九齡之ヲ作ルト曰ヘリ（註二）然ルニ天祿琳瑯書目ニハ鼇序ヲ難シテ林甫ノ功ヲ沒スト曰ヘリ（註三）按スルニ程大昌ノ雍錄ニ其書ノ成ルハ張九齡相タルノ日ニシテ即開元二十四年其註ノ成ルハ林甫相タルノ日ニシテ即開元二十七年ナリト曰ヘルハ當レルカ如シ今六典ニ據リテ之ヲ檢スルニ卷二吏部員外郎中注ニ舊齋部隷二太常一則禮部簡試、開元二十五年隷二宗正一トアリ然ルニ六典本文ニハ齋郎ヲ太常寺ノ屬トセリ此本文ト註ト同時ニ成ルニアラスシテ本文ハ開元二十五年以前註ハ其以後ニ成レルハ明ナリ此類各所ニ散見ス宋曾鞏ノ乞賜六典狀（三ノ註）ニヨレハ傳本ノ御撰トアルニ對シ別ニ張九齡奉勅撰ト題セルモノアリシカ如シ此ヲ以テスルモ本文ノ略張九齡ニ成リシハ明ナリ但程大昌ノ林甫ノ奏進ヲ開元二十七年トセルハ二十六年ノ誤ナルヘシ

註

一 大唐新語卷九曰、開元十年、元宗詔二書院一撰二六典一以進、時張說爲二麗正學士一、以二其事一委二徐堅一、沈吟歲餘、謂レ人曰、堅承レ乞已曾七度、修レ書有二憑準一、皆似レ不レ難、唯六典、歷年措思、未レ知レ所レ從、說又令下學士毋煚等、檢二前史職官一、以二今式一分二入六司一、以二今朝六典一象中周官之制上、

然用功艱難綿歷數載、其後張九齡委陸善經李林甫委苑咸、至二十六年、始奏上、百僚陳賀、迄今行之。

唐書卷五十八曰、六典三十卷。開元十年起居舍人陸堅、被詔、集賢院修六典、玄宗手寫六條曰、理典、敎典、禮典、政典、刑典、事典、張說知院、委徐堅、經歲無規制、乃命毋煚余欽咸廙業孫季良韋述參撰、始以令式、象周禮六官為制、蕭嵩知院、加劉鄭蘭蕭晟盧若虛、張九齡知院、加陸善經、李林甫代九齡加苑咸、二十六年書成○藝文志

書錄解題卷六曰、唐六典三十卷。 題御撰、李林甫等奉勅注。按韋述集賢記注、開元十年、起居舍人陸堅、被旨修六典、上手寫白麻紙、凡六條、曰理、敎、禮、政、刑、事典、令以類相從、撰錄以進、張說以其事委徐堅、思之歷年、未知所適、又委毋煚余欽韋述、始以令式入六司、象周禮六官之制、其沿革並入注、然用功艱難、其後張九齡、又以委苑咸、二十六年奏草上、至今在書院、亦不行。職官類

崇文總目卷二曰唐六典三十卷。玄宗撰、李林甫等注○職官類

郡齋讀書志卷二下曰、唐六典三十卷。 右唐玄宗撰、李林甫張說等注、以三公三師三省九寺五監十二衞等例、其職司官佐、敘以品秩、擬周禮六官云云

二 唐會要卷三十六曰、(開元)二十七年二月、中書令張九齡等、撰六典三十卷、成上之、百官稱賀。

唐六典序(王鏊)曰、蓋開元中張九齡輩爲レ之

三天祿琳琅書目後編十四曰鏊序歿ニ林甫一、而引ニ九齡一、甚矣、書以レ人重也。

二

唐六書ノ形式ハ其初理典、敎典、禮典、政典、刑典、事典ノ六典ニ法式ヲ編集スル企畫ナリシモ撰上スルニ及ヒテハ稍其形式ヲ變シ全ク官職ヲ以テ法式ヲ彙集スルコト、ナレリ蓋六典ハ周官ニ見ユ周官六官ヲ治職、敎職、禮職、政職、刑職、事職ニ分チ各守ル所ヲ以テ六典トス唐ノ官制ハ素ヨリ周官ト其組織ヲ異ニス此故ニ多數ノ法式ヲ六官ニ配スル能ハサルニヨリ之ヲ各官ニ配スル事トセシ結果六典タル所以不明瞭トナレリ但尙書六部ヲ以テ比較的多數ノ法式ヲ彙集セルハ猶六典ニ本ツケルノ跡アルヲ察スヘシ此書ハ凡三十卷ヨリ成リ卷ヲ分ツコト左ノ如シ

卷一三師三公尙書省	卷二吏部	卷三戶部
卷四禮部	卷五兵部	卷六刑部
卷七工部	卷八門下省	第九中書省
卷十秘書省	卷十一殿中省	卷十二內官中侍省
卷十三御史臺	卷十四太常寺	卷十五光祿寺

巻十六衛尉寺宗正寺　巻十七太僕寺　巻十八大理寺鴻臚寺
巻十九司農寺　巻二十大府寺　巻二十一國子監
巻二十二少府監軍器監鑄錢監等　巻二十三將作監都水監等
巻二十四左右衛左右驍衛左右武衛左右威衛左右領軍衛
巻二十五左右金吾衛左右監門衛左右千牛衛左右羽林軍
巻二十六太子三師三少太子詹事府左右春坊内房内官
巻二十七太子家令寺率更寺僕寺　巻二十八太子左右衛諸率府
巻二十九諸王府公主邑司　巻三十三府督護州

其内容ノ如キハ本論ノ主眼トスル所ニアラサレハ之ヲ述ヘス而シテ唐六典規定スル所ハ必シモ實行法ナルニアラス此事ハ李林甫注スル時ニモ既ニ之ヲ辯セリ例ヘハ巻六刑部郎中ノ條ニ凡決大辟罪皆於市トアリ注ニ古者決大辟罪、皆於市、自今上臨御以來、無其例、但存其文耳トアルカ如キ是ナリ群齋讀書志ニモ之ヲ辯スル所アリ（註）六典ヲ見ルモノ留意スヘキナリ

註

郡齋讀書志卷二下曰、大唐六典三十卷。(上略)蓋唐世極治之書也、雖レ不レ能ニ悉行ニ於世一、而諸司遵用、殆將ニ過半一、觀ニ唐會要一、請レ事者、往々援據、以爲レ實、或以爲、此書嘗成ニ於開元間一、而不レ行ニ於一時一、不學之言也。

三

唐六典ハ宋熙寧十年劉摯等ニ命シテ之ヲ校セシメ元豐元年ニ至リテ上リ三年鏤板シ摹本ヲ近臣及館閣ニ賜ヘリ(註一)サレハ此時始テ刊行セシカ如シ其後南宋紹興四年溫州州學敎授張希亮之ヲ校シ詹域之ヲ鏤板ス此後世刊本ノ本ツク所ナリ以來刊行ノ擧アルヲ聞カス明ノ正德十二年蘇郡ニ於テ之ヲ刊行ス戶部尙書王鏊ノ序アリ之ヲ現存六典ノ最舊刻本トス(註二)現時我內閣文庫ニ藏セリ正德刊本ニ次テ明嘉靖十三年浙江ニ於テ重刊ス然レトモ誤脫多ク磨滅セルモノ少ナカラス(註三)現時我東京帝國大學附屬圖書館ニ藏セリ此後支那ニ於テハ掃葉山房刊本廣雅書局刊本アリ我國ニ於テハ近衞版、官版アリ廣雅書局本ト我官版トハ掃葉山房刊本ヲ覆刻スル所ナリ近衞版ハ正德嘉靖版ニヨリ享保中近衞家熙公ノ親ク校正ヲ加ヘテ刊行セシ所凡三十一冊アリ卷首ニ享保甲辰秋七月ノ自序アリ中ニ今也辭レ職處二河之濱一、參二丕群籍一、手加二校正一、既而畢レ業、乃出以授二于梓一ノ語アレハ享保九年校刊セル所ナルニ似タリ然レトモ實ハ當時未校刊ヲ經サリシコトハ山科道安ノ槐記載スル所ニヨリテ明白ナリ（註四）蓋當時專嘉靖版本ニヨリ親ク校訂ヲ加ヘ刊行スルノ意ヲ以テ自序ヲ加ヘシモ尚意ニ滿タサル所アリ享保十一年十一月正德刊本ヲ得ルニ及ヒ更ニ之ヲ校訂シ遂ニ十六七年ノ頃之ヲ刊行スルニ至リシ者ノ如シ書史某ノ錄セル凡例ハ公ノ正德刊本ヲ入手セラレシ後ノ作ニ係リ其中ニ正德初ト二居河濱一、燕間無事、廼大加二考訂一、云々蓋校勘之功、經二二十寒暑一焉トアルニテ知ルヘシ
（註五）官版六典ハ天保七年刊行スル所凡八冊アリ其本ツク所ハ清掃葉山房刊本ニアリト雖更ニ溯レハ明正德刊本ニ出テシコトハ王鏊ノ序ヲ掲ケタルニテ知ルヘシ

註

一　玉海卷五十一曰、宋朝熙寧十年九月、命二劉摯等一、校二六典一、元豐元年正月成、上レ之、三年禁中鏤板、以二摹本一賜二近臣及館閣一、

元豐類稿卷三十四曰、

乞賜唐六典狀

右、臣伏見聖恩以新雕印唐六典、頒賜近臣以及館閣、竊以唐初以尙書中書門下三省、參領天下之事、以今僕射侍中爲宰相之任、然選士、用人、出兵、授田、刑罰、禮樂、至于工官所主、則一本于尙書、尙書侍郎分爲六官、郎員外郎各有攸司、又分二十有四所以彌綸庶務、至微至密、其大則以永業口分之田、制民之產、以租庸調、制民之賦、以諸府十二衞、制民之兵、三代以來、其政最爲近古、太宗所以致治者、蓋出于此、其事至衆、而擧之有條、其體至大、而統之有要、可謂建官制理之方、明皇之世、廼考尋舊章、著之簡册、以六卿所總領、則象周官、名其書曰六典、而開元十四年、張說罷中書令、爲尙書右丞相、不知政事、自此政事歸中書、而尙書但受成事而已、亦其書之所記也、則當是之時、尙書已不得其職、其所著者、蓋先代之遺法也、其本原設官因革之詳、上及唐虞、以至開元、其文不煩、其實甚備、信可謂善于述作者也、臣向在館閣、嘗見此書、其前有序、明皇自撰意、而其篇首皆曰御撰李林甫注、及近得此書、不全本、其前所載序、同然、其篇首不曰御撰、其第四一篇、則曰集賢院學士知院事中書令修國史上柱國始興縣開國子臣張等奉勅撰、蓋開元二十二年、張九齡實任此官、然則此書或九齡等所爲與、不敢以疑說定也、伏惟、皇帝陛下、神智聖性、夙成自天方、革敝興壞、以修太平之業、繼唐虞之跡、而稽古不倦、旁及此書、廼自禁中鏤板傳之、以賜在位、豈不以其官儀品式去今未遠、而行于今者尙多、將使學士大夫得而求之、其于就列、皆知其任、其于治體、開益至多、非聖慮所存、規模弘遠、則何以訓勵群臣委曲至此、臣備數內閣、以文學爲職、宜略知典故、不可以衰退駑鈍、怠惰苟止、故敢冒昧以請、伏望聖慈、依例賜臣一部、使得伏玩思索、萬一得奉請、間尙可牽强以備訪問、不勝犬馬區々之誠、貪冀思私、不知僭越、其于罪戾、所不敢逃、于冒宸嚴、臣不任、

二 經籍訪古志卷三曰、唐六典三十卷。明正德乙亥刊本、寶素堂藏

首有正德乙亥王鏊重刊序、卷首題大唐六典三師三公尙書都省卷第一、次行記御撰二字、次行署集賢院學士兵部尙書兼中書令修國史上柱國臣李林甫等奉勅注上、第三十卷末、有紹興四年歲次甲寅七月戊申朔左文林郎充温州州學敎授張希亮校正右宣敎郞知温州永嘉縣主簿勸農公事詹棫題誌、每半板十二行行二十字注双行、界長六寸一分、幅□寸□分、攷板式、蓋依宋刻重刊者。職官類

鐵琴銅劍樓藏書目卷十二曰、大唐六典三十卷。明刊本

唐玄宗御撰、集賢院學士兵部尚書兼中書令修國史上柱國開國公臣李林甫等奉レ敕注上、是書紹興四年刻二於温州郡學一、此正德間重刻本、有二詹棫跋及王文恪公鏊刊板序一。職官類

三 經籍訪古志卷三曰、大唐六典三十卷、明嘉靖甲辰刊本寶素堂藏
體式總同二前本一、每半板十一行、行二十字、注双行、卷末有二詹棫題誌一、後有二嘉靖甲辰長至浙江按察司校錄重刻記一、卷首有二松陵莊氏珍藏書記江左莊士漆園後裔三印一、
按此本依二王鏊本一重刊、間加二校改一、□□(蓋亨保)中豫樂藤公、依二正德本一重刊、以二此本及諸書一校訂、行レ世、其版今尚在二公家一、如二清掃葉山房刊本一、則脱誤弘多、不レ若二是等本之佳一。

四 槐記享保十一年十二月五日條曰、昨日ノ御禮ヲ申上ル先日ヨリ求メラレシ珍書ニテ目モアハス嬉シサヨト仰ラル拜見ハナラヌ物ナルヘシト申上シカハ潛ニ見スヘシ唐ノ六典ナリ六典ト云モノ先近代ハ珍ラシタマ〳〵アレハ嘉靖本ノミナリ先年新井筑後守カ書寫ノ本ヲ獻上セシモ嘉靖本ノ寫ナリ御前ノ本ト異ルコトナシソレ故先年ヨリ思召立テ此六典ノ磨滅ト欠ケタル處ヲ

新舊唐書ソノ外唐代ノ書トモニテ悉正サレタリ是見ヨカシトテ此書寫ノ本ヲ御見セナサル朧ウチノ紙ニテ六典一部コト〳〵ク書寫サレテ點ヲ付ラル磨滅ト欠字トヲ他本ヲ以テ頭ニ書加ヘラレテ大方ハ恨ナキ程ニ成就シタリ此ハ諸家ニナクテカナワヌ物ナル程ニ板行ヲ仰付ラルヘキト思召ケレトモ今少シ御心ニカヽリシハ本六典ハ唐ノ法ニテ板本ニ行ハレシハ宋ノ紹興本カ根也其後絶テ又正德ニ一本刊行アリシカ又斷テ其後ハ全ク滅シタリシヲ明ノ嘉靖ニ印行シタリシ由嘉靖本ノ跋ニ見エタリソレヨリ以來御心ニカケラレシカトモ終ニナクテ如何樣一兩年ノ中ニ右ノ御本ヲ御藏版アルヘキト思召シ、折カラ去月中旬ノ頃田舍ヨリ五六部來リシ書ノ中ニ正德版ノ六典ヲ持來リテ御覽ニ入レ早速召上ラレテ其ヨリ以來晝夜御校合アリシニ最前ノ磨滅ヲ補ハレ闕疑ヲ擧ラレシ所々トモ一々符節ヲ合セタルカ如シ然ノミナラス嘉靖本ハアリモアラヌモノヲ板本ニシタリト見エテ大分ニ落タル所モアリ全ク別ノ物ナリ此嬉シサ晝ハヒネモス夜ハヨモスカラ寢ラレヌ六十ニアマリテ此ホトノ嬉シキ事ハナシトテ御本ヲ拜借スレハ最前ノ頭書トモヲ一々ニ藍書ニテ消サレタリ拜感餘アル事言語ニ述カタシ今迄モ最早版行セヨカシト進ムル人多カリシカ是ヲ版行セハ今日悔シカルヘキニ幸甚ナル事也六年ノ精力何ノ益ナシト思ヘ共此精力ノ冥加ニテアルヘシト思召ス是ヨリ又アラヌ心付テ今一部ノ新書ノ此度ノ正本ヲ正シテ紹興ヨリ正德マテノ知レヌ分ハ其通リ正德以來嘉靖マテヲ明白ニ校正シテ板行アソハスヘシト思召ソトナリ惣シテ今ニハシメヌ事ナカラ此公ノ思召立ノタネフ精キ事如此感嘆肝ニ銘シテ難有コソ覺ユレ

五 按スルニ陽明家傳ニ據レハ家熙公ハ寶永八年七月二十七日（改元正德元年）四十五歳ニテ太政大臣ヲ辭シ正德二年八月二十八日四十六歳ニテ攝政ヲ辭セリサレハ正德元年七月ヨリ閒散ノ身ト爲ラレシカ如シ

第十一節　元和刪定開元格後敕及元和格後勅

開元中律令格式ノ刪定アリテヨリ後元和ニ至ル迄其間刪定ニ關スル事績ヲ傳フルモノ稀ナリ肅宗ノ貞元元年十月尚書省貞元定格後勅三十卷ヲ進ム但中ニ留メ

テ出サストアレハ公布セサリシカ如シ(註一)代宗ノ大暦十四年至德已來ノ制勅ヲ刪定シ久長行用ニ堪エタル者ヲ編シテ格條ニ入レシメシ事アリ當時中書門下ヲ以テ刪定格令使ニ充テシカ德宗ノ建中二年改テ刑部ニ委シテ刪定セシメタリ(註二)然レトモ未成書アルヲ聞カス憲宗ノ元和二年七月ニ至リ刑部侍郎許孟容等ヲシテ天寶以後ノ格令ヲ刪定シテ開元格後勅ヲ撰セシム五年ニ至テ成ル卽元和格勅是ナリ凡三十卷トス(註三)次テ同十三年八月ニ至リ鳳翔節度使鄭餘慶等格後勅三十卷ヲ詳定セリ

備考　令集解卷十九ニ格後勅ヲ引用セリ左ニ掲ク

格後勅下條十四卷曰、勅旨、京官文武玖品已上、壹仟貳佰二人表請、內外官、各出壹月俸料錢、供軍、其无俸料錢、請准往例節級處分者、卿等情切奉公、志存憂國、請申私俸、式助軍機、備覽所陳深以嘉尙、今依來奏、以遂群議、其蕃官不在此例也。

註

一　唐會要卷三十九曰、至貞元元年十月、尙書省進貞元定格後勅三十卷、留中不出。

二　舊唐書卷五十曰、大曆十四年六月一日、德宗御丹鳳樓、大赦、赦書節文、律令格式條

目、有下未二折衷一者上、委二中書門下一、與二刪定官一詳決、取下堪二久長行用一者上、編二入格條一、三司使、準レ式
以二御史中丞中書舍人給事中各一人一爲レ之。云々建中二年、罷二刪定格令使、幷三司使一、
先レ是以二中書門下一、充二刪定格令使一、又以二給事中中書舍人御史中丞一、爲二三司使一、至レ是中
書門下奏請、復レ舊、以二刑部御史臺大理寺一爲レ之、其格令委二刑部一刪定。刑法志

三 唐會要卷三十九曰、至二元和二年七月一、詔二刑部侍郎許孟容、大理少卿柳登、吏部郎中
房式、兵部郎中熊執易、度支郎中崔光、禮部員外郎韋貫之等一、刪二定開元格後勅一。
唐書卷五十六曰、憲宗時、刑部侍郎許孟容等刪二天寶以後勅一、爲二開元格後勅一。刑法志
唐書卷五十八曰、元和格勅三十卷、權德輿劉伯芻等撰元和刪定制勅三十卷。許孟容韋貫之蔣乂柳登等撰
舊唐書卷十四曰(元和二年)秋七月丙戌朔、勅二刑部侍郎許孟容等一、刪二定開元格後勅一。
憲宗本紀上
舊唐書卷一百四十八曰、先レ是許孟容蔣乂等、奉レ詔刪二定格勅一、孟容等尋改二他官一、乂獨
成二三十卷一、表二獻之一、留レ中不レ出、德輿請下下二刑部一、與二侍郎劉伯芻等一考定上、復爲二三十卷一、奏二上
之一、權德輿傳
舊唐書卷一百四十九曰、元和二年遷二兵部郎中一、與二許孟容韋貫之等一、受レ詔、刪二定制勅一、

成三十卷、奏行用。蔣乂傳

按スルニ唐書藝文志ニ見エタル元和刪定制勅ハ即元和刪定開元格後勅ナリ之ヲ劉伯芻考定シテ元和格勅ヲ作レルナリ

四　唐會要卷三十九曰、至十年十月、刑部尚書權德輿奏、自開元二十五年、修格式律令事類三十卷、處分長行勅等、自大曆十四年六月、元和二年正月、兩度制刪之、並施行、伏以、諸司所奏、苟便一時、事非經久、或舊章既具、徒更煩文、獄理重輕、繫人性命、其元和二年、准制刪定、至元和五年刪定畢、所奏三十卷、歲月最近、伏望且送臣本司、其元和五年已後續有勅文、合長行者、望令諸司錄送刑部、臣請與本司侍郎郎官、參詳錯綜、同編入本續具聞奏、庶人知守法、吏絕舞文、從之、至十三年八月、鳳翔節度使鄭餘慶等、詳定格後勅三十卷、左司郎中崔郾吏部郎中陳諷禮部員外郎齊庾敬休著作郎王長文集賢校理元從質國子博士林寶用修上、其年刑部侍郎許孟容蔣乂等、奉詔刪定格後勅、勒成三十卷、刑部侍郎劉伯芻等、考定修爲三十卷。

舊唐書卷五十曰、元和十三年八月、鳳翔節度使鄭餘慶等、詳定格後勅三十卷、右司郎中崔郾等六人修上、其年刑部侍郎許孟容蔣乂等、奉詔刪定、復勒成三十卷、刑部

侍郎劉伯芻等考定、如其舊　刑法志

按スルニ舊唐書刑法志ニハ元和二年許孟容等撰スル所ノ開元格後勅ヲ載セス而シテ十三年ノ元和格後勅ノ次ニ其年許孟容等又刪定ヲ加フト記セリ然レトモ註三ニ引用セル舊唐書本紀列傳ニ據レハ許孟容ノ撰セシハ開元格後勅ナリ元和格後勅ヲ更ニ刪定セルニアラス殊ニ許孟容ハ十三年四月東都留守ヲ以テ卒セリ刑部侍郎ト曰フ既ニ官ニ於テ合セス又八月以後ニ刪定ヲ加フル理ナシ刑法志ノ此條錯簡アルニ似タリ唐會要既ニ元和二年ノ格後勅ヲ掲ケ又十三年ノ條ニ許孟容ノ刪定ヲ掲ケタリ此舊唐書ニヨリテ其誤ヲ襲ヘルナリ其劉伯芻ノ考定セルモノハ元和格勅ナルコト權德輿傳等ニテ知ルヘシ

第十二節　太和格後勅及開成詳定格

文宗ノ太和四年七月ニ至リ大理卿裴誼同丞謝登等格勅凡六十卷ヲ刪定セシカ次テ刑部ニ詔シ其繁ヲ去リ太和格後勅ヲ撰セシム七年十二月ニ至テ成ル凡五十卷

トス（註一）次テ開成四年ニ至リ刑部侍郎狄兼謩開元二十六年以後開成ニ至ル制勅ヲ取リ其繁ヲ删リ開成詳定格十巻ヲ撰ス（註二）

註

一 唐會要巻三十九曰、太和四年七月、大理卿裴誼奏ニ當寺格後勅六十巻、得ニ丞謝登狀ニ、准ニ御史臺近奏、從レ今已後、刑部大理寺、詳ニ斷刑獄ニ、一切取ニ最後勅ニ爲レ定。

唐書巻五十六曰、文宗命ニ尚書省郎官、各删ニ本司勅ニ、而丞與ニ侍郎ニ覆視、中書門下參ニ其可否ニ而奏レ之、爲ニ太和格後勅ニ。刑法志

唐書巻五十八曰、太和格後勅四十巻、格後勅五十巻。初前大理丞謝登纂、凡六十巻、詔ニ刑部ニ詳定、去ニ其繁複ニ、太和七年上、〇藝文志

舊唐書巻五十曰、太和七年十二月、刑部奏、先奉レ勅、詳ニ定前大理丞謝登新編格後勅六十巻ニ者、臣等據ニ謝登所レ進、詳ニ諸理例ニ、參以ニ格式ニ、或事非ニ久要ニ、恩出ニ一時ニ、或前後差殊、或書寫錯誤、並已落下、及改正訖、去レ繁擧レ要、列レ司分レ門、都爲ニ五十巻ニ、伏請ニ宣下施行ニ、可レ之、刑法志

崇文總目巻二曰、大和格後勅四十巻。通志略不レ著ニ撰人ニ〇刑法類

一唐會要卷三十九曰、開成元年三月、刑部侍郎狄兼謩奏、伏惟、今年正月日制、刑法科條、頗聞繁冗、主吏縱捨、未有所徵、宜擇刑部大理官、即令商量條流要害、重修格式、務于簡當、焚去冗長、以正刑名者、伏以、律令格式著目、雖始于秦漢、歷代增修、皇朝貞觀開元、又重刪定、理例精詳、難議刊改、自開元二十六年刪定格令後、至今九十餘年、中外百司、皆有奏請、各司其局、不能一秉大公、其或恩出一時、便爲永式、前後矛盾、是非不同、吏緣爲姦、人受其屈、伏見、自貞元已來、累曾別勅選重臣、置院刪定、前後數四、徒涉歷三十歲、未堪行用、今若只令刑部大理官商量、重修格式、遽焚冗長、伏恐姦吏緣此舞文、伏請但集蕭嵩所刪定建中以來制勅、分明比類、刪去前後矛盾、及理例重錯者、條流編次、具卷數聞奏行用、所刪去者、伏請不焚、官同封印、付庫收貯、仍愼擇法官、法署省等所斷刑獄、有不當者、官吏重加貶黜、所冀人知自効、吏不敢欺、上副陛下哀矜欽恤之意言者、宜依、

唐書卷五十六曰、開成三年刑部侍郎狄兼謩、採開元二十六年以後、至開成制勅、刪其繁者、爲開成詳定格。刑法志

唐書卷五十八曰、狄兼謩開成詳定格十卷。藝文志

舊唐書卷五十曰、開成四年兩省詳定刑法格一十卷、勅令施行。刑法志

崇文總目卷二曰、開成詳定格十卷。狄兼謩撰

第十三節　大中刑法總要格後勅及大中刑律統類

大中刑法總要格後勅ハ宣宗ノ大中五年刑部侍郎劉瑑等ノ勅ヲ奉シテ撰スル所ナリ貞觀二年六月二十八日ヨリ大中五年四月十三日ニ至ル凡二百二十四年間ノ雜勅二千一百六十五條ヲ集メ凡六百四十六門六十卷ニ分テリ（註一）次テ大中七年五月ニ至リ左衞率府倉曹參軍張戣刑律ヲ以テ類ヲ分チ門ヲ立テ附スルニ格勅ヲ以テシ凡十二卷一百二十一門一千二百五十條トス名ツケテ大中刑律統類ト曰フ刑部ニ詔シテ頒行セシム（註二）大中以後ハ法典編纂ニ關シ傳フル所ナシ唯宋史藝文志ニ大中已後雜勅三卷大中後雜勅十二卷ヲ揭ケタリ

以上武德律令格式ヨリ大中刑律統類ニ至ル法典ノ數蓋少ナカラス加フルニ中ニ留メテ公布セサリシモノ亦少ナカラサレハ其實數之ニ加フル幾何ナルヲ知ラス

崇文總目卷二ニハ唐循資格一卷（天寶中修）唐中書則例一卷百司考選勅格五卷ヲ揭

ケ日本國見在書目錄ニ僧格一卷ヲ載セタルノ類枚擧スヘカラス今其主要ナル者ヲ列スルニ止メ他日更ニ補訂スル所アルヘシ

註

一唐會要卷三十九曰、至大中五年四月、刑部侍郎劉瑑等、奉勅修大中刑法統類六十卷、起貞觀二年六月二十八日、至大中五年四月十三日、凡二百二十四年、雜勅都計六百四十六門、二千一百六十五條。

唐書卷五十八曰、大中刑法總要格後勅六十卷。刑部侍郎劉瑑等纂○藝文志

舊唐書卷五十八曰、大中五年四月、刑部侍郎劉瑑等、奉勅修大中刑法總要格後勅六十卷、起貞觀二年六月二十日、至大中五年四月十三日、凡二百二十四年、雜勅都計六百四十六門、二千一百六十五條。刑法志

崇文總目卷二曰、大中刑法總要格後勅六十卷。刑部侍郎劉瑑等撰

按スルニ唐會要ニ大中刑法統類ト曰フ舊唐書卷十八下宣宗本紀ニハ大中刑法統類卷一百七十七劉瑑傳ニハ大中統類ト曰ヘリ之ヲ襲ヘルニ似タリ今刑法志ニ從フ此他或ハ三百四十四年（宣宗本紀）二百四十四年（舊劉瑑傳）ニ作リ

或ハ二千八百六十五條（舊劉瑑傳）ニ作ルモノアリ蓋誤寫ニ係ル今二百二十四
年二千一百六十五條ト定ム

二 唐會要卷三十九曰、至㆓七年五月㆒、左衛率府倉曹參軍張戣、編㆓集律令格式、條件相類者、一千二百五十條㆒、分㆓一百二十一門㆒、號曰㆓刑法統類㆒、上㆑之。

唐書卷五十六曰、宣宗時、左衛率府倉曹參軍張戣、以㆓刑律㆒分㆑類爲㆑門、而附以㆓格勅㆒、爲㆓大中刑律統類㆒、詔㆓刑部㆒頒㆓行之㆒。刑法志

唐書卷五十八曰、張戣大中刑律統類十二卷。藝文志

舊唐書卷五十曰、七年五月、左衛率倉曹參軍張戣、進㆓大中刑法（當作律）統類一十二卷㆒、勅㆓刑部㆒詳定、奏㆓行之㆒。刑法志

舊唐書卷十八下曰、七年五月、左衛率府倉曹張戣、集㆓律令格式、條件相類、一千二百五十條㆒、分㆓一百二十一門㆒、號曰㆓刑法統類㆒、上㆑之。宣宗本紀

崇文總目卷二曰、大中刑律統類十二卷、張戣撰○刑法類

日本國見在書目錄曰、大中刑律統類十二卷。

第七章　五代ノ法典

唐ノ後ヲ承ケタル五代即梁唐晋漢周ノ中漢代ノ法典ニ關シテハ詳ナラサルモ其他ハ各法典編纂ノ事アリ左ニ之ヲ分説スヘシ

備考　五代ノ間僭僞諸國ニモ亦法典編纂ノ擧アリ南唐遺事ニ南唐昇元格ヲ引用ス南唐書(陸游撰)卷一ニ昇元三年秋七月、命二有司一作二昇元格一、與二吳令一竝行トアリ
盜レ物、及二三緡一者死。

第一　後梁ノ法典

梁ハ太祖開平四年十二月太常卿李燕御史司憲蕭頃等律令格式ヲ刪定シテ上ル律幷目錄十三卷律疏三十卷令三十卷格十卷式二十卷凡合シテ百三卷トス名ツケテ梁新定格式律令ト曰フ詔シテ之ヲ頒行ス(註)

註

五代會要卷九曰、梁開平三年十月、勅二太常卿李燕御史司憲蕭頃中書舍人張袞尙

書戸部侍郎崔沂大理寺卿王鄯尙書刑部郎中崔誥、共刪二定律令格式一、至二四年十二月、中書門下奏二新删定令三十卷、式二十卷、格十卷、律幷目錄一十三卷、律疏三十卷、共一百三卷、請下目爲二大梁新定格式律令一、頒中下施行上、從レ之

新五代史卷二曰、（開平四年十二月癸酉頒二律令格式一。梁本紀第二

舊五代史卷一百四十七曰、梁太祖開平三年十一月、詔二太常卿李燕御史蕭頃中書舍人張衮戸部侍郎崔沂大理卿王鄯刑部郎中崔誥、共刪二定律令格式一、四年十二月宰臣薛貽奏、太常卿李燕等、重刊二定令三十卷式二十卷格一十卷律幷目錄一十三卷律疏三十卷凡五部一十帙共一百三卷一、勅二中書舍人李仁儉一、詣二閤門一奉進、伏請下目爲二大梁新定格式律令一、仍頒下施行上、從レ之。刑法志

宋史卷二百四曰、梁令三十卷、梁式二十卷、梁格十卷。藝文志

崇文總目卷二曰、梁格十卷、梁式三十卷。通志略不レ著二撰人一〇刑法類

第二　後唐ノ法典

唐ハ莊宗同光二年梁ノ新格ヲ廢シテ李唐ノ開成詳定格ヲ行ヘリ次テ三年二月ニ

至リ刑部尚書盧質新集同光刑律統類ヲ上ル（註一）明宗ノ天成元年又唐ノ開成格ニヨリ大成格一卷ヲ撰ス（註二）其後長興四年六月御史中丞張鵬等大中統類ヲ詳定シ（註三）清泰二年四月御史中丞盧損等清泰元年已前凡十一年間ノ制勅三百九十四條ヲ編シテ三十卷トス清泰編勅ト曰フ（註四）

註

一 五代會要卷九曰、後唐同光三年二月、刑部尚書盧質、上新集同光刑律統類十三卷。舊五代史卷一百四十七曰、唐莊宗同光元年十二月、御史臺奏、當司刑部大理寺、本朝法書、自朱温僭逆、刪改事條、或重貨財、輕入命、或自徇枉過、濫加刑罰、今見在三司收貯刑書、竝是僞廷刪改者、兼僞廷先下諸道、追取本朝法書、焚燬、或經兵火、所遺皆無舊本節目、只定州勅庫、有本朝法書具在、請勅定州節度使、速寫副本進納、庶刑法令式、竝加本朝舊制、從之、未幾、定州王都進納唐朝格式律令凡二百八十六卷、二年二月刑部尚書盧價奏、纂同光刑律統類凡一十三卷、上之。刑法志

二 五代會要卷九曰、天成元年九月二十八日、御史大夫李琪奏、奉八月二十八日勅、以大理寺所奏見管四部法書內、有開元格一卷開成格一十一卷、故大理卿楊遘所奏

行僞梁格幷目錄一十一卷、與開成格、微有升誤、未審、祇依楊遘先奏施行、爲復別頒聖旨、臣等重加商較、刊定奏聞者、今莫若廢僞梁之新格、行本朝之舊章、遵而行之、違者抵罪、至其年十月二十一日、御史臺刑部大理寺奏、奉九月二十八日勅、宜依李琪所奏、廢僞梁格、施行本朝格令者、伏詳勅命、未該律令、伏以、開元朝與開成隔越七帝、年代既深、法制多異、且有重輕、律無二等、若將兩朝格文並行、伏慮重疊升誤、況法者天下之大理、非一人之法、乃天下之法也、故爲一代不變之制、又准勅、立後格合破前格、昔將開元格、與開成格並行、實難檢擧、又有太和格五十二卷刑法要錄一十卷格式律令事類四十卷大中刑法格後勅六十卷共一百六十二卷、久不檢擧、伏請定其予奪、奉勅、宜令御史臺刑部大理寺、同詳定一件格施行者、今集衆商量、開元格多定條流公事、開成格關於刑獄、今欲且使開成格從之。

宋史卷二百四曰、天成長定格一卷、天成雜勅三卷。藝文志

崇文總目卷二曰、後唐長定格三卷、天成雜勅三卷。釋云通志略云、後唐詔勅僞蜀人撰 ○刑法類

三 五代會要卷九曰、長興四年六月、勅御史中丞龍敏給事中張鵬中書舍人盧導尙書刑部侍郎任贊大理卿李延範等、詳定大中統類。

四　五代會要卷九曰、清泰二年四月、御史中丞盧損等進清泰元年己前十一年内制勅、可久遠施行者、凡三百九十四道、編爲三十卷、其不中選者、各令本司封閉、不得行用、勅付御史臺頒行。

舊五代史卷四十七曰(清泰)二年四月癸未、御史中丞盧損等進清泰元年以前十一年制勅堪悠久施行者、三百九十四道、編爲三十卷、其不中選者、各令所司封閉、不得行用、詔、其新編勅如可施行、付御史臺頒行。末帝紀中

第三　晉ノ法典

晉ハ天福四年七月左諫議大夫薛融秘書監丞呂琦等詔ヲ奉シテ編勅三十一卷ヲ撰上ス凡三百六十八道アリ有司ヲシテ格式ト參用セシム(註)

註

五代會要卷九曰、晉天福三年六月、中書門下奏、伏覩天福元年十一月勅節文、唐明宗朝勅命、法制仰所在遵行不得改易、今諸司毎有公事、見執清泰元年十月十四日編勅、施行、稱明宗朝勅、除編集外、並已封鎖不行、臣等商量、望差官、將編集及封鎖前

後勅文並再詳定、其經久可行條件、別錄奏聞、從之、遂差左諫議大夫薛融秘書監丞呂琦尙書駕部員外郎知雜事劉皥尙書刑部郎中司徒詡大理正張仁瑑、同參詳、至四年七月、薛融等、上所詳定編勅三百六十八道、分爲三十一卷、令有司寫錄、與格式參用

舊五代史卷七十八曰(天福)四年秋七月戊申、御史中丞薛融等、上詳定編勅三百六十八道、分爲三十一卷。高祖紀四

崇文總目卷二曰、天福雜勅三十卷。諸家書目並不著撰人。○刑志類

宋史卷二百四曰、天福編勅三十一卷。藝文志

第四　周ノ法典

周ハ太祖廣順元年御史盧憶等ニ命シ晉漢及國初ノ刑法ニ關スル勅條二十六件ヲ編シテ二卷トシ編勅ヲ撰セシム周續編勅ト名ツク(註一)次テ世宗顯德四年侍御史知雜事張湜ヲシテ新格ヲ編修セシム律令ノ中解シ難キモノアレハ文ニ就キテ訓釋ヲ施シ格勅ノ繁雜ナル者ハ事ニ隨テ删除シ輕重當ラス或ハ古ニ便ニシテ今ニ

便ナラス或ハ矛盾シ或ハ此ニ可ニシテ彼ニ可ナラサルモノ、類ハ皆修正セシム五年七月ニ至テ成ル凡二十一卷周刑統ヲ以テ名ツク（註二）

註

一 五代會要卷九曰、周廣順元年六月、命二侍御史盧憶等一、以下晉漢及國初事關二刑法一勅條一十六件上、編爲二二卷一、目爲二大周續編勅一。

舊五代史卷一百四十七曰、周太祖廣順元年六月、勅二侍御史盧憶刑部員外郎曹匪躬大理正段濤一同議定、重寫二法書一百四十八卷一、先レ是大理奏、重寫二律令格式統類編勅一、凡改二點畫及義理之誤字一二百一十有四、以下晉漢及國初事關二刑法一勅條二十六件上、分爲二二卷一、附二于編勅一、目爲二大周續編勅一、命二省寺一行用焉（刑法志）

二 舊五代史卷一百四十七曰、世宗顯德四年五月（五代會要卷九作二十四日）中書門下奏、準宣法書、行用多時、文意古質、條目繁細、使二人難一レ解、兼前後勅格、互換重疊（五代會要作差謬重疊）亦難二詳定一、宜レ令下中書門下、竝重（會要作行）刪定、務從二節（會要作簡）要一、所レ貴二天下一、易レ爲二詳究一（會要作頒行）一日者、伏以、刑法者、御レ人之銜勒、救レ弊之斧斤、故鞭朴不レ可二一日弛一之于家、刑罰不レ可二一日廢一之（會要無）于國、雖二堯舜淳古之代一、亦不レ能レ舍レ此而致レ理矣、今奉二制旨一、（會要作書）刪定（會要無）律令、有以見聖君欽恤明罰勅法之意也（會要作律令之書無有以下凡十四字）竊以、律令之書、政（會要作致）理之本經、聖賢之損益、爲古今（會要作今古）之章程、歷代以來、謂之彝典、朝廷之所行用者、律一十二卷、律疏三十卷、式二十卷、令三十卷、開成格一十卷、大中統類一十二卷、後唐以來、至漢末編勅三十二卷、及皇朝制勅等、折獄定刑、無出於此、律令則文辭古質、看覽者難以詳明、格勅則條目繁多、檢閲者或有疑誤、加之（會要作以）邊遠之地、貪猾之徒、緣此爲姦、寖以成弊、方屬盛明之運、宜申畫一之規、所冀民不陷刑、吏知所守、臣等商量、望准聖旨施行、仍差侍御史知雜事張湜太子右庶子劇可久殿中侍御史帥（會要作率）汀職方郎中鄧守中倉部郎中王瑩司封員外郎賈玭太常博士趙礪國子博士李光贊大理正蘇曉太子中允王伸等一十人、編集新格、勒成部（會要作簿）帙、律令之有難解者、就文訓釋、格勅之有繁錯者、隨時刪除、止要諸（會要作諳）理省文、兼且直書易會、其中有輕重未當、便於古、而不便於今、矛盾相違（會要作攻）可於此、而不可於彼、盡宜改正、無或牽拘、候編集（會要作集編）畢日、委御史臺尚書省四品以上（會要有官字）及兩省五品以上官、參詳可否、送中書門下議定、奏取進止、詔（會要無詔字）從之、自是湜等于都省、集議刪定、仍令大官供膳、（會要無自以下凡十七字）五年七月、（會要作七月七日）中書門下奏、侍御史知雜事張湜等九人、奉詔編集刑書、悉有條貫、兵部尚書張昭等一十八人、參詳旨要、更加損益、臣質臣溥據文評議、備見精審、其所編集者、用律爲正、辭旨之有難解者、釋以疏意、義理之有易了者、略其疏文、式令之有附近者、次之、格勅之有廢置者、又次之、事有不便與該說未盡者、別立新條于本條之下、其有文理深古、慮人疑惑者、別以朱字訓釋、至于朝廷之禁令、州縣之常科、各以類分、悉令編附、所冀發函展卷、綱目無遺、究本討原、刑改咸在、其（會要無奏以下凡百七十七字作及兵部尚書張昭遠等奏）所編集、勒成一部、別有目錄、凡二十一卷、刑名之要、盡統于茲、（會要無刑名以下凡八字）目之爲大周刑統、欲請（會要作伏請）頒行天下、與律疏令式通行、其刑法統類、開成格編勅等、採掇既盡、不在法司行使之限、自來有宣命（會要作令）指揮公事、及（會要無及字）臨時條法、州縣見今施行、不在編集之數、應該京百司公事逐司（會要無逐司二字）各有見行條件、望令本司刪集、送中書門下、詳議聞奏、勅宜依（會要作奏聞者奉勅宜依）仍頒行天下。（會要無仍以下）刑法志

按スルニ舊五代史刑法志、五代會要載スル所略同シ今舊五代史ヲ擧ケ會要トノ異同ヲ示ス

第八章　宋ノ法典

第一節　總說

趙宋國ヲ建ツルニ及ヒ其一代ノ間法典編纂ノ事業ハ頗多カリシモノ、如ク今ニ其名稱ヲ傳フルモノニヨリテ考察スルモ實ニ古來未曾有ノ盛事タリシヲ知ルニ難カラス而シテ此等ノ法典ハ各時代ニ亘リ改元毎ニ一度乃至數度ノ編纂删定アリ此故ニ其始ヨリ終ニ至ル迄殆年トシテ法典編纂ニ從事セサルハナキノ觀アリ勢其數ノ多キ所以ナリ今試ニ此等法典ノ名稱ヲ年代順ニ列記スレハ左ノ如シ

	名稱	卷數	撰者	年代
建隆	建隆重定刑統	三十卷	竇儀等撰	建隆四年八月成
	建隆編勅	四卷	同撰	同年成
開寶	開寶重定格	三卷		
太平	太平興國編勅	十五卷		太平興國三年上
淳化	淳化編勅	二十五卷	宋白等撰	淳化二年三月上

咸平	重删定淳化編勅	三十卷	蘇易簡撰	淳化五年八月上
	咸平編勅	十二卷	柴成務撰	咸平元年十二月上
	續降宣勅		李範等撰	
	三司删定編勅	六卷	索湘等撰	咸平二年七月上
景德	景德三司新編勅	十五卷		景德二年九月上
	三司編勅	三十卷		同 年十月上
	景德農田編勅	五卷	丁渭等撰	景德三年正月上
大中祥符	大中祥符編勅	四十三卷	陳彭年等撰	大中祥符九年八月上
	轉運司編勅	三十卷	同 撰	
	在京三司勅	十二卷		天禧元年六月上
	一州一縣新編勅	五十卷	李廸等撰	同四年二月上
	一司一務編勅	三十卷	同 撰	同年十一月上
天聖	天聖删定咸平編勅		夏竦蔡齊等撰	天聖四年九月上
	天聖附令勅	一卷		同 七年上
	天聖新修令	三十卷	呂夷簡等撰	同 七年五月上
	天聖編勅	十三卷		同 十年三月上
	勅書德音	十二卷		
景祐	景祐編勅 一司一務編勅在京編勅	四十四卷	章得象等撰	景祐二年六月上

慶曆	刑名勅	五卷		同　五年十月上
	慶曆編勅　總例共	十三卷		慶曆七年正月成
	律學武學格式	二卷	賈昌朝等撰	
	删定編勅赦書德音附令勅	二十卷	同　撰	同　八年四月上
	删定一州一縣勅			同　七年九月上
	三司條約	一卷		慶曆中上
	續附勅令	一卷		慶曆中上
	一州一縣勅			皇祐中上
	一司一路勅			皇祐中上
	貢擧條例	十二卷		至和二年
嘉祐	嘉祐祿令	十卷	張方平等撰	嘉祐二年十月上
	嘉祐驛令	三卷	同　撰	嘉祐四年正月上
	嘉祐删定編勅　赦書德音附令勅	三十卷	韓琦等撰	同　七年四月上
	嘉祐審官院編勅	十五卷	王珪等撰	嘉祐中
	禮部考試進士勅	一卷		
	在京諸司庫務條式	百三十冊	王珪等撰	治平二年六月上
熙寧	熙寧删定編勅　赦書德音附令勅申明勅	二十六卷	王安石等撰	熙寧六年八月上
	三司勅式	四百卷	有司撰	同　七年三月上

修城法式條約	二卷	沈括等撰	同八年上
諸司勅式	四十卷	編修令式所撰	同九年九月上
諸司勅令格式	三十卷		同十年十一月上
詳定刑部勅	一卷	范鏜撰	同十年十二月上
詳定軍馬司勅	五卷	吳充撰	同九年十二月上
中書禮房條例	十二卷	中書撰	同八年二月上
東院編勅	二卷		同七年十二月上
熙寧新編大宗正司勅	八卷		
大宗正司條	六卷	張雅圭撰	
銓曹格勅	十四卷		
重修開封府熙寧編	十卷	王安禮撰	
新修審官西院條貫 總例共	十一卷	沈立撰	
支賜式	十二卷		
支賜式	二卷		
官馬俸馬草料等式	九卷		
熙寧新定諸軍直祿令	二卷		
三司式	四百卷	陳繹熙撰	
隨酒式	一卷	同　撰	

馬遞鋪特支式	二卷	
將作監式	五卷	曾肇撰
八路勅	一卷	蒲宗孟撰
熙寧新定孝贈式	十五卷	章惇撰
熙寧新定節式	二卷	同　撰
同　時服式	六卷	
同　皇親祿令	十卷	
司農寺勅	一卷	
司農寺式	一卷	
熙寧將官勅	一卷	
熙寧詳定諸色人廚料式	一卷	沈括撰
熙寧新修凡女道士給賜式	一卷	
諸勅式	二十四卷	
諸勅令格式	十二卷	
諸勅格式	三十卷	
熙寧葬式	五十五卷	張叙撰
熙寧五路義勇保甲勅 總例共	六卷	張誠一撰
學士院等處勅式文並看詳	十二卷	

	御書院勅令式	二卷		
	熙寧開封府界保甲勅及申明	三卷	許將撰	
	熙寧新編常平勅	二卷	曾布撰	
	熙寧貢擧勅	二卷	范鏜撰	
	新編續降並敍法條貫	一卷		
	八路差官勅	一卷		
	熙寧法寺斷例	十二卷		
	熙寧歷任儀式	一卷		
	(以上熙寧新編大宗正司勅以下宋史藝文志載スル所撰人撰上年月詳カナラス右ノ中諸勅格式三十卷ト曰ヘルモノ諸司勅令格式三十卷ナルヘク其他重複セルモノアルヘシ)			
元豐	元豐諸司勅式		安燾等撰	元豐二年六月上
	元豐司農勅令式	十五卷		元豐二年九月上
	元豐勅令式	七十一卷	崔台符等撰	元豐七年上
	元豐著令			
	元豐新定左京八從勅式	三卷	沈希顏撰	
	元豐新修國子監大學小學元新格	十卷		
	元豐令	十三卷		

元豐武學勅令格式	一卷	
明堂赦條	一卷	
新修尙書吏部式	三卷	曾伉撰
元豐將官勅	十二卷	蔡碩撰
貢擧醫局龍圖天章寶文閣等勅令儀式及看詳	四百一十卷	
宗室及外臣葬勅令式	九十二卷	
皇親祿令幷釐條勅式	三百四十卷	
都提擧市易司勅令並釐正看詳	二十一卷	吳雍撰
元豐公式	二卷	
部條	十九卷	
元豐斷例	六卷	
國子監支費令式	一卷	朱服撰
元豐編勅令格式並赦書德音申明	八十一卷	崔台符撰
吏部四選勅令格式		
元豐戶部勅令格式		
六曹條貫及看詳	三千六百九十四冊	
江湖淮浙鹽勅令賞格	六卷	李承之撰
元豐新修吏部勅令式	十五卷	曾伉撰

	新史吏部式	二卷	呂惠卿撰	
	縣法	十卷	同　撰	
	元豐國子監勅令格式	十九卷	陸佃撰	
	(以上元豐新定在京人從勅式以下宋史藝文志載スル所多ク撰人撰上ノ年月ヲ載セス)			
元祐	元祐勅令格式	五十六卷	劉摯等撰	元祐元年三月上
	元祐諸司市務勅令格式	二百六冊		
	六曹勅令格式	一千卷		
	(右二書宋史藝文志載スル所撰者撰年月ヲ載セス)			
紹聖	紹聖續修武學勅令格式看詳並淨條	十八冊		
	樞密院條	二十冊		
	同　看詳	三十冊		
	紹聖續修律學勅令格式看詳並淨條	十二冊		
	諸路州縣勅令格式並一時指揮	十三冊		
	六曹格子	十冊		
	中書省官制事目格	一百二十卷		
	尚書省官制事目格並參照	六十七冊		
	門下省官制事目格並參照等	七十二冊		

元符	元符勅令格式	一百三十四卷		
	（以上宋史藝文志載スル所撰者撰年月ヲ載セス）			
	營造法式附看詳	三十五卷	李誠編	元符三年上
崇寧	崇寧國子監算學勅令格式並對修看詳			
	崇寧國子監書學勅令格式			
	崇寧改修法度	十卷	沈錫撰	
	諸路州縣學法			
	諸路將官通用勅	二十卷		
大觀	大觀告格	一卷		
	國子大學辟廱並小學勅令格式申明一時指揮看詳	一百六十八冊		
政和	政和新修學法	一百三十卷	鄭居中撰	
	宗子大小學勅令格式	十五冊	李圖南撰	
	政和重修勅令格式	五百四十八冊	何執中撰	
	政和祿令格等	三百二十一冊		
	宗祀大禮勅令格式			
	達綱運法看詳	一百三十一冊	張動直撰	
	政和勅令式	九百三卷	王韶撰	
	政和新修御試貢士勅令格式	一百五十九卷	白時中撰	

宣和
紹興

政和重修國子監律學勅令格式	一百卷	孟昌齡撰	
按送高麗勅令格式			
奉使高麗勅令格式			
明堂勅令格式	一千二百六冊		
兩浙福建路勅令格式			
政和續編諸路州縣學勅令格式	十八卷	蔡京撰	
宣和軍馬司勅令	勅十三卷 令一卷		宣和中
紹興重修勅令格式	六百六十卷	張守等撰	紹興元年八月上
重修吏部勅令格式	一百八十八卷	朱勝非等撰	同三年九月上
紹興重修在京通用勅令格式	四百二十卷	宰臣等撰	同十年十月上
六曹寺監通用勅令格式	四百六十三卷		同十二年十二月上
紹興國子監勅令格	十四卷	宰臣等撰	同十三年十月上
大學勅令格式	十四卷	同上	同上
武學勅令格式	十卷	同上	同上
律學勅令格式	十卷	同上	同上
小學令格等	十卷	同上	同上
紹興監學法 目錄申明對修釐正條法共	六十二卷	秦檜等撰	紹興十三年上
紹興寬恤詔令	二百卷	有司撰	同二十五年上

	重修貢擧勅令格式	四十五卷		同二十六年十二月上
	紹興貢擧法	五十卷	萬俟卨撰	同年表上
	重修常平免役勅令格式	五十四卷	周三畏等撰	同十七年十一月上
	紹興申明刑統	一卷		
	格式	五十四卷	秦檜撰	
	紹興重修大宗正司勅令格式申明目錄	八十一卷		
	紹興斷例			
乾道	乾道重修勅令格式	百二十二卷	盧允文等撰	乾道六年八月上
淳熙	淳熙重修吏部格式勅令申明	千二百五冊		淳熙二年十二月上
	淳熙吏部修法總類	四十卷	龔茂良等撰	同三年三月上
	淳熙勅令格式	二百四十八卷		同四年八月成
	一州一路酬賞法			同六年七月進
	淳熙條法事類	四百二十卷	趙雄等撰	同七年五月成
	重修吏部左選勅令格式申明	三百卷	龔茂良等撰	
	諸軍班直祿令	一卷		
	淳熙重修勅令格式及隨勅申明	二百四十八卷		
慶元	慶元重修勅令格式	二百五十六卷	勅令所撰	慶元二年十二月上
	慶元條法事類	四百三十七卷 イ八十卷		嘉泰二年八月上
開禧	開禧重修吏部七司勅令格式申明	三百二十三卷		開禧元年上

嘉定編修百司吏職補授法	一百三十三卷	嘉定六年上
嘉定吏部條法總類	五十卷	同六年三月上
淳祐		
淳祐重修勅令格式		淳祐二年二月上
淳祐條法事類	四百三十卷	同十一年四月上

以上凡百八十部主トシテ玉海卷六十六宋史藝文志ニ據リ參スルニ郡齋讀書志直齋書錄解題ヲ以テセルノミ其遺漏セルモノ蓋少ナカラサルヘシ而シテ此ノ如キ多數ノ法典編纂アリシニ拘ハラス現時傳フルモノハ僅ニ營造法式及慶元條法事類ノ二部アルノミ營造法式ハ四庫書目提要ニ著錄セラレタレトモ慶元條法事類ハ之ヲ載セス然レトモ杭州八千卷樓書目鐵琴銅劍樓書目等ニハ之ヲ著錄シ何レモ八十卷トス此等ノ法典ハ早クヨリ散亡セリト見エ宋史藝文志ニヨルニ元豐吏部四選勅令格式元豐戶部勅令格式六曹條貫及看詳ノ如キ既ニ元祐年間ニ卷數ヲ亡シ紹聖續修律學勅令格式看詳同武學勅令格式看詳ノ如キハ建中靖國中既ニ亡セリト曰ヒ此他卷數亡ヲ明記セルモノ少ナカラス郡齋讀書志直齋書錄解題載スル所亦僅ニ數部ニ過キス其後世ニ傳ヘサルヲ知ルヘキノミ其逸文ノ存スルモノ又

多カラス只救荒活民書ニ淳熙勅令格式ヲ引用セルモノアリ斷片ト雖略其一斑ヲ察スヘシ此ノ如ク法典散亡ノ結果其形式內容ノ如キ之ヲ明ニスヘカラス營造法式慶元條法事類ノ如キ支那ニ存シテ日本ニ傳ヘサレハ知ルニ由ナシ他日ヲ待テ補正セントス

前表ニヨリ宋代法典ノ名稱ヲ見ルニ或ハ勅令格式ヲ以テスルモノアリ或ハ刑統或ハ編勅或ハ條法或ハ條例或ハ法或ハ法度或ハ斷例或ハ條貫或ハ儀式或ハ條約或ハ條式或ハ德音等ヲ以テシ一定セス勅ハ律ニ相當ス唐ハ律令格式ト曰ヒ宋ハ勅令格式ト曰ヘルニテ察スヘシ即刑法典ナリ(註一)此他編勅、條、條法、條約、條令、條貫、條式、斷例、法、法度ノ類亦皆刑法典ナリ德音ハ赦令ナリ(註二)今此等法典ノ中刪定年月若クハ撰者ノ明ナルモノニツキ左ニ分說スヘシ

註

一 按スルニ宋史刑法志ニ宋法制、因唐律令格式、而隨時損益、則有編勅、一司一路一州一縣、又別有勅、云々神宗以律不足以周事情、凡律所不載者、一斷以勅、乃更其目、曰勅令格式、而律恆存乎勅之外トアレハ律ノ外ニ勅アリ而シテ宋代特ニ律ノ

編纂アルヲ聞カサレハ唐律ヲ襲用セルコト知ルヘシ又曰ク於是凡入笞杖徒流死自名例以下至斷獄十有二門麗刑名輕重者皆爲勅ト之ニ據リテ勅ノ刑法的規定ヲ含メルヲ察スヘシ明ノ丘濬カ大學衍義補卷百三ニ唐有律律之外又有令格式宋初因之至神宗更其目曰勅令格式所謂勅者兼唐之律也トアリ。

二　袖中錦曰國朝之制九霈宥有三曰大赦曰曲赦曰德音非可名制書乃臣下奏行制書之名耳天子自謂德音非也唐常袞集赦令一門總謂之德音得之矣。

第二節　勅令格式

勅令格式ノ四者ヲ同時ニ撰セシハ熙寧諸司勅令格式ヲ始トス已來之ヲ重修セルモノ少ナカラス今其主要ナルモノヲ左ニ掲ク

第一款　熙寧諸司勅令格式

熙寧諸司勅令格式ハ熙寧十年二月撰上スル所ニシテ凡十二卷アリ同年十一月更ニ三十卷ヲ上ル（註）

註

玉海卷六十六曰、十年二月上諸司勅令格式十二卷、是年十一月辛亥、上三十卷。
宋史卷二百四曰、熙寧諸勅令格式十二卷、又諸勅格式三十卷。藝文志

第二款　元豐司農勅令式及勅令式

元豐二年九月、司農寺司農勅令式十五卷ヲ上ル詔シテ之ヲ行フ（註一）次テ七年刑部侍郎崔台符等元豐勅令式七十一卷ヲ撰上ス（註二）

註

一　玉海卷六十六曰、二年九月甲午、司農寺上十五卷、詔行之。按宋史藝文志作十七卷

二　玉海卷六十六曰（書目）元豐勅令式七十一卷、七年刑部侍郎崔台符等撰。
按スルニ宋史藝文志ニ崔台符元豐編勅令格式幷赦書德音申明八十一卷崔台符元豐勅令式七十二卷ヲ載ス勅令式ノ外ニ勅令格式アリシニ似タリ王臨川文集卷五十六ニ賜元豐勅令格式表ヲ載ス然カモ玉海之ヲ載セス

第三款　元祐勅令格式

元祐元年三月二十四日ニ至リ又尚書中丞劉摯等ニ命シテ元豐勅令格式及續降條貫六千八百七十六道ヲ刊修セシメ二年十二月二十四日ニ至テ成ル勅十二卷二千四百四十條、令二十五卷一千二十條、式六卷一百七十七條、申明例各一卷、赦書德音一卷並ニ目錄ヲ加ヘ凡五十六卷トス（註）

註

玉海卷六十六曰、元年三月己卯（二十四日）詔二中丞劉摯等一、以二元豐勅令格式並續降條貫六千八百七十六道一刊修、（先レ是劉言、先王制レ法、其意使三人易レ避難レ犯、至簡至直、而盡二天下之理一）二年十二月二十四日、蘇頌等上二勅十二卷（二千四百四十條計一十七卷名件多者分爲上下）令二十五卷（一千二十條）式六卷（一百七十七條）申明例各一卷赦書德音一卷並目錄總五十六卷一、詔頒行、（一本云三年閏十二月癸卯朔詔頒二元祐勅令格式一、）頌等奉レ詔、詳定成レ書、表上之曰、以二元豐勅令格式一、取二嘉祐熙寧編勅附令勅等一、講二求本末一、合二紀所レ行、約二三書大要一、隨二門標目一、用二舊制一也、以レ義名レ篇、倣二唐律一也、簡而易レ從、久而無レ敝、考二東都之議一、應下邵有二臣所一創造上之言、案二慶曆之書一、群官有二參詳新立之例一、今依二慶曆故事注云、臣等參詳、新立魏律、則尚書州郡著令、自殊唐格、則留司散頒、立名亦具、使於典掌、不使混殽。

宋史卷二百四曰、元祐諸司市務勅令格式二百六冊、卷亡六曹勅令格式二百冊、元祐初。○藝文志

第四款　紹興勅令格式

紹興中ニ至リ勅令格式ヲ撰スルコト少ナカラス元年八月四日參政張守等紹興重修勅令格式七百六十卷ヲ上ル是ヨリ先五月二十八日先勅十二卷ヲ撰シ是ニ至テ令格式ヲ續修シ上ル令五十卷、格三十卷、式三十卷、目錄十六卷、申明刑統及隨勅申明三卷、政和二年以後赦書德音十五卷、及看詳六百四卷トス二年正月一日頒行ス(註一)三年九月二十七日宰臣朱勝非等重修吏部勅令格式ヲ上ル(註二)次テ十年十月七日宰臣等紹興重修在京勅令格式四十八卷ヲ上ル勅十二卷、令二十六卷、格八卷、式二卷、目錄七卷トシ別ニ申明十二卷看詳三百六十卷アリ(註三)十二年十二月十四日ニ至リ六曹寺監通用勅令格式四十七卷ヲ上ル十三年四月朔日ヨリ行フ(註四)以來十三年十

月六日宰臣等國子監勑令格、太學勑令格式、武學勑令格式、律學勑令格式、小學令格凡四十五卷ヲ上ル（註五）十七年十一月刑部尚書周三畏等重修常平免役勑令格式五十四卷ヲ撰シ（註六）二十六年十二月右僕射萬俟卨重修貢擧勑令格式五十卷ヲ上レリ（註七）

註

一 玉海卷六十六曰、元年八月四日戊辰、參政張守等、上㆓紹興新勑一十二卷、令五十卷、格三十卷、式三十卷、目錄十六卷、申明刑統、及隨勑申明三卷、政和二年以後赦書德音一十五卷、及看詳六百四卷㆒、詔自㆓二年正月一日㆒頒行、以㆓紹興重修勑令格式㆒爲㆑名（總七百六十卷）先㆑是建炎三年四月八日、詔並遵㆓用嘉祐條法㆒、於㆑是下㆓勑令所㆒、將㆓嘉祐與㆓政和條法㆒對修、紹興元年五月二十八日、先修㆓勑十二卷㆒、至㆑是續修上㆑之。

郡齋讀書志卷二下曰、紹興勑十二卷、令五十卷、格三十卷、式三十卷、政和三年以後赦十五卷。 右皇朝張守等、紹興中被㆑旨編修。

建炎以來朝野雜記甲集卷四曰、國朝法令、大低從㆑寬、政和後、始有㆓御筆㆒、特斷㆓刑名㆒、是益多出㆓于三尺之外㆒矣、靖康元年九月、議者乃請、參㆓用嘉祐元豐舊法㆒、以俟㆓新書之成㆒、奏可、尋詔、律令依嘉祐斷例、刑依元豐、明年四月復詔、政和海行法、非御修筆立者、許引用、建炎三年復辟赦、舉行仁宗法度、即嘉祐元豐法有不同者、賞格聽從重、條約聽從輕、時呂元直張德遠始爲政也、明年六月范覺民相、乃奏、命有司以嘉祐政和勅、對修成書、紹興元年八月上之、其後乾道淳熙慶元之際、率十餘歲一修、然大槩以紹興重修勅令格式爲準。紹興乾道淳熙慶元勅令格式

宋史卷二百四曰、張守紹興重修勅令格式一百二十五卷。藝文志

二　玉海卷六十六曰、三年九月二十七日、朱勝非等、上重修吏部勅令格式。繫年錄云、紹興三年十月癸未、朱勝非等、上吏部七司勅令格式一百八十八卷、先是吏部尚書洪擬兵部侍郎章誼同修以省記舊法及續降者詳定、至是成書。

宋史卷二百四曰、紹興重修吏部勅令格式並通用格式一百二卷。○朱勝非等撰藝文志

三　玉海卷六十六曰、十年十月戊寅七日、宰臣等上重修在京通用勅十二卷、令二十六卷、格八卷、式二卷、目錄七卷、共四十八卷申明十二卷、看詳三百六十卷、詔自十一年正月朔行之、名曰紹興重修在京勅令格式。

宋史卷二百四曰、紹興重修在京通用勅令格式申明五十六卷。紹興中進○藝文志

四　玉海卷六十六曰、十二年十二月壬申、十四日上六曹寺監通用勅令格式四十七卷

申明六卷看詳四百十卷。（六曹并目錄十二卷、寺監并目錄十卷、庫務并目錄七卷、六曹寺監庫務通用申明并目錄共二十四卷、）詔十三年四月朔行之。

宋史卷二百四曰、紹興重修六曹寺監庫務通用勅令格式五十四卷。（〇秦檜等撰藝文志）

五 玉海卷六十六曰、十三年十月六日巳丑、宰臣等上國子監勅令格式并目錄十四卷、太學勅令格式并目錄十卷、武學勅令格式并目錄十卷、律學勅令格式并目錄十卷、小學令格并目錄二卷、申明七卷、指揮一卷、（總爲二十五卷、）詔自來年二月朔行之。

六 玉海卷六十六曰、十七年十一月、刑部尙書周三畏等詳定重修常平免役勅令格式五十四卷、書成、丙寅宰臣上之。

宋史卷二百四曰、紹興重修常平免役勅令格式申明二十四卷。（紹興中進）

七 玉海卷六十六曰、二十六年十二月癸丑、上重修貢擧勅令格式共四十五卷、（一本云二十六年十二月癸丑、右僕射萬俟卨、上重修貢擧勅令格式五十卷看詳法意四百八十七卷、）

書錄解題卷七曰、紹興貢擧法五十卷。　丞相萬俟卨等紹興二十六年表上。

第五款　乾道勅令格式

乾道四年十一月詔シテ重修勅令所ヲ置キ勅令ヲ刪修セシム六年八月ニ至リ虞允文等紹興勅ト嘉祐勅ト及建炎四年ヨリ乾道四年ニ至ル續旨トヲ刪修シ勅十二卷令五十卷格三十卷式三十卷ヲ上ル乾道重修勅令格式ト名ク八年正月朔ヨリ之ヲ行フ（註）

註

玉海卷六十六曰、四年十一月二十八日、詔刪修紹興建炎法令、以重修勅令所爲名、六年八月二十八日、虞允文言、將紹興勅與嘉祐勅及建炎四年至乾道四年續旨、參酌刪修、今成勅十二卷、令五十卷、格三十卷式三十卷、目錄百二十二卷存留照用旨揮二卷、會粹法令至二萬二千有奇、煩複者刊、踳駁者正、　詔以乾道重修爲名、自八年正月朔行之一本云、六年三月癸西詔以建炎元年至乾道四年續降刪修成書、

宋史卷二百四曰、乾道重修勅令格式一百二十卷虞允文等撰○藝文志

第六款　淳熙勅令格式

淳熙三年ニ至リ乾道新書編削未盡サヽルニヨリ詔シテ刊修セシム四年八月三日

ニ至テ上ル淳熙重修勅令格式ト曰フ凡二百四十八巻アリ(註一)此勅令格式ノ一部ハ嘉泰中従政郎董煟撰スル所ノ救荒活民書ニ引用セリ略其一註ヲ察スヘシ(註二)是ヨリ先二年十二月參政龔茂良吏部格式勅令申明一千五百冊ヲ選スル事アリ(註三)

註

一 玉海巻六十六曰、淳熙三年以乾道新書、編削未盡、多有牴牾、詔刊修、明年書成、二百四十八巻、四年八月三日戊子、進重修勅令格式、御筆圏去戸令二條、捕亡令一條、及無額上供賞並令删去。

宋史巻二百四曰、淳熙重修勅令格式及隨勅申明二百四十八巻。藝文志

二 救荒活民書所載淳熙勅令格式ノ全文左ノ如シ

淳熙令。　諸官私田災傷、夏田以四月、秋田以七月、水田以八月、聽經縣陳訴、至月終止、若應訴月、并　次兩月遇閏者、各展半月、訴在限外、不得受理、非時災傷者、不拘月分、自被災傷後、限一月止、其所訴狀、縣錄式、曉示人、具二本、不得連名、如未檢覆、而改種者、並量留根查、以備檢視、不願作災傷者聽。

諸受訴災傷狀、限當日、量災傷多少、以元狀差通判或幕職官、（本州闕官即申轉運司差）州給籍用印、限一日起發、仍同令佐同詣田所、躬親先檢見存苗畝、次檢災傷田段、具所詣田所檢村、及姓名、應放分數、注籍、每五日一申州、其籍候檢畢、繳申州、州以狀對籍點檢、自住受訴狀、復通限四十日、具應放稅租色、額外分數、榜示、元不曾佈種者、不在放限、仍報縣申州、州自受狀、及檢放畢、申所屬監司檢察、即檢放有不當、監司選差鄰州官復檢、（日限親檢次第並依州委官法）失檢察者、提點刑獄司覺察究治、以上被差官不得辭避。

諸官私田災傷、而訴狀多者、令佐分受、置籍具數、以稅租簿勘同、受狀五日內、繳申州、本州限一日以聞。

諸訴災傷狀、不依全式者、即時籍記退換、理元下狀日月、不得出違申州日限。

淳熙敕。

諸縣災傷、應訴而過時、不受狀、或抑遏者、徒二年、州及監司不覺察者、減三等。　諸鄉書手貼司、代人戶訴災傷者、各杖一百、因而受乞財物、贓重者坐贓論加一等、許人告。

諸州縣及被差檢覆災傷、於令有違者、杖一百、檢放官不躬親徧詣田者、以違制論。

諸詐稱災傷、減免租稅者、論迴避詐匿不輸律、許人告。

淳熙格。　告下獲詐二稱災傷一減二免租税一者上。

杖罪錢一十貫　徒罪錢二十貫　流罪錢三十貫

告下獲鄉書手貼司代二人戶一訴二災傷一狀上者、每名錢五十貫三百貫止。

淳熙式。

披二訴災傷一狀。

某縣某鄉村姓名、今具二本戶災傷一如レ後。

一戶內元管田若干頃畝、　都計夏秋税若干、　夏税某色若干、　秋税某色若干。如元非二已業田一、依レ此別爲二開拆一。

一今種到夏或秋某色田若干頃畝。

某色若干田、係二旱傷損一。或撈損餘災傷各隨レ狀言レ之。

某色若干田苗色見存。如全損亦言二災傷及見存田一、並每段開二拆四至一。

右所レ訴田段、各立二土埄牌子一、如經二差官檢量一、却與二今狀一不レ同、先甘二虛妄之罪一、復二元額一不レ詞、謹狀、年月日姓名。

檢二覆災傷一狀。

檢覆官具位。

准二某處牒帖一據二某鄉甲人戶披二訴災傷一、某等尋與二本縣某官姓名一、詣レ所レ訴田段一、檢二覆
到合レ放稅租數一、取二責村鄰人結罪保證狀一、入レ案如レ後。

某縣、據二某人等若干戶一、某月終以前（兩縣以上各依二此例一）披訴狀、爲二某色災傷一、（如限外非時災傷、則別具下集日月至二非月日一投二披訴一之狀上）

正色共若干、合レ放每色若干、租調依二正稅一。

右件狀、如レ前、所レ檢二覆只是權放二某年夏或秋一料內租一、即無二夾帶、種蒔不レ敷、及無レ狀披
訴、并不レ係二災傷妄破二稅租一、保明是實、如後異同、甘二俟朝典一、謹具申、某處謹狀、年月日依二
常式一。

淳熙令。

諸承二買官田宅一、納レ錢有レ限、而遇二災傷一本戶、放稅及二五分一者、再轉二半年一、再過者、各准レ此。

諸州雨雪過レ常、或愆亢、提擧常平司體量次第、申二尙書戶部一、蟲蝗水旱、州申二監司一、各具二
施行次第一以聞、如本州隱蔽、或所レ申不レ盡不レ實、監司體訪聞奏。

淳熙令。

諸州縣豐熟災傷、轉運司約分數奏聞、其未收成、監司知州不許預奏豐熟。

除蝗條令

淳熙勑。

諸蟲蝗初生、若飛落、地主隣人、隱蔽不言、耆保不卽時申擧撲除者、各杖一百、許人告報、當職官承報不受理、及受理而不郎親臨撲除、或撲除未盡、而妄申盡淨者、各加二等。

諸官司荒田（牧地同）經飛蝗住落處、令佐應差、募人取掘蟲子、而取不盡、因致次年生發者、杖一百。

諸蝗蟲生發飛落、及遺子、而撲掘不盡、致再生發者、地主耆保各杖一百。　諸給散捕取蟲蝗穀、而尅減者、論如吏人鄕書手攬納稅、受乞財物法。　諸係公人因撲掘蟲蝗乞取人戶財物者、論如重錄公人因職受乞法。　諸令佐遇有蟲蝗生發、雖已差出、而不離本界者、若緣蟲蝗論罪、並依在任法。

三 玉海卷六十六曰、二年十二月二日上重修吏部格式勑令申明一千一百五十冊、參政茂良等撰

按スルニ玉海書目ヲ引キテ左選令格式申明三百卷ヲ載ス曰ク修纂紹興三十年以後續旨、乾道中從吏侍周操胡沂之言也、宋史藝文志ニモ亦淳熙重修吏部左選勅令格式申明三百卷ヲ揭ケ龔茂良等撰トアリ

第七款　慶元勅令格式

慶元二年二月編修勅勅令所ヲ置キ乾道五年正月ヨリ慶元二年十二月ニ至ル續降旨揮凡數百事ヲ採リ淳熙舊法五千八百條ヲ參酌シ勅令格式ヲ撰ス凡七百二冊トス四年九月丞相豫章京鏜等之ヲ上ル(註)

註

玉海卷六十六曰、二年二月丙辰、復置編修勅令所、遂抄錄乾道五年正月至慶元二年十二月終續降旨揮、得數萬事、參酌淳熙舊法五千八百條、刪修成書、總七百二冊、勅令格式及目錄各百二十二卷、申明十二卷、看詳四百三十五冊、(會要云二百六十六卷 書目云二百五十六卷)四年九月丙申十一日上之。

書錄解題卷七曰、慶元勅十二卷、令五十卷、格三十卷、式三十卷、目錄一百二十二卷

隨勅申明十二卷、總二百五十六卷、丞相豫章京鏜仲遠等慶元四年表上、國朝自建隆以來、世有編勅、每更修定、號爲新書、中興至此凡三修矣、其有續降指揮、謂之後勅、以待他時修入云。

宋史卷二百四曰、慶元重修勅令格式及隨勅申明二百五十六卷。〇慶元三年詔重修 藝文志

第八款　開禧勅令格式及淳祐勅令格式

慶元以後開禧ニ重修吏部七司勅令格式申明アリ(註一)淳祐ニ重修勅令格式アリ(註二)

註

一 宋史卷二百四曰、開禧重修吏部七司勅令格式申明三百二十三卷。〇開禧元年上 藝文志
文淵閣書目卷十四曰、開禧吏部七司法。政書

二 玉海卷六十六曰、淳祐重修勅令格式二年二月上表云、奎文大揭於華榱。

第三節　編勅

勅令格式ノ外ニ特ニ勅ノミヲ編纂セル法典アリ編勅又ハ勅ト名ツク今撰上年月ノ明白ナルモノニ就キ左ニ略說ス元豐以後ハ多ク令格式ト共ニ編纂セラレ特ニ勅ト名ツクル單獨法典ヲ編スルコト稀ナリ

第一款　建隆編勅

建隆編勅ハ建隆四年八月二日建隆刑統ト共ニ判大理寺竇儀權大理少卿蘇曉等ノ撰上スル所ナリ凡四卷一百六十條アリ（註）

註

玉海卷六十六曰、建隆四年二月五日、工部尙書判大理寺竇儀言、周刑統科條繁浩或有未明、請別加詳定、乃命儀與權大理少卿蘇曉等同撰集、凡削去令式宣勅一百九條、增入制勅十五條、又錄律內餘條準此者凡四十四條、附於名例之次、幷目錄、成三十卷、取舊削去格令宣勅、及後來續降要用者、凡一百六十條、爲編勅四卷、其釐革一司一務一州一縣之類不在焉、至八月二日上之、詔並模印頒行。〇一本建隆四年七月己卯、（即乾德元年十一月方改元）工部尙書判大理寺竇儀、進建隆重定刑統三十卷編勅四卷、詔付大理寺、刻板摹印、頒行天下、儀表云、臣與大理少卿蘇曉正奚與丞張希遜等同考詳、舊二十一卷、今併目錄、增爲三十一卷、舊疏議節略、今悉備、文字難識者、音於本字之下、義似難曉、幷例具別條者、悉注引於其處、有今昔瀆異、輕重難同、禁約之科刑名未備、臣等起請、總三十二條、其格令宣勅削出、及後來至今續降要用者、凡一百六條、令別編分爲四卷、名曰新編勅。

宋史卷一百九十九曰、建隆初、詔判大理寺竇儀等、上編勅四卷、凡一百有六條。

崇文總目卷二曰、建隆編勅三卷、竇儀與法官編。刑法類

第二款　太平興國編勅

太宗ノ太平興國三年六月ニ至リ有司ニ詔シ國初以來ノ勅條ヲ纂シテ編勅ヲ爲ラシム太平興國編勅ト名ツケ凡十五卷トス（註）

註

玉海卷六十六曰、三年六月、詔有司、取國初以來勅條、纂爲編勅、頒行、凡十五卷、名曰太平興國編勅。

崇文總目卷二曰、太平興國編勅。諸家書目並不著撰人〇刑法類

第三款　淳化編勅

次テ太宗端拱二年十月翰林學士宋白等ニ詔シテ端拱以前ノ詔勅ヲ詳定セシム淳化二年三月ニ至リ白等淳化編勅二十五卷ヲ上ル次翰林承旨蘇易簡等ニ詔シテ之ヲ詳定セシム五年八月ニ至テ上ル名ケテ重刪定淳化編勅ト曰フ凡三十卷アリ或ハ曰淳化二年八月右諫議大夫判審刑院許驤新定編勅三十卷ヲ上リシカ上其滋章煩碎ナルニ因テ重テ刪定セシムト有司ニ付シテ頒行ス（註）

註

玉海卷六十六曰、端拱二年十月、詔翰林學士宋白等、詳定端拱以前詔勅、至淳化二年三月、白等上淳化編勅二十五卷、赦書德音目錄五卷、帝閲之、謂宰相曰、其間賞罰條目、頗有重者、難於久行、宜重加裁定、卽詔翰林承旨蘇易簡右諫議大夫知審刑院許驤職方員外郎李範同詳定、至五年八月二十一日庚子、驤範上言重刪定淳化編勅三十卷。一本、淳化二年八月庚子、右諫議大夫判審刑院許驤、以新定編勅一部

三十巻上獻、編勅與刑統並行、上以其滋章煩碎、因命重删定、至是畢、付有司頒行天下。 稽古錄、淳化五年八月初行淳化編勅。

第四款　咸平編勅

眞宗ノ咸平元年十二月給事中柴成務等删定編勅ヲ上ル是ヨリ先戸部尚書張齊賢等ニ命シ淳化以後至道ノ末ニ至ル續降宣勅ヲ删定セシメ十一月ニ至テ上リシカ是ニ至テ更ニ柴成務ニ詔シテ重テ詳定セシメシナリ凡十一巻十二門二百八十六條トス尙玉海引ク所ノ眞宗實錄ニ詳ナリ次テ咸平二年七月戸部使索湘三司删定編勅六巻ヲ上レリ（註）

註

玉海巻六十六曰、元年十二月二十三日丙午、給事中柴成務、上删定編勅、儀制車服勅、赦書德音十三巻、詔鏤板頒行、先是十二月、詔戸部尚書張齊賢、專知删定淳化後盡至道末續降宣勅去繁密之文以便民十一月、齊賢等上新編勅、又詔成務等重詳定。 實錄、十二月丙午、成務等上言、其表曰、臣聞王者發號施令、誕告萬方、先德後刑、大賚四海、故書曰、愼乃出令、令出惟行、又曰、刑期無刑、民協于中、蓋拯邦之典也、自夏商之際、訓誓聿興、隋唐已還、律令兼著、自唐開元、至周顯德、咸有格勅、兼著簡編、國初重定刑統、止行編勅四卷、纔百有六條、洎方隅平定、文軌大同、太宗臨朝、聲敎彌達、遂增太平編勅十五卷、淳化中、又增後勅、爲淳化編勅三十卷、編輯之始、太宗親戒有司、務存體要、當時臣下、不能申明聖意、以去繁文、又自淳化元年六月以後、止至道三年終、續降宣勅至多、頗爲繁密、乃命權判刑部李範等七人、同加删定、取刑部大理寺在京百司諸路轉運司所受淳化編勅、及續降編勅、一萬八千五百五十五道、偏共披閲、凡勅文與舊條重出者、及一時機宜、非永制者、並删去之、凡取八百五十六道、爲新偏勅、有止爲一事前後累勅者、令衆爲一本、元是一勅、條理數事者、各以類分取、其條目相因、不以年代爲次、其間文繁意局者、量理制事增損之、情輕法重者、取約束刑名削去之、皆條奏以聞、降勅方定、凡成二百八十六條、准律分十二門、幷目錄爲十一卷、又以儀制車服等勅一十六道、別爲一卷、附儀制令、又以續降勅書德音九道、別爲一卷、附淳化中赦書、合爲四卷、又詔成務等、共九人 重加詳定、衆議無殊、謹詣閤門上進、詔曰、國家創業以來、詔令所下、年紀浸久、科條實繁、爰命有司、重定厥要、宜頒下諸路。 會要、咸平二年七月三十日、戶部使索湘上三司刪定編勅六卷。

宋史卷一百九十九曰、太平興國中、增勅至十五卷、淳化中倍之、咸平中、增至萬八千五百五十有五條、詔給事中柴成務等、芟其繁亂、定可爲勅者三百八十有六條、準律分十二門、總十一卷、又爲儀制令一卷、當時便其簡易。刑法志

第五款　景德編勅

眞宗ノ景德二年九月三司ヨリ新編勅十五卷ヲ上リ次テ十月鹽鐵副使林特三司編勅三十卷ヲ上ル三年正月七日ニ至リ三司使丁謂等景德農田編勅ヲ上レリ（註）

註

玉海卷六十六曰、二年九月癸亥、三司上新編勅十五卷、請雕印頒行、從之、十月庚辰、鹽鐵副使林特上三司編勅三十卷、三年正月七日、右諫議大夫三司使丁謂等上景德農田編勅五卷、三年二月己丑、賜輔臣泊王欽若新印農田編勅各一部。

崇文總目卷二曰、景德農田勅五卷。丁謂等撰○刑法類

第六款　大中祥符編勅

眞宗ノ大中祥符六年四月判大理寺王曾等ノ請ニヨリ咸平以後大中祥符六年末ニ至ル詔勅及三司編勅ノ條目煩重ナルヲ以テ併テ之ト共ニ詳定セシム九年八月ニ至リ陳彭年等之ヲ上ル重定編勅ト名ツク次テ陳彭年等又新舊編勅幷ニ三司文卷續降宣勅ノ祥符七年ニ至ル六千二百二道一千三百七十四條ヲ分テ三十卷トシ同年九月上ル彭年等又轉運司編勅三十卷ヲ撰セリ（註）

註

玉海卷六十六曰、六年四月、判大理寺王曾等言、咸平後詔勅共三千六百餘道、宜刪定、詔曾、與彭年等九人詳定、止六年終、又以三司編勅條目煩重、令彭年等重詳定增損、九年八月己卯上之、名重定編勅、翰林學士彭年等詳定新舊編勅幷三司文卷續降宣勅、盡祥符七年、六千二百二道、千三百七十四條、分爲三十卷、儀制敕書德音別爲十卷目錄二卷、九月乙巳、彭年等三人加階勳、轉運司編勅二十卷、陳彭年等編。 會要、九年九月二十一日、編勅所上刪定編勅議制赦書德音目錄四十三卷頒行。

崇文總目卷二曰、大中祥符編勅二十卷。陳彭年編○刑法類

按スルニ宋史刑法志ニハ三十卷千三百七十四條ニ作リ藝文志ニハ四十卷ニ作ル四十卷ハ蓋儀制赦書德音ヲ加フルカ如シ

崇文總目卷二曰、諸路轉運司編勅三十卷。陳彭年編○刑法類

第七款　天禧編勅

眞宗ノ天禧元年六月在京三司勅ヲ編シ七月參政李廸呂夷簡等ニ命シ一州一縣新編勅ヲ撰セシム四年一月上ル五十卷トス同十一月廸等又删定一司一務編勅三十卷ヲ上レリ此後皇祐中又一司勅一路勅一州一縣勅ヲ撰セリ（註）

註

玉海卷六十六曰、元年六月甲戌十日、上ニ在京三司勅、共十二卷、四年二月辛卯九日參政李廸等上ニ一州一縣新編勅五十卷、實錄云、一司一務三十卷、先レ是元年七月庚戌、詔レ廸、與ニ呂夷簡等ニ詳定、至レ是上レ之、壬辰、盛度等加ニ階勳ニ十一月甲子十七日、廸等上ニ删定一司一務編勅三十卷、賜ニ銀帛ニ皇祐中、修ニ定　司勅二千三百十七條、一路勅千八百二十七條、一州一縣勅千四百五十

一條。

崇文總目卷二曰、一司一務勅三十卷。刑法類

第八款　天聖編勅

仁宗天聖四年九月翰林學士夏竦蔡齊等ニ詔シ咸平編勅ヲ刪定セシム次テ五年五月宰臣呂夷簡ニ詔シ祥符七年ヨリ天聖五年ニ至ル續降宣勅六千七百八十三條ヲ詳定シ十二門十三卷千二百餘條トシ七年六月上ル十年三月天聖編勅十三卷ヲ崇文院ニ下シ頒行セシム（註一）天聖編勅ノ外ニ又天聖附令勅アリ天聖四年有司ヲシテ咸平儀制等五百餘條ヲ取リ令後ニ附セシム七年令ト共ニ頒行ス凡十八卷アリ（註二）

註

一　玉海卷六十六曰、四年九月壬申、命翰林學士夏竦蔡齊等、重刪定編勅、十年乙酉、詳定編勅所言、咸平編勅、差官七員、請以審刑院官太常博士張其、國子博士董希顏、中丞劉革、大理寺丞麗籍、同刪定、從之、上因謂諸臣曰、言者或稱、不可輕議刪改先朝詔勅、王

曾等曰、咸平中刪二太宗朝詔勅一、存者十一二、蓋去二其繁密之文一以レ便二於民一、今必有二憸言一以レ惑レ聽也、帝然レ之。（詔二中外一言二敕之得失一） 又曰、十年（即明道元年）三月十六日戊子、以二天聖編勅十三卷（崇文目天聖編勅十三卷目一卷）勅書德音十二卷、令三十卷一、下二崇文院一、鏤板頒行、先レ是四年九月壬申、命二學士夏竦蔡齊知制誥程琳一、重刪二定編勅一、合二農田勅一、爲二一書一、五年五月、詔以下祥符七年止二天聖五年一續降宣勅上、增二及六千七百八十三條一、辛酉、命二宰臣呂夷簡等一詳定、（依レ律分レ門十二卷定二千二百餘條一） 七年六月上レ之。

崇文總目卷二曰、天聖編勅十二卷。（呂夷簡等修）

按スルニ玉海引ク所ノ崇文目ニ合セス今後知不足齋本ニヨリテ揭ク此他郡齋讀書志ニ天聖編勅三十卷ヲ載スルモ天聖令文ノ誤ナリ下ニ辯ス

宋史卷百九十九曰、天聖七年編勅成、合二農田勅一、爲二一書一、視二祥符勅一、損二百有餘條一、其麗二于レ法者、大辟之屬、十有七、流之屬、三十有四、徒之屬、百有六、杖之屬、二百五十有八、笞之屬、七十有六、又配隷之屬、六十有三、大辟而下、奏聽旨者、七十有一、凡此皆在二律令之外一者也。（刑法志）

二 玉海卷六十六曰、天聖四年、有司言、勅復增二置六千餘條一、命レ官刪定、時以下唐令有上與二本朝事異者、亦命官修定、有司乃取咸平儀制、及制度約束之在敕者、五百餘條、悉附令後、號曰附令勅。又曰、七年五月己巳、詔以新修令三十卷又附令勅頒行、初修令官、修令後、又錄罪名之輕者五百餘條、爲附令勅一卷。書目、附令勅十八卷、夷簡等撰、官品令之外、又案勅文、錄制度及罪名輕簡者五百餘條、依令分門、附逐卷之末、又有續附令勅一卷、慶曆中撰

第九款　景祐編勅

仁宗景祐二年六月翰林學士承旨章得象等祥符八年ヨリ明道二年ニ至ル宣勅ヲ删定シ一司一務編勅在京編勅幷目錄四十四卷ヲ上ル五年十月刑名勅五卷ヲ上レリ(註)

註

玉海卷六十六曰、二年六月乙亥（二十四日）翰林學士承旨章得象、上一司一務編勅、在京編勅、幷目錄四十四卷、先是詔、以祥符八年止明道二年宣勅、命司徒昌運等、與得象删定、至是上之、五年十月四日、上刑名勅五卷。

第十款　慶曆編勅

仁宗ノ慶曆七年正月有司編勅十二卷ヲ上ル景祐二年以後慶曆三年ニ至ル四千七百六十五條ヲ詳定シテ千七百五十七條トス別ニ總例一卷目錄三卷アリ八年四月ニ至リ宰臣賈昌朝等刪定編勅二十卷ヲ上ル崇文院ニ詔シ鏤板頒行セシム七年九月又一州一縣勅ヲ撰セリ（註）

註

玉海卷六十六曰、自景祐二年至慶曆三年、又增四千七百六十五餘條、八月丁酉、復命官刪定、戊戌、宰臣殊參政昌朝提擧、十月丁巳命王貿曾公亮詳定、七年正月己亥、編勅成、凡十二卷、定千七百五十七條、別爲總例一卷目錄三卷、視天聖勅、增五百條、詳定官張方平等、賜器幣、八年四月二十八日、宰臣賈昌朝樞副吳育、上刪定編勅赦書德音附令勅目錄二十卷、詔崇文院、鏤板頒行、初命陳大素等刪定、張方平等詳定、昌朝育提擧、七年九月丁酉、詔刪定一州一縣勅。

第十一款　嘉祐編勅

仁宗ノ嘉祐二年八月樞密使韓琦等奏シテ慶曆四年以後ノ續降四千三十餘條ハ前後牴牾多キニヨリ之ヲ刪定センコトヲ請ヒシカハ宰臣富弼參政曾公亮等ヲシテ詳定セシム齊恢等六人刪定官タリ七年四月ニ至リ嘉祐刪定編勅總例目錄等凡三十卷ヲ上ル慶曆四年冬ニ起リ嘉祐三年ノ末ニ至ルト云フ（註一）嘉祐中晁廻亦禮部考試進士勅ヲ撰セリ（註二）王珪亦皇祐以後嘉祐七年以前ニ於ケル續降勅剳一千二十三道ヲ刪シテ四百七十六條トシ嘉祐審官院編勅十五卷ヲ撰ス（註三）

註

一 玉海卷六十六曰、二年八月丁未、樞密使韓琦言、天下見行編修勅、自慶曆四年以後距今十五年、續降四千三十有餘條、前後多牴牾、請刪定爲嘉祐勅、從之、壬子、以宰臣富弼參政曾公亮提擧錢象先等三人詳定、齊恢等六人刪定官、七年四月壬午九日提擧宰臣韓琦曾公亮、上刪定編勅赦書德音附令勅總例目錄三十卷、取勅在刑統而行於今者、附益總一千八百三十四條、視慶曆初有所增減、詔編勅所鏤板頒行、七年正月、宰臣琦等上言、所修嘉祐編勅、起慶曆四年冬、盡嘉祐三年、凡十二卷、（志卷十八、卷大分上中下）總例一卷、目錄五卷、其元降勅、但行約束、不在刑名者、又拆爲續降附令勅三卷、目錄一卷。

宋史卷百九十九曰、嘉祐初（中略）琦又言、自慶曆四年、距嘉祐二年、勅增至四千餘條、前後祗牾、請詔中外、使言勅得失、如天聖故事、七年書成總千八百三十四條、視慶曆勅、大辟增六十、流增五十、徒增六十有一、杖增七十有三、笞增三十有八、又配隸增三十、大辟而下、奏聽旨者、增四十有六、又別爲續附令勅三卷。刑法志

二 崇文總目卷二曰、禮部考試進士勅一卷、晁迥等撰。刑法類

三 玉海卷六十六曰、王珪以下審官院皇祐一司勅、至嘉祐七年以前續降勅劄一千二十三道、編成條貫幷總例共四百七十六條、爲十五卷、以嘉祐審官院編勅爲目。

第十二款　熙寧編勅

神宗ノ熙寧二年三月蔡延慶孫永等ヲシテ嘉祐編勅ヲ修セシム（註一）次テ又詔シテ嘉祐四年正月以後ノ續降宣勅ヲ删定セシム劉攽等檢定官タリ曾布詳定官タリ安石提擧タリ六年八月ニ至テ王安石等熙寧删定編勅赦書德音附令勅申明勅目錄共ニ二十六卷ヲ上ル編勅所ニ詔シ板ニ鏤メ七年正月一日頒行ス（註二）同七年十二月

審官東院編勅二卷ヲ撰ス（註三）以來九年呉充軍馬司勅五卷ヲ上リ十年勅令所詳定刑部勅一卷ヲ上ル（註四）

註

一 玉海卷六十六曰、熙寧二年三月壬寅、命蔡延慶孫永、修嘉祐編勅。

二 玉海卷六十六曰、六年八月七日、提擧編勅宰臣王安石、上刪定編勅赦書德音附令勅申明勅目錄共二十六卷、詔編勅所鏤板、自七年正月一日頒行、先是詔、以嘉祐四年正月以後續降宣勅刪定、命劉賡等充檢詳刪定官、曾布充詳定官、安石提擧、至是上之。

王臨川文集卷五十六曰、

進熙寧編勅表

臣某等言、竊以觀天下之至動、而御其時、輔萬物之自然、而節其性、匿而不可不爲者事、麤而不可不陳者法、厥惟無弊、乃以不膠、故造象於正月之始和、改禮以五載之巡狩、一代之典、成於緝熙、百世可知、在所加損、方裁成輔相之休運、宜修飾潤色之難能顧匪其人、與於此選、中謝、蓋聞、道有升降、政有弛張、緩急詳略、度宜而已、使民不倦、只聖爲能、伏惟皇帝陛下、天德地業、體堯蹈禹、永念憲禁之舊、或失防範之中、選建有官、付之論定、具慙淺學、莫副詳延、屢彌歲年、僅就篇帙、删除煩複、蒐補闕遺、於趨時因民、則粗捄抗敝之實、以方古屋後、則或俟新美之才、冒昧大威、姑塞明。

三　玉海卷六十六曰、熙寧三年五月、以審官院爲東院、七年十二月、編勅二卷成、上之、凡一百十四條。

宋史卷二百四曰、審官東院編勅二卷。熙寧七年編〇藝文志

四　玉海卷六十六曰、九年十二月癸未朔、吳充等、上詳定軍馬司勅五卷、　十年十二月六日壬午、詳定勅令所言、准送下刑部勅二卷、今將所修條幷後來勅劄一處、看詳、其間、事係別司者、悉歸本司、若當司以上通行者、候將來復入在京通用勅、已有條式者更不重載、又義未安者、就損益、其後來聖旨劄子批狀、中書頒降者、悉名曰勅、樞密頒降者、悉名曰宣、共修成一卷、分九門、總六十三條、乞降勅旨、以熙寧詳定刑部勅爲名、從之。

第四節　令

令ヲ以テ名クル單獨法典亦少ナカラサルモ其中天聖令、嘉祐祿令、同驛令及寛恤詔令ニツキテ左ニ分説スヘシ

第一款　天聖令

天聖令又天聖令文ト曰フ仁宗ノ天聖中參政呂夷簡等ヲシテ令文ヲ參定セシム龎籍宋祁修令官タリ唐令ヲ本トシ參スルニ新制ヲ以テス七年五月ニ至テ上ル凡二十一門三十卷アリ篇目左ノ如シ（註）

一官品	二戶	三祠	四選擧	五考課	六軍防
七衣服	八儀制	九鹵簿	十公式	十一田	十二賦
十三倉庫	十四廐牧	十五關市	十六捕亡	十七醫疾	十八獄官
十九營繕	二十喪葬	二十一雜			

註

玉海卷六十六曰、七年五月己巳、詔以新修令三十卷、又附令勅、頒行、云々（志令文三十卷附令勅一卷）乃下兩制看詳、既上、頒行之、（先是詔參政呂夷簡等參定令文、乃命應籍宋祁爲修令官、取唐令爲本參以新制、七年五月十八日上刪修令三十卷、）

書目、天聖令文三十卷、時令文尚依唐制、夷簡等、据唐舊文、斟酌衆條、益以新制、天聖十年行之。

郡齋讀書後志卷一曰、天聖編勅三十卷、　右天聖中、宋庠龐籍、受詔改修唐令、參以今制而成、凡二十一門、官品一、戸二、祠三、選擧四、考課五、軍防六、衣服七、儀制八、鹵簿九、公式十、田十一、賦十二、倉庫十三、廐牧十四、關市十五、捕亡十六、醫疾十七、獄官十八、營繕十九、喪葬二十、雜二十一。

按スルニ群齋讀書志天聖編勅ニ作ルハ非ナリ天聖編勅ハ律十二篇ニヨリテ目ヲ立ツル所玉海ニ詳ナリ其三十卷ト云フ又令文ナルコト知ルヘシ

第二款　嘉祐祿令及驛令

嘉祐祿令ハ仁宗嘉祐ノ初韓琦ノ內外吏兵俸祿等差アリト雖而カモ著令ナキニヨリ之ヲ定メン事ヲ請ヒシニヨリ三司使張方平ニ詔シテ之ヲ撰セシム二年十月上ル凡十卷アリ（註一）次テ三年三月韓琦ノ請ニ從ヒ三司ヲシテ驛券則例ヲ編セシム四年正月張方平等之ヲ上ル名ヲ嘉祐驛令ト賜フ凡三卷アリ二月頒行ス（註二）

註

一 玉海卷六十六曰、二年十月甲辰朔、三司使張方平、上新修祿令十卷、名曰嘉祐祿令、先是、元年九月、樞密使韓琦言、內外文武官俸入添支、並將校請受、雖有品式、(上自皇太子下至群校本俸添支則例)而每遇遷徙、須由有司、按勘申覆、至有待報歲時不下者、請命近臣就三司編定、甲辰、乃命知制誥吳奎等六人、即三司類次爲祿令、至是方平上之、詔頒行。

志、嘉祐初韓琦言、內外吏兵俸祿雖有等差、而無著令、乃命官、即三司類次爲祿令。

一 玉海卷六十六曰、三年三月丙申、詔三司編天下驛券則例、從樞密韓琦之請也、四年正月十二日壬寅、(一云正月七日)三司使張方平、上所編驛券則例、賜名嘉祐驛令、初內外文武、下至吏卒、所給驛券、皆未有定例、又或多少不同、遂降密院舊例下三司掌券司、會稡名數、而纂次之、並取宣勅令文、專爲驛券立文者、附益刪改、爲七十四條、總上中下三卷、二月頒行天下、八年四月十六日、編定祿令所奏、以諸道至在京程數分爲三卷、頒天下、從之、二書與勅令兼行。

書錄解題卷七曰、嘉祐驛令三卷、　三司使梁國張方平安道等修定、前一卷爲條貫勅、後二卷爲則例令、官吏蒭支驛券、衙官傔從之類、皆據此也。

第三款　紹興寛恤詔令

紹興二十二年八月王瞻叔鄭康佐ノ請ニヨリ中興以來ノ寛恤詔令ヲ編シ二十五年九月ニ至テ撰上ス凡二百巻トシ紹興寛恤詔令ト名ク其後淳熙十二年慶元五年ニモ之ヲ編セリ(註)

註

建炎以來朝野雜記甲集巻四曰、紹興淳熙慶元寛恤詔令、　寛恤詔令者、始紹興二十二年八月、王瞻叔知荊門軍、代還入見、請命有司、編集中興以來寛恤詔令、而知惠州鄭康佐者、亦言、守令奉行詔書不虔、請編類成書以賜、從之、二十五年九月乃成、凡二百巻、號紹興寛恤詔令、其後淳熙慶元皆有之。淳熙書成于十二年、慶元書編于五年、終總要。

第五節　格

格ヲ以テ名ツクル法典ハ多ク宋史藝文志ニ見ユ玉海巻六十六ニハ小學令格並目錄二巻ヲ載ス第二節第四款ノ註

第六節　式

式ヲ以テ名ツクル法典亦多ク宋史藝文志ニ見ユ式ニ又勅式、法式、條式、儀式ヲ以テ名ツクルモノアリ

第一款　勅式　熙寧及元豐勅式

勅式ヲ以テ名ツクル法典ノ中熙寧三司勅式、同諸司勅式及元豐諸司勅式ニ就キ左ニ分説スヘシ

熙寧三司勅式ハ熙寧七年三月王安石等ノ撰スル所ナリ凡四百巻トス次テ九年九月編修令式所諸司勅式四十巻ヲ上ル其内ニ閤門耋賜式一本支賜式二賞賜贈式十五問疾澆奠支賜式一御厨式三炭式二アリ元豐諸司勅式ハ元豐二年六月左諫議安燾等ノ上ル所ナリ(註)

玉海巻六十六曰、七年三月八日、宰臣安石言、提擧編修三司敕式成、四百巻、九年九月二十五日、編修令式所、上諸司敕式四十巻、頒行、先是、命官修式令、至是先成、閤門

擡賜式一、本支賜式二、賞賜贈式十五、問疾澆奠支賜式一、御厨式三、炭式二上之。

又曰、元豐二年六月辛酉、（二十四日一云戊午）左諫議安燾等、上諸司勅式、上諭曰、設於此、而逆彼之至曰格、設於此、而使彼效之曰式、禁其未然之謂令、治其已然之謂勅、脩書者、要當知此、有典有則、貽厥子孫、今之格式令勅、卽典則也、若其書全具、政府總之、有司守之、斯無事矣。

第二款　法式　營造法式

法式ヲ以テ名ツクル法典ニ元符營造法式熙寧修城法式條約アリ後者ハ條約ノ條ニ說ケリ

元符營造法式ハ將作少監李誡ノ編スル所ナリ初熙寧中詔シテ修定セシメ元祐六年ニ至テ書成リシカ紹聖四年又誡ニ命シテ重修セシメ元符三年ニ至テ上ル凡三十四卷別ニ看詳一卷ヲ加フ此書四庫書目提要ニ載セ山西楊氏新刻叢書中ニ採錄ス（註）

註

書錄解題卷七曰、營造法式三十四卷、看詳一卷、將作少監李誡編修、初熙寧中、始詔修定、至元祐六年成書、紹聖四年、命誡重修、元符三年上、崇寧三年頒印、前二卷爲總釋、其後曰制度、曰功限、曰料例、曰圖樣、而壕寨、石作、大小木雕、鏃居作、泥瓦、彩畫、刷飾、又各分類、匠事備矣。

四庫全書總目卷八十二曰、營造法式三十四卷、 浙江范懋柱家天一閣藏本 宋通直郎試將作少監李誡奉勅撰、初熙寧中勅將作監官編修營造法式、至元祐六年成書、紹聖四年以所修之本、祇是料狀、別無變造、制度難以行用、命誡別加撰輯、誡乃考究群書、幷與人匠講說、分列類例、以元符三年奏上之、崇寧二年、復請用小字鏤版頒行、誡所作總看詳中稱、今編修海行法式、總釋總例共二卷、制度十五卷、功限十卷、料例幷工作等共三卷、圖樣六卷、目錄一卷、總三十六卷計三百五十七篇、內四十九篇係於經史等群書中檢尋考究、其三百八篇係自來工作相傳經久可用之法、諸作諳會工匠、詳悉講究、蓋其書所言、雖止藝事、而能考證經傳、參會衆說、以合於古者飭材庀事之義、故陳振孫書錄解題、以爲遠出喩皓木經之上、云々 此本前有誡所奏劄子、及進書序各一篇、其第三十一卷當爲本作制度圖樣、上篇原本已闕、而以看詳一卷錯入其中、檢永樂大典舊亦載有此書、其所闕二十餘圖、竝在、今據以補足、而移看詳於卷首、又看詳內稱、書總三十六卷、而今本制度一門、較原目少二卷、僅三十四卷、永樂大典所載不分卷、數無可參校、而核其前後篇目、又別無脫漏、疑爲後人所併省、今亦姑仍其舊云。

政書類

第三款　條式

治平庫務條式

條式ヲ以テ名ツクル法典ニ治平在京諸司庫務條式アリ英宗ノ治平二年六月學士提擧諸司庫務王珪等ノ上ル所ナリ提擧司幷三司類例一百五冊都冊二十五冊凡一百三十冊トス凡庫務ニ關スルアラユル事項ヲ規定セシコトハ王珪ノ上言ニ詳ナリ（註）

註

玉海卷六十六曰、二年六月十四日壬寅、學士提擧諸司庫務王珪等、上提擧司幷三司額（一作類）例一百五冊、及都冊二十五冊、共一百三十冊、（志一百三十卷）詔以在京諸司庫務條爲名、珪等言、四海貢賦、漕輓以輸京師、又建官寺府庫、委積苑囿、關市工冶之局、以謹出納、雖調用繫之三司、然綱領一總于提擧司、與三司所部凡一百二處、其額例、自嘉祐七年秋許遵重修迄今三年始成書、官吏之數、金布之籍、監臨賞罰之格、工器良窳之程、舟車受納之限、莞權斷贏之比、轉補之資敘、招收之等式、皆迹舊便今、芟繁之要。

以上ノ外儀式ヲ以テ名ツクル法典ニ熙寧歷任儀式、元豐貢擧醫局等勅令儀式等アリ宋史藝文志ニ見ユト雖トモ編者及ヒ編纂年月ヲ詳ニセサルヲ以テ今叙説セス

第七節 法

法ヲ以テ名ツクル法典亦宋史藝文志ニ見ユ書錄解題ニハ紹興貢擧法、紹興監學法、役法撮要ヲ載セタリ此他法度ト名ツクル法典ニ崇寧改修法度アリ藝文志ニ見ユ紹興貢擧法ハ紹興二十六年丞相萬俟卨ノ表上スル所ナリ凡五十卷トス紹興監學法ハ紹興十三年宰相秦檜等ノ表上スル所凡二十六卷外ニ目錄申明對修釐正條法ヲ加フ役法撮要ハ慶元六年宰相京鏜等ノ表上スル所凡一百八十九卷アリ(註)

註

書錄解題卷七曰、紹興貢擧法五十卷、丞相萬俟卨等紹興二十六年表上、紹興監學法二十六卷、目錄二十五卷、申明七卷、對修釐正條法四卷、共六十二卷、宰相秦檜等紹興十三年表上、役法撮要一百八十九卷、提擧編修宰相京鏜等慶元六年上、自紹興十七年正月以後、至慶元五年七月以前、爲五十五門又八十二小門、門爲一卷、外爲參詳目錄等、卷雖多而文甚少、其書於州縣差役、極便於引用、

第八節　條

條ヲ以テ名ツクル法典亦宋史藝文志ニ見ユ此他條約、條貫、條例ヲ以テ名ツクルモノアリ多クハ撰年撰者ヲ詳ニセス其中元豊六曹條貫熙寧修城法式條約ニ就キテ略說スレハ

六曹條貫ハ元豊六年三月門下中書省ニ詔シ給事韓忠彥ヲシテ詳定セシメシ所ナリ（註一）修城方式條約ハ熙寧八年判軍器監沈括等ノ撰上スル所凡二卷トス別ニ申明條約ヲ加フ（註二）

註

一 玉海卷六十六曰、六年三月十七日、詔門下中書後省、詳定六曹條貫、給事韓忠彥同詳定、名中書門下外省、上謂忠彥等曰、法出於道、人能體道、則立法足以盡事、又曰、著法者、欲簡於立文、詳於該事。

二 書錄解題卷七曰、修城法式條約二卷。　判軍器監沈括知監丞呂和卿等所修、敵樓馬面團敵式樣幷申明條約、熙寧八年上。

第九節 刑統

刑統ヲ以テ名ツクル法典ニ建隆重定刑統、紹興申明刑統アリ

第一款 建隆刑統

建隆重定刑統ハ五代周ノ顯德刑統ニヨリテ重定スル所ナリ初宋ハ唐ノ律令格式ヲ用ヰ兼テ後唐ノ同光刑律統類、清泰編勑、天福編勑、周ノ廣順類勑、顯德刑統ヲ參用セリ建隆四年二月ニ至リ工部尙書判大理寺竇儀周刑統ノ科條繁浩ニシテ或ハ明ナラサルモノアルニヨリ別ニ詳定ヲ加ヘンコトヲ奏セシカハ乃竇儀ニ命シ權大

理少卿蘇曉等ト共ニ令式宣勅一百九十條ヲ削シ制勅十五條ヲ加ヘテ刑統三十卷目錄一卷ヲ編セリ八月成ル十月竇儀上進ス詔シテ大理寺ニ付シ鏤板頒行ス此後端拱二年詔シテ宰臣執政ニ刑統各一部ヲ賜フコトアリ天聖七年學士孫奭詔ヲ奉シテ之ヲ校定セリ（註及第三節第一款註）

備考　建隆四年ハ改元シテ乾德元年ト曰ヘリサレハ乾德元年頒行スト說ケルモノアリ崇文總目ニハ開寶刑統ヲ揭ケタリ蓋建隆刑統ト同一刑統ナルヘシ

註

玉海卷六十六曰、國初用唐律令格式外、有後唐同光刑律統類、淸泰編勅、天福編勅、周廣順類勅、顯德刑統、皆參用焉、建隆四年二月五日、工部尚書判大理寺竇儀言、周刑統、科條繁浩、或有未明、請別加詳定、乃命儀與權大理少卿蘇曉等同撰集、凡削出令式宣敕一百九條、增入制勅十五條、又錄律內餘條准此者、凡四十四條、附於名例之次、幷目錄、成三十卷、云々（刑統凡三十一卷二百十三門）先是、建隆三年十二月、鄕貢明法張自牧、嘗上封事、駮刑統之不便者凡五條、詔下有司、參議而釐正之、詔儀等撰集、　端拱二年十月、詔賜宰臣執政刑統各一部、詔中外臣僚常讀律書、天聖七年學士孫奭、奉詔校定刑統、作二律文音義一卷一。
崇文總目卷二曰、開寶刑統三十卷。竇儀與二法官蘇曉等一撰○刑法類
郡齋讀書志卷二下曰、刑統三十卷、　右皇朝竇儀等詳定。
書錄解題卷七曰、刑統三十卷、　判大理寺燕山竇儀可象詳定、初范質既相、建議律條繁廣、輕重無レ據、特詔詳定、號二大周刑統一、凡二十一卷、至レ是重加二詳定一、建隆四年頒行。
文淵閣書目卷十四曰、宋刑統、一部十冊欠、宋詳定刑統一部八冊欠　宋申明刑統一部一冊欠

第二款　紹興刑統

紹興中刑統申明ヲ撰ス開寶元符間ノ申明ニヨリテ訂正スル所凡九十二條アリ（註）

註

玉海卷六十六曰、淳熙十一年、臣僚言、刑統繇二開寶元符間申明訂正一、凡九十有二條、目曰二申明刑統一、同二紹興格式勅令一、爲二一書一、自二乾道書成進表一、雖レ有二遵守之文一、而此書印本廢而不レ載、淳熙新書、不レ載二遵守之文一、而印本又廢而不レ存、讞議之際、無レ所二据依一、乞仍

鏤板、附淳熙隨勅申明之後、四年六月、令國子監重鏤板頒行。

書錄解題卷七曰、紹興刑統申明一卷、　開寶以來累朝訂正、與刑統並行者。

第十節　斷例

斷例ヲ以テ名ツクル法典ニ熙寧法寺斷例、元豐斷例、元祐法事斷例、紹興斷例、等アリ撰人撰年月ヲ詳ニセス（註）

註

郡齋讀書志卷二下曰、元豐斷例六卷、　右元豐中、法寺所斷罪、此節文也。

同書後志卷一曰、斷例四卷、　右皇朝王安石執政以後、士大夫頗垂意律令、此熙豐紹聖中法寺決獄比也。

書錄解題卷七曰、刑名斷例十卷、　不著名氏、以刑統勅令、總爲一書、惜有未備也。

宋名臣言行錄後集卷一曰、中書習舊弊、每事必用例、五房吏操例在手、顧金錢、唯意所去取、所欲與、自擧用之、所不欲行、或匿例不見、公令刪取五房例及刑房斷例、除其冗繆不可用者、爲綱目、類次之、封縢謹掌、每用例、必自閱、自是人知賞罰可否出宰相、

五房吏不レ得レ高二下于其間一（韓忠獻公行狀）

第十一節　德音

德音ハ多ク編勅ト共ニ編纂セラルル例ヘハ天聖赦書德音ハ天聖十三年三月天聖編勅同令文ト共ニ編セラレ慶曆赦書德音ハ慶曆八年四月删定編勅及附令勅ト共ニ編セラレタルカ如シ（第三節編敕ノ各註）德音ハ赦令ノ義ナルコト既ニ總説ニ説述セリ

第十二節　條法事類及總類

條法事類若クハ條法總類ヲ以テ名ツクル法典ニ淳熙條法事類、淳熙吏部條法總類、慶元條法事類、嘉定吏部條法總類、淳祐條法事類アリ

第一款　淳熙吏部條法總類

淳熙吏部條法總類ハ孝宗淳熙三年三月參政茂良等ノ撰スル所ナリ凡四十卷六十

八類三十門トス（註）

註

玉海卷六十六曰、二年十二月二日、上二重修吏部格式勅令申明一千一百五册一、參政茂良等撰、三年三月二十九日、上二吏部條法總類四十卷一、爲レ類六十八、爲レ門三十。

宋史卷二百四曰、淳熙吏部條法總類四十卷。淳熙二年勅令所撰○藝文志

第二款　淳熙條法事類

淳熙條法事類ハ淳熙七年五月勅局ノ撰上スル所凡四百二十卷總門三十三別門四百二十アリ體例吏部七司條法總類ニ倣ヒ事ニ隨テ門ヲ分テリ（註）

註

玉海卷六十六曰、六年正月庚午、趙雄奏、士大夫罕レ通二法律一、吏得二舞文一、今若分レ門編次聚二於一處一、則遇レ事悉見、吏不レ能レ欺、乃詔二勅局一、取二勅令格式申明一、體倣二吏部七司條法總類一、隨レ事分レ門、纂爲二一書一、七年五月二十八日成レ書、四百二十卷爲二總門三十三別門四百二十一、以二明年三月一日一頒行、賜二名條法事類一。

建炎以來朝野雜記甲集卷四曰、淳熙事類、　孝宗時所修也、國初但有刑統、謂之律、後有敕令格式、與律並行、若不修、則從敕令格式、然士大夫罕通法律、而數書散漫、故吏得以舞文、上慮之、淳熙中始命勅局官、取勅令格式及申明五書、分門來上、七年四月乃成、爲總門三十三別門四百二十、詔頒行之、賜名淳熙事類。

第三款　慶元條法事類

慶元條法事類ハ寧宗ノ嘉泰二年八月謝子肅撰上スル所ナリ凡四百三十七卷アリ慶元ト名付クルハ寧宗慶元中詔ヲ下シテ修定セシメシニ本ツク書錄解題ニハ嘉泰條法事類ト題セリ此書卷數玉海引ク所ノ書目八十卷ト曰ヒ書錄解題宋史藝文志又八十卷ニ作リ現時傳フル所亦八十卷トス四百三十七卷本ハ之ニ異ルヤ否ヤヲ明ニセス(註)

註

玉海卷六十六曰、嘉泰二年八月二十三日、上慶元條法事類四百三十七卷、書目云、八十卷、元年詔編是書。

書錄解題卷七曰、嘉泰條法事類八十卷、　宰相天臺謝深甫子肅等、嘉泰二年表上初吏部七司有條法總類、淳熙新書既成、孝宗詔倣七司體、分門修纂、別爲一書、以事類爲名、至是以慶元新書、修定頒降、此書便於檢閱引用、惜乎不併及刑統也。

宋史卷二百四曰、慶元條法事類八十卷。嘉泰元年勅令所編〇藝文志

文淵閣書目卷十四曰、慶元條法事類、一部三十册闕

鐵琴銅劍樓藏書目卷十二曰、慶元條法事類八十卷、附開禧重修尙書吏部侍郎右選格二卷、鈔本　舊闕首卷、不詳撰人姓氏、案書錄解題、有嘉泰條法事類云、宰相謝深甫子肅等表上、又云、初吏部七司、有條法總類、淳熙新書既成、孝宗詔、仿七司體、分門修纂、別爲一書、以事類爲名、至是以慶元新書、修定頒降、則此書卽謝子肅等所修、奉詔時曰慶元、成書日曰嘉泰、共爲一書無疑、又宋史寧宗本紀、慶元四年九月、頒慶元重修勅令格式、嘉泰二年八月、謝深甫等上慶元條法事類、三年七月頒行、是當時已名慶元矣、惟玉海載、嘉泰二年上條法事類四百三十七卷、書目云、八十卷、其云書目、乃館閣書目、則今所傳之八十卷也、已非原修之書、即當時閣本也、原闕卷一、卷二及卷三首數翻卷十八至二十七卷、三十三至三十五卷、三十八至四十六卷、五十三

至七十二、凡四十二卷、然一代典制、頗以考見者尙多、如玉海載建隆考課、今有四善四最、而四最僅有其三、是書載有民籍增益、進丁入老、爲生齒之最、他如十科薦擧之令、由於紹興三年、三省樞密請復擧行、元祐司馬光之法、見宋史選擧志、武臣選擧之格、由於隆興元年正月一日、三省密院所奏、見玉海銓選類、其沿革損益、皆可考、而知足裨史氏之闕、卷別附開禧重修尙書吏部侍郎右選格二卷、案寧宗本紀、慶元二年十一月、重修吏部七司法、開禧元年六月、陳自强等上、二年頒行、疑此二卷、即陳自强所上之書、書錄解題、亦名嘉定吏部條法總類、是書世尠傳本、此出乾隆中人所鈔、卷首有無名氏撰提要一編、節其要而存之、是書本末可見矣、舊爲愛日精廬藏書。法令部

第四款　嘉定吏部條法總類

寧宗ノ嘉定六年三月又嘉定吏部條法總類ヲ撰ス舊ノ四百六十餘條ヲ改正シ凡五十卷百十四冊トス之ニ百司吏職補授法ヲ併セテ凡一百三十三卷二百六十三冊トシ七年五月頒行ス（註）

註

玉海卷六十六曰、六年三月四日上、一百一十四冊、成㆓五十卷㆒、凡改㆓正四百六十餘條㆒並百司吏職補授法二百六十三冊一百三十三卷、七年五月頒行。

書錄解題卷七曰、嘉定吏部條法總類五十卷。　嘉定中以㆓開禧重修七司法並慶元海行法在京通用法太宗正司法㆒參定、凡改㆓正四百六十餘條㆒、視㆓淳熙總類㆒增㆓多十卷㆒、七年二月頒行。

宋史卷二百四曰、嘉定編修吏部條法總類五十卷、嘉定中詔修　○藝文志

第五款　淳祐條法事類

淳祐十一年四月又淳祐條法事類四百三十卷ヲ撰ス(註)

註

玉海卷六十六曰、十一年上㆓條法事類㆒。

續通典卷百七曰、(淳祐)十一年四月成㆓淳祐條法事類四百三十卷㆒。

第九章　遼ノ法典

遼代ノ法典ニ重熙新定條例及咸雍增修條例アリ

第一節　重熙新定條例

重熙新定條例ハ興宗ノ重熙五年四月樞密直學士耶律庶成同副使耶律德等ノ撰上スル所ナリ太祖以來ノ法令ヲ纂修シ參スルニ古制ヲ以テス凡五百四十七條アリ（註）

註

遼史卷六十二曰、五年新定條制成、詔有司、凡朝日執之、仍頒行諸道、蓋纂修太祖以來法令、參以古制、其刑有死流杖及三等之徒、而五、凡五百四十七條。刑法志

同上卷八十九曰、耶律庶成、字喜隱、小字陳六、季父房之後、云々、時入禁中、參決疑議、偕林牙蕭韓家奴等、撰實錄及禮書、與樞密副使耶律德、脩定法令、上詔庶成曰、方今法令、輕重不倫、法令者、爲政所先、人命所繫、不可不愼、卿其審度輕重、從宜修定、庶成

參酌古今、刊正訛謬、成書、以進、帝覽而善之。耶律庶成傳

同上卷十八曰、重熙五年四月丁卯、頒新定條例。興宗本紀

第二節　咸雍重修條例

道宗ノ咸雍六年ニ至リ惕隱蘇樞密使乙辛等ニ命シテ條制ヲ更定セシム律令ニ合スル者ハ之ヲ載セ合セサル者ハ別ニ之ヲ存シ重熙舊制ヲ删改シテ五百四十五條トシ又律一百七十三條ヲ取リ新ニ七十一條ヲ增シ凡七百八十九條トシ此他重編スル者ヲ增シ千餘條ニ至ル其後又三十六條ヲ增シ大安三年ニ至リ又六十七條ヲ增セリ此ノ如ク漸時加ヘテ繁雜ニ赴キ爲ニ吏法ヲ濫用スルノ虞アリシニヨリ大安五年ニ至リ舊法ヲ採用スル事トセリ(註)

註

遼史卷六十二曰、六年帝以契丹漢人風俗不同、國法不可異施、於是命惕隱蘇樞密使乙辛等、更定條例、凡合于律令者、具載之、其不合者、別存之、時校定官、卽重熙舊制、更竊盜贓二十五貫處死一條、增至五十貫處死、又删其重複者二條、爲五百四十五

條、取レ律一百七十三條、又創二增七十一條一、凡七百八十九條、增重編者、至二千餘條一、皆分レ類、列以二太康間所一レ定、復以二律及條例一參校、續增三十六條、其後因レ事續校、至二大安三年一止、又增二六十七條一、條約既繁、典者不レ能二徧習一、愚民莫レ知レ所レ避、犯レ法者衆、吏得二因緣一爲レ姦、故五年詔曰、法者所下以示二民信一、而致中國治上、簡易如二天地一、不レ忒如二四時一、使三民可レ避而不レ可レ犯、比命二有司一、纂二修刑法一、然不レ能三明體二朕意一、多作二條目一、以罔二民于罪一、朕甚不レ取、自レ今復用二舊法一、餘悉除レ之。刑法志

第十章　金ノ法典

金代ノ法典ニ皇統新制、正隆續降制書、大定軍前權宜條理、大定重修制條、明昌律令、律義、重修新律、承安條約、泰和律令勅條格式及律義等アリ左ニ分說ス

第一　皇統新制

皇統新制ハ熙宗皇統五年金ノ舊制ト隋唐ノ制トヲ採リ遼宋ノ法ヲ參用シテ編スル所ナリ是ヨリ先主トシテ舊律ヲ用キシカ是ニ至テ一書ヲ編セリ一ニ皇統新律ト曰フ凡千餘條アリ按スルニ皇統四年十一月借貸飢民酬賞格ヲ定メシ事アリ(註)此等ノ單行法ハ歷代頗多シ今一々列擧セス各本紀ニ詳ナリ

註

金史卷四十五曰、至皇統間、詔諸臣、以本朝舊制、兼採隋唐之制、參遼宋之法、類以成書、名曰皇統制、頒行中外、云々又多變易舊制。刑志

金國志卷三十六曰、至皇統間、又下學士院、令討論條例、頒行天下、目之曰皇統新制、

近千餘條、科條

同上卷十二曰、皇統五年秋七月、頒行皇統新律千餘條、新律之行、大抵依倣大宋、其間亦有創立者、如毆妻至死、非用器刃者、不加刑、他率類此、徒自一年至五年、杖自百二十至二百、皆以荊決臀、仍拘役之使之雜作、惟僧尼犯姦、及強盜不論得財不得財、並處死、與古制異矣。熙宗紀年

金史卷四曰、皇統四年十一月壬辰、立借貸飢民酬賞格。熙宗本紀

第二　正隆續降制書

廢帝亮ノ正隆中又續降制書ヲ編ス皇統新制ト並ヒ行フ(註)

註

金史卷四十五曰、至正隆間者、爲續降制書、與皇統制並行焉。刑志

第三　大定制條

世宗即位スルニ及ヒ天下未平ナラサルヲ以テ時宜ニ從ヒ一時ノ制旨ヲ下セル者

ヲ集メテ軍前權宜條理ヲ撰セシカ大定五年ニ至リ有司ニ命シテ條理ト制書トヲ删定セシメ之ヲ兼用シタリ同十九年六月局ヲ置キ大理卿移刺慥ニ命シ明法者ト共ニ皇統正隆ノ制及大定軍前權宜條理續行條理ヲ校正シ繁失ヲ删正シ參スルニ近制ヲ以テシ凡一千一百九十條ヲ分テ十二卷トシ大定重修制條ト名ツク詔シテ頒行ス次テ二十八年制條ノ舊律ニ拘リテ難解ノ詞アルニヨリ詔シテ删修シ明白曉リ易カラシム(註)

註

金史卷四十五曰、及世宗即位、以正隆之亂、盜賊公行、兵甲未息、一時制旨、多從時宜、遂集爲軍前權宜條理、　五年命有司、復加删定、條理與前制書、兼用、　上以正隆續降制書多任己意、傷於苛察、而與皇統之制並用、是非淆亂、莫知適從、姦吏因得上下其手、遂置局、命大理卿移刺慥、總中外明法者、共校正、乃以皇統正隆之制及大定軍前權宜條理後續行條理、倫其輕重、删繁正失、制有闕者、以律文足之、制律倶闕、及疑而不能決者、則取旨畫定、軍前權宜條理內、有可以常行者、亦爲定法、餘未應者、亦別爲一部存之、參以近所定徒杖減半之法、凡校定千一百九十條、分爲十二卷、以大定

重修制條、爲名、詔頒行焉、　二十八年、上以制條拘於舊律間有難解之詞、命刪修明白、使人皆曉之。刑志

同書卷七曰、大定十九年六月戊子朔、詔更定制條。世宗本紀

同書卷八曰、二十八年十一月戊申、上謂宰臣曰、制條以拘舊律、間有難解之辭、夫法律歷代損益、而爲之、彼智慮不及、而有乖違本意、若行刪正、令衆易曉、有何不可、宜修之務令明白、有司奏重修。同上

同書卷八十九曰、移剌慥、本名移敵列、契丹虞呂部人、云々大定十九年、還爲大理卿、被詔典領更定制條、初皇統間、參酌隋唐遼宋律令、以爲皇統制條、海陵虐法、率意更改、或同罪異罰、或輕重不倫、或共條重出、或虛文贅意、吏不知適從、姦緣舞法、慥取皇統舊制、及海陵續降通類、校定、通其窒礙、略其繁碎、有例該、而條不載者、用例補之、特闕者、用律增之、凡制律不該、及疑不能參決者、取旨畫定、凡特旨處分、及權宜條例內有可常行者、收爲永格、其餘未可削去者、別爲一部、大凡一千一百九十條、爲十二卷、書奏、詔頒行之。移剌慥傳

第四　明昌律

章帝ノ明昌元年ニ至リ平章政事張汝霖ノ奏ニヨリ詳定所ヲ置キ律令ヲ審定セシム三年七月右司郎中孫鐸先詳定所校セル名例篇ヲ進メ次テ諸篇皆成ル中都路轉運使王寂大理卿董師中等ヲシテ重校セシム次テ五年正月復制律ヲ校セシム詳定官乃今ノ制條ヲ用キ時宜ニ參酌シ律文ニ準シテ修定シ歴代刑書ノ今ニ宜シキ者ヲ採テ增補シ刑統疏文ヲ取テ之ヲ釋ス名ツケテ明昌律義ト曰フ別ニ權貨邊部權宜等ノ事ヲ編集シ勅條ト爲ス幾ナクシテ知大興府事尼厖古鑑御史中丞董師中等ヲシテ新律ヲ撰セシム（註）

註

金史卷四十五曰、明昌元年上問宰臣曰、今何不專用律文、平章政事張汝霖曰、前代律與令各有分、其有犯令以律決之、今國家制律混淆、固當分也、遂置詳定所、命審定律令、初詔、凡條格入制文內者、分爲別卷、復詔、制與律文、輕重不問、及律所無者、各校定以聞、如禁屠宰之類、當著于令也、慎之勿忽、律令一定、不可更矣、三年七月、右司郎中孫鐸、先以詳定所校名例篇進、既而諸篇皆成、復命中都路轉運使王寂大理卿董師中等、重校之、云々　五年正月、復令鈎校制律、即付詳定所、時詳定官言、若依重修制文爲式、則條目增減、罪名輕重、當異於律、既定、復與舊同領、則使人惑而易爲姦矣、臣等謂、用今制條、參酌時宜、準律文修定、歷採前代刑書、宜於今者、以補遺闕、取刑統疏文、以釋之、著爲常法、名曰明昌律義、別編榷貨邊部權宜等事、集爲勅條、宰臣謂、先所定令文、尚有未完、俟皆通定、然後頒行、若律科擧人、則止習舊律、遂以知大興府事尼厖古鑑御史中丞董師中翰林待制奥屯忠孝小字牙哥提點司天臺張嗣翰林修撰完顏撒剌刑部員外郎李庭義大理丞麻安止、爲校定官、大理卿閻公貞戸部侍郎李敬義工部郎賈鉉、爲覆定官、重修新律焉。刑志

第五　泰和律令勅條格式

同章宗ノ承安五年又條約ヲ定メシカ泰和元年十二月ニ至リ司空襄等律令勅條格式ヲ上進ス律ハ凡十二篇篇目一ニ唐律ニヨル即左ノ如シ

一名例　二衞禁　三職制　四戸婚　五廐庫　六擅興

七賊盜　八鬪訟　九詐僞　十雜律　十一捕亡　十二斷獄

凡五百六十三條三十卷トシ注疏ヲ加ヘテ疑事ヲ釋明ス名ツケテ泰和律義ト曰フ

令ハ凡二十九篇篇目左ノ如シ

一官品令　二職員令　三祠令四十八條　四戶令六十八條
五學令十一條　六選擧令八十三條　七封爵令九條　八封贈令十條
九宮衞令十條　十軍防令二十五條　十一儀制令二十三條　十二衣服令十條
十三公式令五十八條　十四祿令十七條　十五倉庫令七條　十六廐牧令十二條
十七田令十七條　十八賦役令二十三條　十九關市令十三條　二十捕亡令二十條
二十一賞令二十五條　二十二醫疾令五條　二十三假寧令十四條　二十四獄官令百六條
二十五雜令四十九條　二十六釋道令十條　二十七營繕令十三條　二十八河防令十一條
二十九服制令十一條

凡二十卷トス又制勅九十五條權貨八十五條蕃部三十九條ヲ以テ新定勅條凡三卷トシ六部格式ハ凡三十卷トス二年五月之ヲ頒行ス(註)

註

金史卷四十五曰、承安五年上遂命定立條約、 又命編前後條制、書之于冊以備將來考驗、泰和元年十二月、所修律成、凡十有二篇、一曰名例、二曰衞禁、三曰職制、四曰戶婚、五曰厩庫、六曰擅興、七曰賊盜、八曰鬪訟、九曰詐僞、十曰雜律、十一曰捕亡、十二曰斷獄、實唐律也、但加贖銅倍之、增徒至四年五年、爲七、削不宜於時者四十七條、增時用之制百四十九條、因而略有所損益者二百八十有二條、餘百二十六條、皆從其舊、又加以分其一爲二、分其一爲四者六條、凡五百六十三條、爲三十卷、附注以明其事、疏義以釋其疑、名曰泰和律義、自官品令職員令之下、曰祠令四十八條、戶令六十八條、學令十一條。選擧令八十三條、封爵令九條、封贈令十條、宮衞令十條、軍防令二十五條、儀制令二十三條、衣服令十條、公式令五十八條、祿令十七條、倉庫令七條、厩牧令十二條、田令十七條、賦役令二十三條、關市令十三條、捕亡令二十條、賞令二十五條、醫疾令五條、假寧令十四條、獄官令百六條、雜令四十九條、釋道令十條、營繕令十三條、河防令十一條、服制令十一條、附以年月之制、曰律令二十卷、又定制勅九十五條、權貨八十五條、蕃部三十九條、曰新定勅條三卷六部格式三十卷、司空襄以進、詔以明年五月頒行之。刑志

金國志卷二十八曰、貢字眞卿、咸陽人、云々累遷右司郎中、預修泰和律令、所上條書皆委曲當上心、興陵嘉嘆曰、漢有蕭相國、我有蕭貢、刑獄吾不憂矣。（蕭貢傳）

第十一章　元ノ法典

元代ニ於ケル法典ノ主要ナルモノヲ至元新格、風憲弘綱、元通制、元典章及至正條格トス今此等ニ就キ左ニ分説ス

第一　至元新格

元ハ初金律ヲ採用セシカ世祖至元八年十一月之ヲ行フ事ヲ禁シ同十年勅シテ伯顔、和禮、霍孫、史天澤、姚樞定ムル所ノ新格ヲ行フ次テ二十八年五月何榮祖公規治民禦盜理財等十事ヲ緝メテ一書トシ至元新格ト名ツク版ニ刻シテ頒行シ百司ヲシテ遵守セシム（註）

註

元史卷一百二曰、元興、其初、未有法守、百司斷理獄訟、循用金律、頗傷嚴刻、及世祖平宋、疆理混一、由是簡除繁苛、始定新律、頒之有司、號曰至元新格。刑法志

同書卷七曰（至正）八年十一月乙亥、禁行金泰和律。世宗本紀

同書卷八曰、十年十月丙辰、敕二伯顏、和禮・霍孫一以二史天澤、姚樞所一レ定新格、參考行レ之。同上

同書卷十六曰、二十八年五月丁巳、何榮祖以二公規治民禦盜理財等十事一、緝爲二一書一、名曰二至元新格一、命レ刻版頒行、使三百司遵守二。同上

第二　風憲弘綱

世宗ノ大德三年何榮祖又旨ヲ奉シテ大德律令ヲ定メシカ未頒行ニ及ハス仁宗ノ時又格例條畫ノ風紀ニ關スル者ヲ類集シテ風憲弘綱ヲ編ス(註)

註

元史卷一百二曰、仁宗之時、又以下格例條畫、有レ關二於風紀一者上、類二集成一レ書、號曰二風憲弘綱一。刑法志

同書卷二十曰(大德)三年三月甲午、命二何榮祖等一、更二定律令一。世宗本紀

同書卷一百六十八曰、何榮祖字繼先、其先大原人、(中略)先レ是榮祖奉レ旨、定二大德律令一、書成已久、至レ是乃得レ請二于上一、詔二元老大臣一聚二聽之一、未レ及二頒行一、適子秘書少監惠歿、遂歸二廣平一、卒年七十九。何榮祖傳

文淵閣書目卷十四曰、元風憲弘綱一部二十册闕、元風憲弘綱。一部三十册闕

第三　元典章及新集至治條例

英宗ノ至治中有司元典章前集六十卷新集至治條例二册ヲ撰ス其撰述ノ年月詳ナラサルモ新集目錄ノ末尾ニ至治二年六月日謹啓ノ語アリテ至治二年以後ノ新例ハ頒降アルヲ候テ編入ストイヘルヲ以テスレハ(註一)新集ハ至治二年六月ノ編纂ニシテ前集ハ蓋是ヨリ先ノ編纂ナルハ明ナリ前集ハ世祖以來延祐七年ノ至治改元詔ニ至ル詔令條格ヲ掲ケ新集ハ延祐三年以來至治二年ニ至ル詔令條格ヲ載セタリ此中前集ノ今上皇帝(卽英宗)ノ詔ハ新集ニモ重複增補シタレハ前集ハ略英宗以前ノ詔令條格ヲ新集ハ英宗以後ノ詔令條格ヲ主トシテ掲載シタリ此書杭州八千卷樓ニ存シ鐵琴銅劍樓書目ハ其新集ヲ掲ケタリ(註二)光緒三十四年修訂法律館ニ於テ杭州八千卷樓本ニヨリ重校刊行シ凡二十四册トス今此書ニヨリテ其體裁ノ一斑ヲ掲クレハ前集ハ詔令(凡一卷)聖政(凡二卷)朝綱(凡一卷)臺綱(凡二卷)吏部(凡八卷)戸部(凡十三卷)禮部(凡六卷)兵部(凡五卷)刑部(凡十九卷)工部(凡三十卷)ヨリ成リ聖政

以下更ニ大小目ヲ分チテ歴代ノ事例ヲ彙集シタリサレハ概括的智識ヲ與フル事難ク普通ノ原則ヲ發見スルニ難シ此四庫書目提要ニ體例瞀亂、漫無端緒ト非難セル所以ナリ然レトモ元代法制ノ沿革ヲ知ランカ爲ニハ主トシテ本書ニ依ラサルヲ得ス學者若此書ニヨリ概括的組織ヲ與ヘナハ元代法制ノ一斑ハ察知シ得ヘキナリ要スルニ元典章ハ之ヲ清朝法典ニ比スレハ會典事例ニ屬スヘキモノニシテ會典ニ屬スルモノニアラス其新集至治條例ノ體裁亦前集ニ異ル所ナシ按スルニ此書元史ニ載セス元史ニハ至治三年ノ元通制ヲ掲ケタリ其書亦世祖以來ノ法制事例ヲ掲クルニ過キストアレハ體例類似セル所アルカ如シ或ハ同一法典ニアラサルヤノ疑ナキニアラサルモ元通制ノ斷例條格詔赦令類ニ分テルヲ見ハ別種ノ法典ナルニ似タリ尚四庫提要ニ辯スル所アリ(註三)今參考ノ爲前集ノ綱目ヲ左ニ掲ク但其細目ニ及ハス

詔令　世祖、成宗、武宗、仁宗、英宗

聖政　振朝綱、肅臺綱、飾官吏、守法令、擧賢才、求直言、興學校、勸農桑、撫軍士、安黎庶、重民籍、恤站赤、厚風俗、旌孝節、抑奔競、止貢献

聖政二　均賦役　復租稅　減私租　薄稅斂　息徭役　簡詞訟　救災荒　貸逋欠
惠鰥寡　賜老者　賑饑貧　恤流民　崇祭祀　明政刑　理冤滯　霈恩宥
朝綱　政紀　庶務
臺綱一　內臺　行臺　臺綱二　體察　體覆　按治　照刷
吏部　官制一　資品　職品　官制二　選格　承廕　承襲　僞使　當質　月日　官
制三　流品　軍官　投下　教官　醫官　陰陽官　倉庫官　局院官　場務官
站官　首領官　捕盜官　職制一　告敘　聽除　授除　守闕　赴任　不赴任
職制二　職守　假故　代滿　丁憂　作闕　給由　致仕　封贈　吏制　儒吏
職官吏員　令史　書吏　典吏　譯使通事　宣使奏差　典史　司吏　獄典
庫子　公規一　座次　署押　掌印　公事　公規二　行移　差委　案牘
戶部　祿廩　俸錢　祿米　職田　分例　使臣　官吏　祗應　雜例　戶計　籍
冊　軍戶　分析　承繼　逃亡　婚姻　婚禮　嫁娶　官民婚　軍民婚　休棄
夫亡　收繼　不收繼　田宅　官田　民田　荒田　房屋　家財　典賣　種佃
鈔法　昏鈔　僞鈔　挑鈔　雜例　倉庫　義倉　錢糧　收支　不應支　押

運　追徵　免徵　雜例　課程　茶課　鹽課　酒課　市舶　常課　契本　洞冶　竹課　河泊　雜課　匿稅　免稅　農桑　立司　立社　勸課　栽種　水利　災傷　租稅　納稅　投下稅　軍兵稅　僧道稅　差發　影避　減差　賦役　戶役　科役　和買　和糴　物價　腳價　夫役　錢債　斡脫錢　私債　解典

禮部　禮制一　朝賀　進表　迎送　禮制二　服色　印章　牌面　誥命　禮制三　婚禮　喪禮　葬禮　祭禮　學校一　蒙古學　儒學　學校二　醫學　陰陽學　釋道　釋敎　道敎　白蓮敎　頭陀敎　也里可溫　禮雜　孝節　行孝　雜例

兵部　軍役　軍官　軍戶　正軍　新附軍　侍衛軍　探馬赤軍　乾討虜軍　軍駈　出征　逃亡　病故　替補　占使　軍糧　軍裝　軍器　拘收　許把　隱藏　雜例　驛站　站赤　使臣　脫脫禾孫　站官　站戶　給驛　鋪馬　長行馬　船簥　押運　違例　雜例　遞鋪　整點　入遞　不入遞　禁例　捕獵　打捕　圍獵　飛放　違禁

刑部　刑例　刑法　贖刑　流配　遷徙　刑名

刑獄　獄具　察獄　繫獄　鞫獄　審獄　斷獄　提牢　諸惡　不孝　不睦
謀反　大逆　謀叛　惡逆　不義　內亂　不道　大不敬　諸殺一　謀殺　故殺
劫殺　鬪殺　誤殺　過失殺　殺親屬　殺卑幼　奴殺主　殺奴婢倡佃　因姦
殺人　醫死人　老幼篤疾殺人　自害　雜例　諸殺二　檢驗　燒埋　毆詈　拳
手傷　他物傷　品官相毆　保辜　雜例　諸姦　强姦　和姦　嚇姦　縱姦
指姦　凡姦　主奴姦　奴婢相姦　官民姦　僧道姦　姦生子　諸贓一　取受
以不枉法論　以枉法論　諸贓二　侵盜　侵使　諸贓三　過錢　回錢　首贓　贓
罰　禁例　雜例　諸盜一　强竊盜　豁剜　偸官庫錢物　舊賊　偸頭口　評贓
刺字　免刺　流配　免配　首原　窩主　警跡人　雜例　諸盜二　掏摸　搶奪
拐帶　放火　發塚　諸盜三　防盜　捕盜　獲盜　失盜　詐僞　詐　僞　訴訟
書狀　聽訟　告事　問事　元告　被告　首告　誣告　稱寃　越訴　代訴
折證　約會　停務　告攔　禁例　雜犯一　違枉　違錯　違慢　非違　違例
私役　擅科　虛妄　雜犯二　脫囚　縱囚　放賊　闌遺　李蘭奚　宿藏　諸禁
禁誘略　禁典雇　禁宰殺　禁夜　禁火　禁刑　禁豪覇　禁賭博　禁局騙

禁ニ聚衆一　禁ニ毒藥一　雜禁

工部　造作一　緞疋　雜造　造作二　橋道　船隻　公廨　役使　祗候　弓手

但此中目錄ニ存シテ本文ニ存セサルモノナキニアラス

註

一　至治二年以後新例、候レ有ニ頒降一、隨レ類編入梓行、不下以ニ刻板已成一、而靳中於附益上也。　至治二年六月日謹咨　刊本元典章跋

二　鐵琴銅劍樓藏書目卷十二曰、大元聖政典章　集至治條例二冊。影鈔元本　題ニ至治二年新集一、不レ分ニ卷一、凡國典、朝綱、吏部、戶部、禮部、兵部、刑部、工部、八門、又分ニ子目三十有九一、目錄前又有ニ綱目一、有ニ無名氏題記一云、大元聖政典章、自ニ中統建元一、至ニ延祐四年一、所レ降條畫、板ニ行四方一、已有レ年矣、欽惟、皇朝政令誕新、朝綱大振、省臺院部恪ニ遵成典一、今謹自ニ至治新元一、以迄ニ今日一、頒降條畫、及前所レ未レ刊新例、類聚梓行、使下官有ニ成規一、民無中犯法上、其於ニ政治一豈小補云、目錄後又有ニ刊書人記一云、至治二年以後雜例。云々（以下掲前）舊藏ニ愛日精廬一。法令

三　四庫全書總目卷八十三曰、元典章前集六十卷、附新集ニ（無卷數、內府藏本）不レ著ニ撰人名一、　前

集載世祖卽位至延祐七年英宗初政、其綱凡十、曰詔令、曰聖政、曰朝綱、曰臺綱、曰吏部、曰戶部、曰禮部、曰兵部、曰刑部、曰工部、其目凡三百七十有三、每目之中、又各分條格、新集體例、略倣前集、皆續載英宗至治元二年事、不分卷數、似猶未竟之本也、此書始末元史不載、惟載至治二年金帶御史李端言、世祖以來所定制度、宜著爲令、使吏不同爲姦、治獄有所遵守、英宗從之、書成名曰大元通制、頒行天下、凡二千五百三十九條、計其時代、正與此書相同、而二千五百三十九條之數、則與此書不相應、卷首所載中書省箚、亦不相合、蓋各爲一編、非通制也、考元史以八月成書、諸志皆潦草殊甚、不足徵一代之法制、而元經世大典、又久已散佚、其散見永樂大典者、顚倒割裂、不可重編、遂使百年掌故無成書之可考、此書於當年法令、分門臚載、採掇頗詳、故宜存備一朝之故事、然所載皆案牘之文、兼雜方言俗語、浮詞妨要者、十之七八、又體例瞀亂、漫無端緒、觀省箚中有置簿編寫之語、知此乃吏胥鈔記之條格、不足以資考證、故初擬繕錄、而終存其目焉。政書類存目

第四　元通制

次テ英宗ノ至治三年二月元通制成ル宰執儒臣ノ舊制ヲ損益シテ編スル所凡二千五百三十九條アリ內斷例七百十七條格一千一百五十一條詔赦九十四條令類五百七十七條トス大凡世祖以來ノ法制事例ヲ纂修セルニ過キス(註)其內容ノ一斑ハ元史刑法志ニ之ヲ彙集セリ

註

元史卷一百二曰、至英宗時、復命宰執儒臣、取前書、而加損益焉、書成、號曰大元通制、其書之大綱有三、一曰詔制、二曰條格、三曰斷例、凡詔制爲條九十有四、條格爲條一千一百五十有一、斷例爲條七百十有七、大槩纂集世祖以來法制事例而已。刑法志

同書卷二十八曰(至治)三年二月辛巳格例成定、凡二千五百三十九條、內斷例七百十七、條一千一百五十一、詔赦九十四、令類五百七十七、名曰大元通制頒行天下。

第五　至正條格

順宗ノ至正五年十一月ニ至リ又新修至正條格ヲ撰ス此書四庫書目提要ニ載ス卽永樂大典中ヨリ採錄スル所ナリ卷數詳ナラサルモ提要ニハ大典載スル所ニヨリ

二十三卷トス補遼金元藝文志政刑類ニハ四册トシ文淵閣書目卷十四ニハ一部三十八册闕トアリ其目凡二十七左ノ如シ

一祭祀　二戸令　三學令　四選擧　五宮衛　六軍防
七儀制　八衣服　九公式　十祿令　十一倉庫　十二廐牧
十三田令　十四賦役　十五關市　十六捕亡　十七賞令　十八醫藥
十九假寧　二十獄官　二十一雜令　二十二儒道　二十三營繕　二十四河防
二十五服制　二十六站赤　二十七權貨

提要載スル所ノ歐陽玄ノ序ニヨレハ元通制以後ノ續降詔條法司續議格例、簡牘繁滋ニシテ吏ノ法ヲ用ウル弊甚シキニヨリ勅シテ樞府憲臺大宗正翰林集賢等官ヲ選ヒ新舊條格ヲ參酌損益シ制詔百五十條格千七百條斷例千五十九條ヲ撰シテ上ルト按スルニ此事元史刑法志ニ見エス同書順宗本紀ニハ格成ヲ記シ歐陽玄傳ニハ勅ヲ奉シテ國律ヲ定ムルコト見エタリ（註）

註

元史卷四十一曰(至正)五年十一月甲午、至正條格成 順宗本紀四庫全書總目卷八十四曰、至正條格二十三卷。（永樂大典本）元順宗時官撰、凡分目二十七、曰祭祀、曰戶令、曰學令、曰選擧、曰宮衛、曰軍防、曰儀制、曰衣服、曰公式、曰祿令、曰倉庫、曰廐牧、曰田令、曰賦役、曰關市、曰捕亡、曰賞令、曰醫藥、曰假寧、曰獄官、曰雜令、曰儒道、曰營繕、曰河防、曰服制、曰站赤、曰榷貨、案元史刑法志載、元初平宋、簡除繁苛、始定新律、至元二十一年、中書省咨、各衙門將元降聖旨條律、頒之有司、號曰至元新格、仁宗時、又以格例條畫、類集成書、曰風憲弘綱、英宗時、復加損益、書成、號曰大元通例、其書之大綱、有三、一曰詔誥、二曰條格、三曰斷例、自仁宗以後、率遵用之、而不及此書、據歐陽玄序、則此書乃順帝至元四年中書省言、大元通制、纂集於延祐乙卯、頒行於至治三癸亥、距今二十餘年、朝廷續降詔條、法司續議格例、簡牘滋繁、因革靡常、前後衡決、有司無所質正、往復稽留、吏或舞文、請擇老成耆舊文學法理之臣、重新刪定、上乃敕中書專官典治其事、遴選樞府憲臺大宗正翰林集賢等官、徧閱新舊條格、參酌增損、書成、爲制詔百有五十、條格千有七百、斷例千五十有九、至正五年書成、丞相阿魯圖等入奏請、賜名曰至正條格、其編纂始末、釐然可考、元史遺之、亦疎漏之一證矣、原本卷數不可考、今載於永樂大典者、凡二十三卷。政書類存目

第十二章　明ノ法典

第一節　總説

明代ニ於ケル法典ノ主要ナルモノヲ明令、明律、明會典、問刑條例、及明條法事類纂等トス而シテ明會典ハ更ニ諸司職掌、明祖訓、御製大誥、明令、明集禮、洪武禮制、禮儀定式、稽古定制、孝慈錄、教民榜文、明律、軍法定律、及憲綱ノ十三成文規ニ本ツキ加フルニ事例ヲ以テシタリ此等ノ十三成文規ハ其中法典ト目スヘキニアラサルモノヲモ含有セリト雖明會典ヲ組織セル一部ナルヲ以テ併セテ會典中ニ其大要ヲ叙説セントス以下之ヲ分説スヘシ

備考　明ノ法典ハ單ニ如上ノミニ止マラス明政纂要ニ載スル所亦少ナカラス南廱志經籍考ニハ南京國子監條例六本（成化十五年祭酒王文肅公僎撰）續條例二十六本南京國子監條例類編六本筆稿二十二本（嘉靖二年祭酒崔文敏公銑撰）ヲ掲ケ明史藝文志ニハ行移繁減體式一卷（洪武中撰）ヲ載セタリ此類尚多カルヘシ今論及セス

第二節　明令

一

明令ハ太祖呉元年十月左丞相李善長ノ律ト共ニ撰スル所ニシテ十二月ニ至テ成ル(註一)凡一巻一百四十五條アリ按スルニ明史ニ十二月頒スト曰ヘト實ハ翌年洪武元年正月ノ頒行ニ係ル同月十八日ノ聖旨ニヨリテ知ルヘシ該聖旨ニ據レハ後世律令繁多ニシテ人知リ難ク吏奸ヲ行ヒ易キニヨリ今改テ繁ヲ芟キ簡ニ就キ以テ知リ易ク犯シ難カラシムト其之ヲ制定セシ主旨ヲ察スヘシ(註二)此故ニ明ノ丘壡モ太祖ノ律令ヲ制定セシヲ漢ノ高祖ノ法三章ヲ約シ唐ノ高祖ノ法十二條ヲ約セシニ比セリ(註三)

註

一 明史巻一曰、呉元年(元至正二十七年)十月甲寅、定二律令一、十二月甲辰、頒二律令一。太祖本紀

同書巻一百二十七曰、李善長、字百室、定遠人、(中略)太祖初渡レ江、頗用二重典一、一日謂二善長一、法有二連坐三條一、不二已甚一乎、善長因請、自二大逆一而外、皆除レ之、遂命、與二中丞劉基等一裁二定

律令、頒示中外、李善長傳

同書卷九十三曰、明太祖平武昌、即議律令、吳元年冬十月、命左丞相李善良、爲律令總裁官、參知政事揚憲傅瓛御史中丞劉基翰林學士陶安等二十人、爲議律官、諭之曰、法貴簡、當使人易曉、若條緒繁多、或一事兩端、可輕可重、吏得因緣爲姦、非法意也、夫網密則水無大魚、法密則國無全民、卿等悉心參究、日具刑名條目以上、吾親酌議焉、每御西樓、召諸臣賜坐、從容講論律義、十二月書成、凡爲令一百四十五條、律二百八十五條。刑法志

二 洪武元年正月十八日、欽奉 聖旨、朕惟、律令者治天下之法也、令以敎之于先、律以齊之於後、古者律令至簡、後世漸以繁多、甚至有不能通其義者、何以使人知法意而不犯哉、人既難知、是啓吏之奸而陷民於法、朕甚憫之、今所定律令、芟繁就簡、使之歸一、直言其事、庶幾人人易知而難犯、書曰、刑期于無刑、天下果能遵令、而不蹈於律、刑措之効、亦不難致、玆命頒行四方、惟爾臣庶、體予至意欽此。和刻明令所載

三 大學衍義補卷一百三曰、我聖祖、於登極之初、洪武元年、卽爲大明令一百四十五條、頒行天下、(中略)斯令也、蓋與漢高祖初入關約法三章、唐高祖入京師約法十二條同

一意也。定律令之制

二

明令ハ之ヲ吏令、戸令、禮令、兵令、刑令、工令ノ六目ニ總括シタリ吏令ハ凡二十條戸令ハ凡二十四條禮令ハ凡十七條兵令ハ凡十一條刑令ハ凡七十一條工令ハ凡二條トス條目左ノ如シ

吏令　選用　致仕　親屬廻避　流官避貫　守令考績　吏額　守令到任　公事程限　勾銷　家人代訴　行止文簿　刷卷罰贖　官員丁憂　任滿官員　官員朝覲　公事自覺改正　官員月日三條　宣使等與吏同

戸令　漏口脱戸准首　子孫承繼　嫁娶主婚　無子立嗣　夫亡守志　招婿　戸絶財產　七出　田宅契本　侍丁　節婦免差　店曆　酒麴納稅　軍民附籍　祖父母在析居　妾獻山場　嫡孫丁憂　和顧和買　擅自科派　較勘斛斗秤尺　過割稅粮　鰥寡孤獨　指腹爲親　解納官物

禮令　朝賀班次　表箋儀式　公服　侍親　旌表節義　喪服等差　服色等第　雨雪霑衣　民間嫁娶　國學生員　褒贈　三皇廟祀　社稷　武成王廟祀　孔

子廟祀　封贈 二條
兵令　額設祇候人等　水站人夫　急遞舖兵　掠奪影占　擅自勾軍　軍情　出使從人　城樓窩舖　出使分例　告給路引　支給分例
刑令　五刑　十惡　八議　贖刑　獄具　斷決次第　擅問幕官　推官不得差占　司獄　元告合就被告　訴訟　鬪毆　鞫問罪囚　審錄罪囚　民官犯贓　軍官犯贓　二罪俱發　老病待訴　婦人犯罪　出使受狀　警跡年限　捕盜功賞　犯罪自首　職官犯罪　撿屍圖式　家人共盜　盜賊自首　計贓貫數　竊盜併贓　告赦前事　取受還主　竊盜被殺　守令罰贖　籍沒田產　訴訟文簿　減罪等第　徒流遇赦不還　親屬容隱　燒埋銀兩　去官犯贓　流囚家屬　計贓估價　贓物給沒　檢屍告免　親屬代首　僧道犯罪　家人共犯　墳塋不籍沒　籍沒遇革　故殺子孫遇革　竊盜遇革免刺　强盜遇赦　軍官犯罪　軍官犯罪　解降　取受計贓　開剝牛馬　軍官罰俸　告人子孫爲證　官員家人犯罪　特旨處決罪名　讒言　頒降律令　牢獄　老幼犯罪　婦人不許出官　誣告抵罪 二條　訴訟關親廻避　徒役　官員犯贓遷徒　里長犯贓至徒

工令　造作軍器、織造段匹

其内容ノ如キハ本篇ニ於テ説述シ難キモ要スルニ時創業ニ際セルヲ以テ主トシテ元制ニ本ツキシハ明ナリサレハ元典章ノ普通ノ原則ヲ發見シ難キニ反シ本令ノ如キハ能ク概括的智識ヲ與フルモノト云フヘシ

三

明令ハ單行本トシテ我延享四年大藏永綏之ヲ校刋セリ此書本末二冊ニ分チ卷首ニ河口子深ノ校刋明令序ヲ載セ次ニ大藏永綏ノ序ヲ掲ケタリ其中ニ享保中廣ク遺書ヲ購ヒテ風聲ヲ樹ツ是ニ於テ律令ノ闕一二世ニ出ツ又儒臣ニ命シ明律ヲ校シテ天下ニ刋布ス而カモ明令ハ未行ハレス余間明令ヲ校シ附スルニ國讀ヲ以テシ遂ニ剞劂ニ授クトアレハ當時之ヲ傳ヘシモノヽ如シ未底本ノ何タルヲ知ラス四庫提要ニハ之ヲ掲ケス

第三節　明律

一

明律ハ太祖呉元年李善長ノ令ト共ニ撰上シテヨリ後洪武六年ニ改修シ次テ二十八年又之ヲ更定シタリ

初呉元年十月李善長ノ令ト共ニ之ヲ撰シ同十二月ニ至テ書成ルヤ凡二百八十五條アリ（第二節ノ註一）太祖小民ノ周知シ難キヲ慮リ大理卿周楨等ニ命シ律令ヲ取リ禮樂制度錢糧等ヨリ凡民間行フ所ノ事宜ヲ類聚シ其義ヲ訓釋シテ一書ヲ編セシム名ツケテ律令直解ト曰フ（註一）次テ洪武四年正月御史臺律令憲綱ヲ撰シ同六年四月之ヲ諸司ニ頒テリ凡四十條アリ（註二）此年十一月刑部尚書劉惟謙等ニ詔シテ律ヲ修セシメ一篇ヲ奏スル毎ニ西廡ニ掲ケ親ク裁酌ヲ加フ七年二月ニ至テ成ル凡三十卷六百六條アリ篇目ハ唐律ニ準シテ十二篇トス卽左ノ如シ

一衛禁　二職制　三戸婚　四厩庫　五擅興　六賊盜
七闘訟　八詐僞　九雜律　十捕亡　十一斷獄　十二名例

舊律ヲ採用スルモノ二百八十八條續律ヲ採用スルモノ百二十八條舊令ヲ律ニ改ムルモノ三十六條事ニ因テ律ヲ制スルモノ三十一條唐律ヲ掇テ遺ヲ補フモノ百二十三條トス（註三）次テ九年律條ノ當ラサルモノアルヲ以テ丞相胡惟庸御史大夫

汪廣洋等ヲシテ詳議シ十三條ヲ釐正セシム（註四）二十二年ニ至リ比年條例增損定マラス斷獄當ヲ失スルモノ少ナカラサリシニヨリ詞臣刑官ニ命シ律條ヲ參考シ類ヲ以テ編附シ以テ律ヲ更定セシム三十年ニ至テ成ル凡三十卷四百六十條トス。其篇目ハ舊律ニ比シテ大ニ變改スル所アリ（註五）

註

一 典故紀聞卷一曰、太祖甞謂大理寺卿周禎曰、律令之設、所以使人不犯法、田野之民、豈能悉曉其意、有誤犯者赦之、則廢法、盡法則無民、爾等所定律令、除禮樂制度錢糧選法之外、凡民間所行事宜、類聚成編、直解其義、頒之郡縣、使民家喩戶曉、禎等乃爲律令直解、

二 明史卷九十三曰、六年夏、刊律令憲綱、頒之諸司。刑法志
明典彙卷二十二曰、四年正月、御史臺進擬憲綱四十條、上覽之、親加刪定。編輯諸書
明史卷九十七曰、憲綱一卷。洪武中御史臺進○藝文志　文淵閣書目卷一曰、憲綱一部一冊。闕

三 明史卷九十三曰、其冬詔刑部尚書劉惟謙詳定大明律、每奏一篇、命揭兩廡親加裁酌、及成翰林學士宋濂爲表以進。刑法志

進大明律表（上略）是以、臨御以來、屢詔大臣、更定新律、至五六而弗倦者、凡欲生斯民也、今又特勅刑部尚書劉惟謙、重會衆律、以協厥中、而近代比例之繁、姦吏可資為出入者、咸痛革之、每一篇成、趣繕書上奏、揭於西廡之壁、親御翰墨、為之裁定、由是仰見陛下仁民愛物之心、與虞夏帝王同一哀矜也、（中略）臣惟謙、以洪武六年冬十一月受詔、明年二月書成、篇目一準之於唐、曰名例、曰衛禁、曰職制、曰戶婚、曰廐庫、曰擅興、曰賊盜、曰鬭訟、曰詐偽、曰雜犯、曰捕亡、曰斷獄、采用已頒舊律二百八十八條、續律百二十八條、舊令改律三十六條、因事制律三十一條、掇唐律以補遺一百二十三條、合六百有六、分為三十卷、其間或損或益、或仍其舊、務合重輕之宜云。明律所載

按スルニ明史刑法志ニ上表ヲ引キ其篇目ヲ揭ケテ衛禁ヲ首ニ名例ヲ尾ニ置キ而シテ二十二年更定スルニ及ヒ名例律ヲ篇首ニ冠スト曰ヘリ和刻明律載スル所ノ上表ニハ名例ヲ篇首ニ置ケリ一準之於唐律トアルニヨリテ校刊者ノ改訂セル所ナルカ後考ヲ俟ツ

明史卷九十七曰、大明律三十卷。洪武六年命刑部尚書劉惟謙詳定、篇目皆準唐律、合六百有六條、九年後釐正十有三條、餘仍故。○藝文志

四

明史卷九十三曰、九年、太祖覽律條猶有未當者、命丞相胡惟庸御史大夫汪廣洋等、

詳議釐正十有三條。刑法志

五 明史卷九十三曰、二十二年、刑部言、比年條例、增損不一、以致斷獄失當、請編類頒行、俾中外知所遵守、遂命翰林院同刑部官、取比年所增者、以類附入、改名例律、冠於篇首、爲卷凡三十、爲條四百有六十、(中略)太孫請更定五條以上、太祖覽而善之、太孫又請曰、明刑所以弼敎、凡與五倫相涉者、宜皆屈法以伸情、乃命改定七十三條、云々二十五年、刑部言、律條與條例不同者、宜更定、太祖以條例特一時權宜、定律不可改、不從、三十年、作大明律誥成、御午門、諭群臣曰、朕倣古爲治、明禮以導民、定律以繩頑、刊著爲令、行之既久、犯者猶衆、故作大誥、以示民、使知趨吉避凶之道、古人謂、刑爲祥刑、豈非欲民並生於天地間哉、然法在有司、民不周知、故命刑官、取大誥條目、撮其要、略附載於律、凡榜文禁例、悉除之、除謀逆及律誥該載外、其雜犯大小之罪、悉依贖罪例論斷、編次成書、刊布中外、令天下知所遵守、云々 蓋太祖之於律令也、草創於吳元年、更定於洪武六年、整齊於二十二年、至三十年、始頒示天下、日久而慮精、一代法始定、中外決獄、一準三十年所頒。刑法志

同上卷九十七曰、更定大明律三十卷、洪武二十八年命ニ詞臣、同ニ刑官、參ニ考比年律條、以レ類附、凡四百六十條、○藝文志

二

洪武三十年ノ更定明律ハ篇目ヲ凡三十ニ分チ總括スルニ名例律、吏律、戶律、禮律、兵律、刑律、工律ノ七律ヲ以テス篇目及條數左ノ如シ

名例律 四十七條

吏律　職制 十五號　公式 十八條

戶律　戶役 十五條　田宅 十一條　婚姻 十八條　倉庫 二十四條　課程 十九條　錢債 三條
　市廛 五條

禮律　祭祀 六條　儀制 二十條

兵律　宮衞 十九條　軍政 二十條　關津 七條　廐牧 十一條　郵驛 十八條

刑律　盜賊 二十八條　人命 二十條　鬪毆 二十二條　罵詈 八條　訴訟 十二條　受贓 十二條
　詐僞 十二條　犯姦 十條　雜犯 十一條　捕亡 八條　斷獄 二十九條

工律　營造 九條　河防 四條

此ノ如ク更定明律ハ從前ノ十二律ニ比シテ較複雜トナリ新ニ設立セル篇目少ナ

カラス要スルニ明律ハ唐律ニ比シテ條數減少セルニ拘ハラス内容體裁共ニ進歩セル形跡アルヲ見ル蓋明律ハ支那ニ於ケル刑法典中ニ於テ最進歩セル法典ナリ現朝ノ清律ハ卽此更定明律ヲ襲用セリ

三

明律ハ明代ノ刑法典ナルヲ以テ明人ノ之ニ註解ヲ與ヘタルモノ少ナカラス試ニ明史藝文志載スル所ヲ列擧セハ左ノ如シ

律解辨疑三十卷何廣撰　明律分類條目四卷陳廷璉撰
明律解十二卷張楷撰　明律釋義三十卷應檟撰
明律集解附例三十卷高擧撰　明律例三十卷范永鑾撰
讀律管窺十二卷應廷育撰　讀律瑣言三十卷雷夢麟撰
明律讀法書三十卷孫存撰　讀律私箋二十四卷王樵撰
明律例註二十卷林兆珂撰　律解附例八卷王之垣撰
刑書會據三十卷　律例箋解三十卷王肯堂撰

凡十四部トス國史經籍志ニモ律解附例八卷、明律分類目錄四卷、讀律瑣言、明律讀法

書、讀律私箋二十四卷、律解辨疑三十卷ヲ收メタリ此等ノ書今傳フルヤ否ヤヲ明ニセサルモ我內閣文庫ニハ現時左ノ諸書ヲ藏セリ

律例臨民寶鏡十六卷八册　崇禎中蘇茂相輯

此書上欄ニ欽定時估例問四則例等ヲ收ム

明律例法司刑書據會十五卷七册　彭應弼撰

此書卷首上ニ祖訓、題奏本式、行移體式、問刑條例題稿ヲ同下ニ明律目錄、喪服圖贓贓圖、律鈔例、抄招儀式等ヲ收メ卷末ニ巡方總約、洪武禮制、儀註ヲ掲ケタリ

明律附例註解三十卷十册　姚思仁撰

明律旁註三十卷二十册　徐昌祚撰

此書明祖訓、明令、明會典、大誥前續三篇、大誥武臣、臥牌憲綱、見行條例、軍政條例、發落便覽、律條疏義、法家要覽、風紀輯覽、律解附例、洗寃錄、明刑錄、詳注分解大全、讀律瑣言、祥刑氷鑑、律例纂要、分解、龍頭、管見、律條本註、纂註校訂律例、律例便覽、明律讀法備考、集解附例ニ據リテ旁註ヲ加ヘタリ

明律例附解十二卷六册　顧應祥撰

明律例改君奇術十二卷六冊　朱敬循撰
全補傍訓便讀龍頭律法全書十一卷八冊（藏本ハ大明龍頭便讀傍訓律法全書ト題シ十一卷十冊トス）
明律解附例二十七卷附卷九冊　鄭汝璧等纂註
明律箋釋三十卷十二冊（王樵私箋王肯堂集釋○藏本亦同シ）
此書ニ王肯堂ノ愼刑說アリ呂新吾ノ晋憲時約鄒南皐ノ刑戒ニヨリテ刑獄ニ關スル意見ヲ吐露セリ
御頒新例三臺明律正宗十三卷九冊
此書卷十二十三ニ洗寃錄無寃錄ヲ載ス本文ハ主トシテ瑣言、管見、判語、告示ニヨリテ解釋セリ
又石川縣博物館書目ニモ明律集解附例三十卷明律釋義三十卷讀律瑣言三十卷ノ外ニ左記ノ書ヲ掲ケタリ
律條疏義三十卷十一冊　張楷撰
明律直引增註比互條例釋義假如八卷六冊
吾邦德川時代ニ於テモ學者ハ多ク明律ヲ研究シ為ニ之ニ訓釋ヲ施シタル者少カ

ラス試ニ之ヲ列擧スレハ左ノ如シ
明律例釋義十四卷　高瀬忠敦撰
此書享保五年ノ撰ニ係ル首卷ニ律大意ヲ掲ケ大學衍義補律例箋釋周禮書經唐書孟子前漢書論語等ノ書ニヨリ律ニ關スル議論ヲ掲ケタリ跋ニ大明律例釋義十四卷恭奉釣奉始筆於二月初旬畢工於十二月中旬云々トアリ
右文故事卷十三曰、享保五年二月高瀬喜朴ニ命シテ明律譯義ヲ撰上セシム
明律譯三十卷　荻生觀撰
享保九年ノ撰ニ係ル條例ニ及ハス
明律譯註九卷　岡白駒撰
譯ハ律ノ大要ヲ掲ケ註ハ語句ヲ解セリ條例ヲモ加フ
明律國字解十六卷　荻生茂卿撰
明律譯解同補遺　榊原玄輔撰
明律諺解大成三十卷　同　撰
明律詳解二十一卷同補　高瀬忠敦撰

明律疑義　荻生道濟撰
詳說明律釋義　三浦義質撰
明律詳義　澁井孝室撰
明律彙纂　菅野潔撰

此他少ナカラス然レトモ多クハ寫本ニシテ僅ニ明律國字解ノミ刊本ヲ以テ行ハル

四

吾邦ニ於ケル明律ノ流布本ハ享保七年荻生觀ノ校刊セル官准刊行明律九册ナリ卽洪武二十八年ノ更定明律ナリ卷首ニ洪武三十年五月ノ御製大明律序ヲ載セ次ニ劉惟謙ノ進大明律表ヲ掲ク此進表ハ洪武七年ノ明律ノ序ニシテ宋濂ノ撰スル所ナリ又服制圖納贖圖收納鈔圖五刑獄具圖六贓圖八字義ヲ附載シ別ニ萬曆ノ問刑條例ヲ加ヘタリ四庫書目提要ニハ洪武七年ノ明律ヲ掲ケテ更定明律ヲ載セス此書傳本罕ナリト見エテ四庫全書總目卷八十四存目ニ其書罕傳、此本猶永樂大典所ㇾ載明初之舊本也、トアレハ永樂大典ヨリ採錄セシカ如シ

第四節　明會典

一

明代ノ行政法典タル明會典ハ凡三回ノ纂修ヲ經タリ初度ノ纂修ハ弘治十五年ニシテ正德四年ニ至テ重校刊行ス名ツケテ正德會典ト曰フ次テ嘉靖二十八年再之ヲ纂修ス名ツケテ嘉靖續纂會典ト曰フ萬曆十五年ニ至リ三度之ヲ纂修ス萬曆重修會典ト名ツク

初英宗ノ天順年中內閣ニ命シテ條格ヲ纂修セシメシカ未成ルニ及ハス憲宗ヲ經テ孝宗ノ弘治十年ニ至リ徐溥等勅ヲ奉シテ之ヲ纂修ス同十五年十二月ニ至テ成ル凡一百八十卷アリ職官ヲ以テ卷ヲ分チ頒降ノ群書ヲ以テ類ヲ分チ附スルニ事例ヲ以テセリ其纂修ノ理由ハ同年十二月十一日ノ御製會典序ニ詳カナリ（註一）之ニ據レハ天理ニ遵テ制定セル法ハ萬世ニ垂レテ弊害ナシト雖雜ユルニ人爲ノ法ヲ以テスレハ一時施行シ得ヘキモ以テ萬世ノ法ト爲スヲ得ス堯舜禹湯文武ノ法ハ則天理ニ純ナル法ナリ之ニ反シ秦漢以後ノ法ハ皆雜ユルニ人爲ノ法ヲ以テス

故ニ後世ノ則トスヘカラス太祖此理ヲ曉リ一ニ天理ニ遵テ法ヲ立ツ以來太宗仁宗定宗英宗憲宗皆其意ヲ繼キ出ス所ノ法皆天理ニ遵ハサルナシ然ルニ累朝出ス所ノ法愈多クシテ官吏人民ノ知悉スルコト難キヲ以テ特ニ內閣ニ勅シテ一法典ヲ編シ之ヲ彙集セシメタリ此卽弘治會典ノ編纂ヲ見ルニ至リシ所以ナリ然ルニ弘治會典ハ未頒行スルニ至ラスシテ同十八年孝宗崩去セリ會典御製序ニハ特命工鋟梓、以頒示中外トアルニヨリ刊行セラレタルカ如キモ實ハ然ラサルコトハ正德四年校刊ノ會典ニ載セタル武宗御製序ニ將欲布之天下、未幾而龍馭上賓矣、トアルニテ明カナリカクテ武宗卽位スルニ及ヒ正德四年內閣ニ命シテ參校ヲ加ヘ遺闕ヲ補正セシム是ニ於テ同十二月重校明會典一百八十卷凡例目錄ヲ合セテ一百冊ヲ上ル重校ノ任ニ當リシハ總裁ニ李東陽焦芳楊廷和副總裁ニ梁儲纂修ニ翰林院學士毛紀同院侍講學士傅珪同院侍讀毛澄朱希周同院編修潘辰等トス以上ノ事績ハ正德會典載スル所ノ御製序（註二）及李東陽ノ進大明律表ニ詳ナリ此ノ如ク正德會典ハ主トシテ弘治會典ニ本ツキ誤脫ヲ參校補正セシニ過キサレハ之ヲ改修セシニハアラサルナリ正德會典ヲ校刊シテヨリ約二十年ヲ經テ世宗ノ嘉靖八年四月ニ至リ又內閣ニ勅諭シ弘治十六年以後ノ事例ヲ會典ニ編入セシム嘉靖二十八年ニ至テ成ル凡五十三卷トス體裁ハ正德會典ニ據リ事目ヲ分合シ正德會典以後ノ事例ヲモ加ヘタリ然ルニ新會典ハ之ヲ秘府ニ藏シテ頒行スルニ至ラサリキ此事ハ萬曆會典ニ載セタル神宗御製序ニ載在秘府未及頒行ト見エ（註四參照）又申時行ノ進重修大明會典表ニ于時刊布未遑ト記セルニヨリテ明ナリサレハ嘉靖續修會典ノ體裁及其內容ハ詳ニシ難キモ萬曆會典ニハ特ニ嘉靖間續修凡例ヲ採錄セルニヨリテ其一斑ヲ察スヘシ（註三）

嘉靖纂修ノ後凡二十八年ヲ經テ神宗ノ萬曆四年六月ニ至リ又內閣ニ勅諭シ嘉靖二十八年以後ノ事例ヲ加ヘテ之ヲ纂修セシム同十五年二月之ヲ上ル凡二百二十八卷トス正德會典ニ比シテ四十八卷ヲ增シ嘉靖會典ニ比シテ百七十五卷ヲ加ヘタリ撰者ハ總裁ヲ申時行王錫爵トシ此他ニ副總裁七人纂修十七人催纂三人アリ（註四）此書卷首ニ弘治十五年孝宗御製序ヲ揭ケ次ニ正德四年武宗御製序ヲ次ニ萬曆十五年神宗御製序ヲ次ニ弘治正德嘉靖萬曆ノ勅諭ヲ以下纂修諸書開封報文冊

銜門弘治間凡例嘉靖間續纂凡例萬曆四年張居正等ノ劄子萬曆間重修凡例十五年申時行等ノ進會典表重修諸臣銜名ヲ各掲ケタリ

註

一御製大明會典序

朕惟、自古帝王、君臨天下、必有一代之典、以成四海之治、雖其間損益沿革、未免或異、要之不越乎一天理之所寓也、純乎天理、則垂之萬世而無弊、雜以人爲、雖施之一時、而有違、蓋有不可易焉者、唐虞之時、堯舜至聖、始因事制法、凡儀文數度之間、天理之當然、無乎不在、故積之而博厚、發之而高明、巍然煥然、不可有已、三王之聖、禹湯文武、視堯舜固不能無間、而典制寖備、純乎是理、則同、是以雍熙泰和之盛、同歸於治、非後世之所能及也、自秦而下、世之稱治者、曰漢、曰唐、曰宋、其間賢君屢作、亦號小康、但典制之行、因陋就簡、雜以人爲、而未盡天理、故宋儒歐陽氏謂、其治出於二、其不能古若也、夫豈無所自哉、惟我太祖高皇帝、以至聖之德、驅胡元、而有天下、凡一政之擧、一令之行、必集群儒而議之、遵古法、酌時宜、或損、或益、燦然天理之敷布、神謨聖斷、高出千古、近代積習之陋、一洗而盡焉、我太宗文皇帝、仁宗昭皇帝、定宗章皇帝、英宗睿皇帝、憲宗純皇帝、聖々相承、先後一心、雖因時損益、而率由是道、百有餘年之太平、端有在矣、朕祗承天序、即位以來、夙夜孜孜、欲仰紹先烈、而累朝典制、散見疊出、未會于一、乃勅儒臣、發中秘所藏諸司職掌等諸書、參以有司之籍冊、凡事關禮度者、悉分館編輯之、百司庶府、以序而列、官各領其屬、而事皆歸於職、名曰大明會典、輯成來進、總一百八十卷、朕間閱之、提綱挈領、分條析目、如日月之麗天、而群星隨布、我聖祖神宗、百有餘年之典制、斟酌古今、足法萬世者、會粹無遺矣、特命工鋟梓、以頒示中外、俾自是而世守之、不遷於異說、不急於近制、由朝廷以及天下、諸凡擧措、無巨細精粗、咸當乎理、而得其宜、積之既深、持之既久、則我國家、博厚高明之業、雍熙泰和之治、可以並唐虞軼三代、而垂之無窮、必將有賴於是焉、遂書以爲序。

弘治十五年十二月十一日

二　御製大明會典序

（上略）迨我英宗睿皇帝復辟之時、嘗命內閣儒官、纂輯條格、以續職掌之後、未底于成、皇考孝宗敬皇帝、繼志述事、命官開局、纂輯成編、釐爲百八十卷、其義一以職掌爲主類以頒降群書、附以歷年事例、使官領其事、事歸于職、以備一代之制、仍會府部院寺大小諸司、而相質訂、登進于廷、將欲布之天下、未幾而龍馭上賓矣、朕嗣位之四年、爲正德已巳、檢閱前帙、不能無魯魚亥豕之誤、復命內閣、重加參校、補正遺闕、又數月而成、仰惟聖祖神宗、鴻猷盛烈、不能盡述、其大而可見者、略在此書、國是所存、治化所著皆於此乎係、比方勵精新政、乙覽之餘、特勅司禮監、命工刻梓、俾內而諸司、外而群服、考古者有所依據、建事者有所師法、由是而綱擧目張、政成化洽、保斯世於無疆、夫豈曰小補之哉、爰序始末、標之簡端、以列乎皇考御製之次、亦庶以成先志云爾。

正德四年十二月十九日

三　嘉靖間續修凡例（萬曆會典所載）

一會典續纂、欽奉勅諭、體例一遵舊典、但正其差譌、補其脱漏、及將弘治十六年以後事例隨類附入。

一舊所立事目、有宜分而合者、（如審決恤刑之類）有宜合而分者、（如河渠閘壩之類）有類次未當者、（如以殿試次有司科擧之類）有增立未盡者、（如慶成儀文臣總督之類）、所載之事、有未詳者、（加漕運鹽法之類）有詳而失實者、（如東宮朝儀之類）俱査補改正、其舊有目而今無其事者、削其目、而附見于別目之下、（如奉慈殿附奉先殿之類）若文義譌漏、而載籍案卷、無可考者、姑從舊文。

一舊分類總註、有前後互異者、（如曰在某事曰已上某事）適爲小目、移置各事例之前、以一體例。

一郊廟等項禮儀、凡奉今上增定者、以新儀立目、更定者、各載於舊儀之次。

一壇廟冠服儀仗等項制度、凡奉欽定、而舊所未有者、各畫爲圖、隨類附入。

一今上御製冊告等文、依舊載制詞例備錄。

一官制、殿閣大學士、舊載國子監之後、今以其與師傅同、爲大臣兼官、不隸衙門、移列師傅之次、

一南京各衙門事例、有混載於北者、悉更正之。

四 御製重修大明會典序（同上）

朕惟、自古帝王之興、必創制立法、以貽萬世、而繼體守文之主、駿惠先業、潤色太平、時或變通、以適于治、故前主所是、著爲律、後主所是、疏爲令、雖各因時制宜、而與治同道則較若畫一焉、朕踐阼以來、夙興夜寐、思紹休聖緒、惟祖宗成憲、是鑒是式、蓋我孝宗皇帝、嘗命儒臣、纂述大明會典、輯累朝之法令、定一代之章程、鴻綱纖目、燦然具備、逮

我世宗皇帝、入承天序、時歴四紀、而因革損益、代有異同、乃復下詔重修、續自弘治壬戌、迄嘉靖已酉、載在秘府、未及頒行、蓋至于今、又三十八年矣、歳歴綿遠、條例益繁、好事者喜紛更、建議者昧體要、甚則弄智舞文、奇請他比、自明習者、莫知所從、小吏淺聞、何由究宣、朕甚閔焉、賴天之靈社稷之福、國家間暇、得及時而明政刑、乃命儒臣。重加修輯、芟繁正譌、益以見行事例、而折衷之、蓋閲十有二歳、其書始成、於戲禮樂百年而後興、制作累世而大備、書不云乎、丕顯哉文王謨、丕承哉武王烈、佑啓後人、咸以正罔缺、云々朕陟降祖考、寤寐羹墻、凡一政一令、罔敢猒縱其耳目心志、以亂法度、惟是内外臣工、展采錯事、務壹稟于成憲、執此之政、堅如金石、行此令、信如四時、庶幾哉、百度惟貞、四方不式、俾萬世子孫、皆得蒙業而安、祚流罔極、可不謂善始善終哉、因序簡端、以明祖烈、且令後世有考焉。

萬暦十五年二月十六日

天祿琳瑯書目卷八曰、大明會典（二十函七十四冊）明萬暦間重修二百二十八卷、前孝宗弘治十五年御製序、次武宗正德四年御製序、次神宗萬暦十五年御製序、次弘治正德嘉靖萬暦四朝勅諭、次纂輯諸書、次開報文冊銜明、次弘治間凡例、次嘉靖間續纂凡例、次萬曆四年張居正呂調陽張四維等、請勅禮部編輯事例、送館箚子、次萬曆間重修凡例、次萬曆十五年申時行許國王錫爵等進書表、次重修諸臣銜名、考大明會典一書、始修於弘治、重訂於正德、嘉靖時復加參補、增入弘治十六年以後事例、至萬曆間、又增入嘉靖二十八年以後條例、校刊成書、故明史藝文志稱爲萬曆中重修大明會典、第此書、自孝宗迄神宗、四朝俱經纂修、而世宗獨無御製序文、按書中所刊、萬曆四年諭旨謂、世宗申命儒臣、重加校輯、比及進覽訖、未頒行、似於聖心猶有未當、據此則世宗時、僅以藁本進覽、並未刊行、故不爲製序、非有闕佚也。明版史部

四庫全書總目卷八十一曰明會典一百八十卷（江蘇巡撫採進本）明弘治十年奉勅撰、十五年書成、正德四年重校刊行、故卷端有孝宗武宗兩序、其總裁官、爲大學士李東陽、焦芳、楊廷和、副總裁官爲吏部尚書梁儲、纂修官爲翰林院學士毛紀、侍講學士傅珪侍讀毛澄、朱希周、編修潘辰、並列銜卷首、然皆武宗時重校諸臣、其原修之大學士徐溥等、竟不列名、未詳當日何意也、其體例以六部爲綱、吏禮兵工四部諸司、各有事例者則以司分、戸刑二部諸司、但分省而治、共一事例者、則以科分、故一百八十卷中、宗人府自爲一卷並首、外、餘第二卷至一百六十三卷、皆六部之掌故、一百六十四卷至一百

七十八卷、爲諸文職、末二卷、爲諸武職、特附見其職守沿革、而已、南京諸曹、則分附北京諸曹末、不別立條目、惟體例與北京者乃別出焉、云々大抵以洪武二十六年諸司職掌爲主、而參以祖訓、大誥、大明令、大明集禮、洪武禮制、禮儀定式、稽古定制、孝慈錄、敎民榜文、大明律、軍法定律、憲綱十二書、一代典章最爲賅備、凡史志之所未詳、此皆具有始末、足以備後來之考證。政書類

二

嘉靖會典ハ之ヲ頒行セサリシヲ以テ其内容體裁ヲ明ニシ難キモ正德會典ト萬曆會典トハ共ニ之ヲ傳ヘタルヲ以テ之ヲ明ニシ得ヘシ此兩者ハ略其體裁ヲ一ニシ猶唐六典ニ於ケルカ如ク官職ヲ以テ卷ヲ分チ其下ニ關係ノ法文事例ヲ揭ケタリ而シテ其法文トハ諸司職掌、明祖訓、御製大誥、明令、明集禮、洪武禮制、禮儀定式、稽古定制、孝慈錄、敎民榜文、明律、軍法定律及憲綱ノ十三書ニ載セタル個條ナリサレハ先此等ノ成文規ヲ揭ケ其次ニ事例ヲ揭ケテ歷代ノ實行例ヲ示シタリ若以上ノ成文規ニ適當ナル法文ナケレハ直ニ事例ヲ揭ケタリ例ヘハ正德會典ノ卷一百二十六ヨリ一百四十六ニ至ル凡二十一卷ハ刑部ニシテ其第七卷卽卷一百三十二ニハ先仲

寃ト題シ其下ニ事例ヲ掲ケ次ニ問擬刑名ト題シ諸司職制明祖訓明令ノ刑名ニ關スル法文ヲ掲ケ次ニ事例ヲ載セタリ其他類推スヘシ而シテ萬曆會典ハ直ニ書名ヲ掲ケスシテ洪武元年令、洪武十二年詰ト改稱シ又事例ニ正德以後ヲ加ヘタリ此兩會典ニ差異アル所ナリ

正德會典ト萬曆會典トハ卷數ニ差異アルヲ以テ官職ニ配當セル卷數ニ異同アリ即左ノ如シ

	正德會典	萬曆會典
文職衙門宗人府	卷一	卷一
同　吏部	自卷二至卷十五	自卷二至卷十三
同　戶部	自卷十六至卷四十一	自卷十四至卷四十二
同　禮部	自卷四十二至卷一百五	自卷四十三至卷一百十七
同　兵部	自卷一百六至卷一百二十五	自卷一百十八至卷一百五十八
同　刑部	自卷一百二十六至卷一百四十六	自卷一百五十九至卷一百八十
同　工部	自卷一百四十七至卷一百六十三	自卷一百八十一至卷二百八
諸文職衙門	自卷一百六十四至卷一百七十八	自卷二百九至卷二百二十六
武職衙門	自卷一百七十九至卷一百八十	自卷二百二十七至卷二百二十八

此ノ如ク六部ニ分載セラル、モノ多クシテ其以外ハ單ニ職員ト職掌トヲ規定スルニ過キサルコト又六典ニ同シ而シテ六部ハ更ニ司科ニ分チ司科ノ下ニ多數ノ題目ヲ設ケタリ此故ニ弘治御製序ニハ百司庶府以序而列、官各領其屬、而事皆歸于職ト曰ヒ正德御製序ニハ其義一以職掌爲主、類以頒降群書、附以歷年事例、使官領其事、事歸于職ト曰ヒ又四庫提要ニモ其以官統事、以事隷官、則萬古之大經云々ト見エタリ

十三種ノ成文規ハ皆太祖ノ洪武年中撰定スル所ナリ其撰年撰者ヲ揭クレハ左ノ如シ

諸司職掌　洪武二十六年三月翟善等ノ撰スル所ナリ凡十卷アリ（註一）

明祖訓　洪武六年中書撰上スル所ナリ凡一卷トス太祖自之ニ序ス中ニ曰ク至於開導後人、復爲祖訓一編、立爲家法、蓋太祖ノ子孫ヲ敎戒センカ爲ニ作ル所凡六年ニ七度藁ヲ換フト曰フ其書凡十三目アリ箴戒、持守、嚴祭祀、謹出入、愼國政、禮儀、法律、內令、內官、職制、兵衞、營繕、供用是ナリ命シテ子孫ノ改更スルナカラシム又宋濂ヲシテ之ニ序セシム（註二）

大誥　洪武十八年十月太祖官民ノ過犯條ヲ采輯シテ大誥ヲ作ル其目十アリ攬納戸、安保過付、詭寄田糧、民人經該不解物、灑派拋荒田土、倚レ法爲レ奸、空引偸軍、黥刺在逃、官吏長解賣田、寰中士大夫不レ爲ニ君用一其罪至ニ抄劄一是ナリ翌年又續篇三篇ヲ作レリ（註三）

明集禮　洪武三年九月梁寅等ノ撰上スル所ナリ凡五十巻トス但刊行セス後嘉靖九年八月之ヲ校刊シ凡五十三巻トス此書明代ノ五禮ヲ説ク最詳ナリ（註四）

孝慈錄　洪武七年十一月宋濂等ノ喪服古制ヲ考定シテ撰上スル所ナリ凡一巻トス太祖自之ニ序ス其父ノ爲ニ三年ノ喪ニ服シ母ノ爲ニ期年ノ喪ニ服スルハ人情ニアラストテ凡テ斬衰三年ノ制ニ改メタリ（註五）

敎民榜　又敎民榜文トモ曰フ洪武三十一年三月郁新等ノ聖旨ヲ奉シテ頒行スル所ナリ凡一巻トス（註六）

禮儀定式　洪武二十年十月禮部尚書李原名等ヲシテ舊來ノ禮儀ニ關スル條例ヲ增損シ十四款三十一條ノ定式ヲ改メシム凡一巻トス學士劉三吾董倫ノ序アリ（註七）

稽古定制　洪武二十九年十一月翰林ニ命シ墳塋碑碣旁屋間架及食祿ノ家與販禁例等ニ關スル唐宋制度ヲ酌定シ類ヲ編シテ撰上セシム凡一卷トス（註八）

以上ノ外明律、明令、憲綱（第二、三節註參照）ニ就キテハ既ニ說述スル所アリ其洪武禮制軍法定律ノ如キハ撰者ヲ詳ニセス（註九）

註

一　明典彙卷二十二曰、二十六年三月、諸司職掌成、詔刊行、頒布中外。
明史卷九十七曰、諸司職掌十卷。洪武中翟善等編○藝文志
國史經籍志卷一曰、諸司職掌十卷。
文淵閣書目卷一曰、諸司職掌一部三冊闕、又一部一冊。闕

二　明典彙卷二十二曰、六年五月祖訓錄成、其目十有三、箴戒、持守、嚴祭祀、謹出入、愼國政、禮儀、法律、內令、內官、職制、兵衞、營繕、供用、上既爲序、仍命宋濂序之、因謂侍臣曰、朕著祖訓錄、蓋所以垂訓子孫、朕更歷世故創業艱難、常憂子孫不知所守、故爲此書、日夜以思、具悉周至、紬繹六年、始克成編、後世子孫、守之則永保天祿、苟作聰明、亂舊章、是違祖訓矣、二十八年九月、頒祖訓條章於內外文武諸司。

國史經籍志卷一曰、皇明祖訓一卷、祖訓條章一卷。
文淵閣書目卷一曰、皇明祖訓一部一册完全、皇明祖訓一部一册闕、祖訓條章一部三册完全、祖訓條章一部一册完全。
四庫全書總目卷八十三曰、明祖訓一卷。（浙江巡撫採進本）明洪武二年、命中書總次、其目十有三、一祖訓首章、一持守、一嚴祭祀、一謹出入、一愼國政、一禮儀、一法律、一內令、一內官、一職制、一兵衞、一營繕、一供用、至六年五月書成、太祖自爲序、復命宋濂序此、此本佚濂序、惟太祖之序載篇首、序稱開導後人、立爲家法、大書揭於西廡、朝夕親覽、以求至當、首尾六年、凡七謄錄稾、至今方定、翰林編修成書、禮部刊印、云々然則諸詞臣、僅繕錄排纂而已、其文詞已悉太祖御撰也、其中多言親藩體制、大抵懲前代之失、欲兼用封建郡縣、以相牽制、故親王與方鎭、各掌兵、不得預民事、官吏亦不得預王府事、尤淳々以姦臣壅蔽離間爲慮、所以防之者甚至、　皇甫錄明紀略云、祖訓所以敎戒後世者甚備、獨無委任閹人之禁、世以爲怪、或云、本有此條、因版在司禮監削去耳、然永樂大典所載、亦與此本相同、則似非後來削去云々蓋以意揣之也。政書類存目明史卷九十七曰、祖訓錄一卷、洪武中編集、太祖製序、頒賜諸王、　祖訓條章一卷、封建王國之制　○藝文志

三 明史卷九十三曰、大誥者、太祖患民狃元習、徇私滅公、戾日滋、十八年采輯官民過犯條、爲大誥、其目十條、曰攬納戶、曰安保過付、曰詭寄田糧、曰民人經該不解物、曰灑派抛荒田土、曰倚法爲奸、曰空引偸軍、曰黥刺在逃、曰官吏長解賣囚、曰寰中士夫不爲君用、其罪至抄箚、次年復爲續編三編、皆頒學宮、以課士、里置塾師敎之、囚有大誥者罪減等、於時天下有講續大誥師生、來朝者十九萬餘人、竝賜鈔遣還。刑法志

明史卷九十七曰、太祖御製大誥一卷、大誥續編一卷、大誥三編一卷、大誥武臣一卷。藝文志

四 明史卷九十七曰、集禮五十卷、洪武中梁寅等纂修、初係寫本、嘉靖中詔禮部校刊

四庫全書總目卷八十二曰、明集禮五十三卷。(浙江范懋柱家天一閣藏本)明徐一夔、梁寅、劉于、周於諒、胡行簡、劉宗弼、董彝、蔡琛、滕公琰、曾魯同奉勅撰、考明典彙載、洪武二年八月、詔儒臣修纂、三年九月書成、名大明集禮、其書以吉凶軍賓嘉冠服車輅儀仗鹵簿字學樂爲綱、所列子目、吉禮十四、曰祀天、曰祀地、曰宗廟、曰社稷、曰朝日、曰夕月、曰先農、曰太歲風雲雷雨師、曰岳鎭海瀆天下山川城隍、曰旗纛、曰馬祖先牧社馬步、曰祭厲、曰祀典神、曰三皇孔子、嘉禮五、曰朝會、曰冊封、曰冠禮、曰婚、曰鄕飮酒、賓禮二、曰朝貢、曰遣

使、軍禮三、曰親征、曰遣將、曰大射、凶禮二、曰弔賻、曰喪儀、又冠服車輅儀仗鹵簿字學各一、樂三、曰鍾律、曰雅樂、曰俗樂、明史藝文志、及昭代典則、均作五十卷、今書乃五十三卷、考明典彙、載嘉靖八年禮部尚書李時、請刊大明集禮、九年六月梓成、禮部言、是書舊無差錄、故多殘欠、臣等以次詮補、因爲傳注、乞令史臣纂入、以成全書、云々則所稱五十卷者、或洪武原本、而今所存五十三卷、爲嘉靖中刊本、取諸臣傳注及所詮補者、纂入原書、故多三卷耳。政書類

國史經籍志卷一曰、大明集禮五十三卷。

五 明典彙卷二十二曰、洪武七年十一月、孝慈錄成、詳禮制。

明史卷九十七曰、孝慈錄一卷、宋濂等、考定喪服古制、爲是書、太祖有序。

國史經籍志卷一曰、孝慈錄一卷。

南廱志經籍考曰、孝慈錄一卷、存者三十八面缺者一面、　洪武七年冬十一月孫貴妃薨、詔廷臣議禮、太祖以父服三年父在爲母則期年、低昂太甚、於是立爲定制、子爲父母庶子爲其母皆斬衰三年、嫡子衆子爲庶母、皆齊衰杖期、使內外有所遵守。

文淵閣書目卷一曰、孝慈錄一部一冊缺。

按スルニ孝慈錄序ハ太祖文集卷十五ニ見ユ

六 南廱志經籍考曰、敎民榜一卷、 二十四面全、 洪武三十一年三月十九日、戶部尙書郁新等、同ニ文武百官ニ於ニ奉天門早朝ニ欽奉ニ聖旨ニ頒行。

明史卷九十七曰敎民榜文一卷。藝文志

七 南廱志經籍考曰禮儀定式一卷 序六面板共二十六面全 洪武二十年冬十月、高皇帝召ニ諭群臣ニ曰、近者臣僚尊卑體統、多未レ得レ宜、汝等宜下著ニ禮儀ニ以爲ニ定式ニ上、於レ是禮部尙書李原名等、取レ舊增ニ損條例ニ、爲レ款一十有四、分レ條三十有七、頒ニ行天下ニ、學士劉三吾董倫皆有レ序。

文淵閣書目卷一曰、禮儀定制一部二册。闕

明史卷九十七曰禮儀定式一卷。藝文志

八 南廱志經籍考曰、稽古定制一卷 板十五面全 洪武二十九年十一月我太祖以ニ大臣多不レ遵ニ定制ニ、特命ニ翰林ニ斟ニ酌唐宋制度ニ定レ制、墳塋碑碣丈尺房屋間架、及食祿之家興販禁例、編レ類成レ書。

文淵閣書目卷一曰、稽古定制一部一册完全。

國史經籍志卷一曰、稽古定制一卷。

明史卷九十七曰、稽古定制一卷頒二示功臣一〇藝文志

九 文淵閣書目卷一曰、洪武禮制一部一册。闕軍法定律。一部一册完全

國史經籍志卷一曰、洪武禮制一卷、軍法定律一卷。

三

正德會典萬曆會典ハ共ニ唐本ヲ以テ傳ヘラル此中萬曆會典ハ支那ニモ傳本少キカ如ク四庫書目總目ニ今皆未其本ヲ見ス存佚ヲ知ルナシト曰ヘリ（註）然レトモ天祿琳瑯書目ニ之ヲ揭ケタルヲ見ハ傳本ナキニアラサル事知ルヘシ（一ノ註四參照）吾邦德川時代多ク之ヲ輸入シ學者ノ研究スルモノ少ナカラスサレハ現時正德會典ハ內閣文庫、東京府圖書館、東京帝國大學圖書館等ニ之ヲ藏シ萬曆會典ハ內閣文庫、京都府圖書館ニ之ヲ藏セリ此外靜岡師範學校第一高等學校ニ各一部ヲ藏スト聞ク正德萬曆ノ何レナリヤヲ知ラス思ニ其他ニ存スルモノ蓋少ナカラサルヘシ

註

四庫全書總目卷八十一曰、嘉靖八年復命二閣臣一續二修會典五十三卷、萬曆四年、又續二

修會典二百二十八巻、今皆未見其本、莫知存佚、殆以嘉靖時祀典太濫、萬曆時秕政孔多、不足爲訓、故不甚傳歟。政書類明會典

第五節　問刑條例

一

問刑條例ハ弘治十三年始テ纂修シ嘉靖二十八年重修シ萬曆十三年之ヲ續修セリ

弘治五年七月刑部尚書彭詔等奏シテ鴻臚少卿李鐩ヲシテ問刑條例ヲ删定セシメンコトヲ請ヘリ是ヨリ先明律ヲ編纂シテ後律文ニ規定セサル各種ノ案件生シ常ニ上裁ヲ經テ事例トセシカ多ク在京法司ニ行ハレテ地方ニ及ハス是ニ於テ奏准事例ヲ編集シ一書トセンコトヲ請ヘルナリ同十三年三法司詔ヲ奉シテ之ヲ編シ奏上ス乃諸司大臣ニ下シテ議セシメ遂ニ二百七十九條トシ天下ニ頒行ス（註）

註

明典彙巻百八十一曰、弘治五年七月、刑部尚書彭詔等、以鴻臚少卿李鐩請删定問刑條例、議曰、刑書所載有限、天下之情無窮、故有情輕罪重、亦有情重罪輕、往々取自

上裁、斟酌損益、著爲事例、蓋此例行於在京法司者多、而行於在外者少、故在外問刑、多至輕重失宜、宜選屬官、彙萃前後奏准事例、分類編集、會官裁定成編、通行內外、與大明律並用、庶事例有定、情罪無遺、從之、十三年二月、三法司奉詔、看詳歷年問刑條例、定經久可行者、條具奏請、上以獄事至重、下諸司大臣同議之、議上二百七十九條、請通行天下、永爲常法、從之。

明史卷九十三曰、五年、刑部尙書彭昭等、以鴻臚少卿李鐩、請刪定問刑條例、至十三年、刑官復上言、洪武末定大明律、後又申明大誥、有罪輕等、累朝遵用其法、遺姦、列聖因時推廣之、而有例、例以輔律、非以破律也、乃中外巧法吏或借便己、私律浸格不用、於是下尙書白昂等、會九卿議增歷年問刑條例經久可行者二百九十七條、帝摘其中六事、令再議以聞、九卿執奏、乃不果改、然自是以後、律例並行、而網亦少密。刑法志

二

世宗ノ嘉靖七年保定巡撫王應鵬上言シテ正德年間ノ新增問刑條例四十四款ハ深ク情法ニ中レルニヨリ之ヲ編入センコトヲ請ヒ刑部尙書胡世寧モ亦斷獄新例ヲ編センコトヲ請ヒシモ共ニ從ハス二十八年ニ至リ刑部尙書喩茂堅奏シテ弘治定

例ヨリ五十年ニ垂ントス依テ臣等ニ敕シ三法司ト會同シ問刑條例及嘉靖元年後ノ欽定事例ヲ申明シ査議ヲ加ヘテ内外百司ニ刊示シ以テ永ク遵行シ其弘治十三年以後嘉靖元年以前事例ノ採ルヘキモノヲ裁定施行セン事ヲ請ヘリ茂堅官ヲ去ルニ及ヒ尙書顧應祥等ニ詔シ定議セシメ二百四十九條ヲ增セリ之ヲ嘉靖重修問刑條例トス次テ同三十四年ニ至リ續增シ共ニ三百八十五條トス（註）

註

明史卷九十三曰、嘉靖七年、保定巡撫王應鵬言、正德間新增問刑條例四十四款、深中情法、皆宜編入、不從、惟詔、僞造印信、及竊盜三犯者、不得用可矜例、刑部尙書胡世寧、又請編斷獄新例、亦命止依律文、及弘治十三年所欽定者、至二十八年、刑部尙書喩茂堅言、自弘治間定例、垂五十年、乞敕臣等、會同三法司、申明問刑條例、及嘉靖元年後欽定事例、永爲遵守、弘治十三年以後嘉靖元年以前事例、雖奉詔革除、顧有因事條陳、擬議精當、可採者、亦宜詳檢、若官司妄引條例、故入人罪者、當議黜罰、會茂堅去官、詔尙書顧應祥等、定議、增至二百四十九條、刑法志

同書卷九十七曰、顧應祥重修問刑條例七卷、藝文志

三

神宗ノ萬暦二年ニ至リ刑科都給事中烏昇等刑書ヲ定メンコトヲ請ヒ同三年光懋モ亦舊典ヲ修明シ章程ヲ刊定シ宿弊ヲ淸クセンコトヲ請ヘリ十三年ニ至リ刑部尙書舒化等嘉靖以後ノ詔令及宗藩軍政條例、捕盜條格、漕運議單ノ刑名ト相關スルモノヲ輯シテ律ヲ正文トシ例ヲ附註トス舊ニ照シテ存スルモノ一百九十一條刪併增改スヘキモノ一百九十一條ヲ採リ凡三百八十二條トシ多ク世宗ノ時ノ苛令ヲ刪セリ崇禎十四年刑部尙書劉澤深問刑條例ヲ議定センコトヲ請ヒシカハ帝亦其意アリシモ議行スルニ暇ナカリシト云ヘリ（註）按スルニ和刻明律載スル所ノ問刑條例ハ即萬暦續修條例ナリ

註

明史卷九十三曰、萬暦時、給事中烏昇、請續增條例、至十三年、刑部尙書舒化等、乃輯嘉靖三十四年以後詔令、及宗藩軍政條例、捕盜條格、漕運議單、與刑名相關者、律爲正文、例爲附註、共三百八十二條、刪世宗時苛令特多、崇禎十四年、刑部尙書劉澤深、復議定問刑條例、帝以律應格遵、例有上下事同、而二三其例者、刪定畫一爲是、然時

方急法、百司救過、不暇議、未及行。刑法志

重修問刑條例題稿(上略)臣等看得、問刑條例一書、先定於弘治十三年、重脩於嘉靖二十九年、續增於嘉靖三十四年、共三百八十五條、事例稽之累朝、損益成於列聖、遵行已久、固非臣等所敢輕議、但法因時變、情以世殊、其中或有擧其一而未盡其詳、亦有宜於前而不便於後、事本一類、乃分載於各條、罪本同科、或變文以異斷、至若繁詞冗義、未盡芟除、甲是乙非、未經歸一、云々今臣等、所議、必求經久可行、明白易曉、務祛苛縱之弊、以協情法之中、校勘多年、粗有端緒、臣等再照大明律共四百六十條、今條例亦多至三百八十餘條、民之情僞旣該、法之防範亦密、我皇上欽恤庶獄、命臣等重加酌議、蓋將使上有畫一之法、民知趨避之途、若題准頒布之後、敢有恣任喜怒、妄行引擬、及將已前未經采入事例、輙擅比照、臣等及該科參奏、照舊例、分別重處、仍將本例增改、移附末簡、以示申飭、庶法紀嚴、而刑罰當、清淨寧一之化、復見於今日矣、臣等遵奉前旨、仍會同吏部等衙門尚書等官臣楊巍等、公同議擬、除各例妥當、相應照舊者、共一百九十一條、其應刪應倂應增改者、共一百九十一條、逐條開例、前件擬議、上請、伏乞皇上特賜裁定、恭候命下、本部容臣等、將前例開送史館、以憑纂入大明會典、仍

將大明律、逐款開列于前、各例附列于後、刊刻成書、頒布問刑衙門、永永遵守、云々

第六節　明條法事類纂

明條法事類纂ハ孝宗ノ弘治中儒臣戴金ニ命シテ編纂セシメシカ世宗ノ嘉靖中ニ至リ更ニ儒臣ニ命シテ重修セシメタリ凡五十卷一千二百四十五條トス英宗ノ序ニ職掌ヲ以テ主ト爲シ類スルニ頒降群書ヲ以テシ附スルニ歷年事例ヲ以テストアリ(註)其體裁ノ一斑左ノ如シ

卷一	五刑類	凡三目三十三條
自卷二 至卷六	名例類	凡十六目百三十二條
自卷七 至卷十一	吏部類	凡十四目百五十一條
自卷十二 至卷二十	戶部類	凡三十四目二百三十八條
自卷二十一 至卷二十二	禮部類	凡十目六十二條
自卷二十三 至卷三十一	兵部類	凡二十五目二百十六條
自卷三十二 至卷四十八	刑部類	凡六十一目三百七十六條

工部類　凡六目三十七條

自巻四十九
至巻五十

此書傳本極テ稀ナリ東京帝國大學圖書館ニ寫本一部ヲ藏セリ竹中安太郎氏ノ寄贈ニ係ル此書ニ錢竹汀ノ語ヲ載ス其書流傳頗少、當時勅修者少傳、是書乃永樂大典時經進本也トアリ

註

英宗序曰、(上略)惟祖宗成憲、是鑑是式、蓋我孝宗皇帝、肯命儒臣戴金、勅編纂述皇明條法事類纂、輯累朝之法令、定一代之章程、鴻綱纖目、燦然具備、逮我世宗皇帝入承時、歷四紀、而因革損益、代有異同、乃復下詔重修、續自成化弘治壬戌迄己酉載在秘府、未及頒行、命內閣儒臣、纂輯條格、以續職掌之律、未底于成、繼志述事、命官開局、重寫永樂大典二萬二千二百十一卷、後纂輯成編、條法爲五十卷、其義一以職掌爲主類以頒降群書、附以歷年事例、使官領其事、事歸于職、以備一代之制、仍會府部院寺大小諸司、而相質訂。云々

第十三章 清ノ法典

第一節 總說

明ノ後ヲ承ケタル現清朝モ亦歷代法典ノ編纂ニ從事シ其種類亦少ナカラス其主要ナルモノヲ揭クレハ一般法典トシテ行政法典ニ會典及會典事例アリ刑法典ニ律例アリ特殊法典トシテ則例、處分則例、中樞政考、八旗通志、學政全書、賦役全書、漕運全書、科場條例等アリ而シテ特殊法典ハ主トシテ行政法典ニ屬ス蓋刑法ニ屬スルモノハ條例トシテ一般刑法典ニ附載スルヲ例トスレハナリ光緒以來新政施行セラルヽニ及ヒ新章、章程等ヲ以テ名ツクル法典法令夥多シク公布セラレ枚擧ニ堪ヘス今暫光緒以前ノ法典ニ就キテ說述スルニ止ム而シテ此等ノ法典ハ現時悉ク傳ヘタルヲ以テ多ク原書ニ照シテ編纂沿革ノ大要ヲ說述セリ爲ニ章ノ體例從前諸章ニ似サルモノアリ

第二節 會典

會典ハ前後凡五回ノ編修續修ヲ經タリ即康熙二十九年ニ編修セルヲ康熙會典ト曰ヒ雍正五年ニ續修セルヲ雍正續修會典ト曰ヒ乾隆二十九年ニ續修セルヲ乾隆會典ト曰ヒ嘉慶十八年ニ續修セルヲ嘉慶續修會典ト曰ヒ光緒二十五年ニ續修セルヲ光緒會典ト曰フ以上五會典互ニ異同ナキニアラスト雖多クハ删修增補ニ止マリ其體裁ヲ改作セルニアラス殊ニ光緒會典ノ如キハ殆嘉慶會典ヲ襲ヒ些少ノ增改ヲ與ヘタルニ過キス

第一款　康熙會典

康熙會典ハ聖祖康熙二十三年五月四日內閣ニ諭シ五月十二日ヨリ開館シ編纂ニ從事セシメ同二十九年四月ニ至テ成リ頒行ス凡百六十二卷トス總裁ハ伊桑阿王熙副編裁ハ尹泰ニシテ別ニ纂修十三人翻譯十六人ヲ置ク其編纂ノ主旨ハ二十九年四月二十六日ノ御製序ニ詳ナリ

（上略）洪惟、我太祖高皇帝肇二造區宇、戡レ亂救レ民、當二草昧締構之初、而法制惟新、規模大定、太宗文皇帝、式二廓丕基、聿緯以レ武、聿經以レ文、典則科條、次第整擧、世祖章皇帝、同二風六合、遍二德萬邦一、府修事和、聲敎洋溢、凡所下以黼二藻至化一潤中色鴻業上者、郁郁彬彬、粲乎備矣、朕嗣歷服三十年、於茲、夙夜競々、纘二承祖考一、憲二章前謨一、以仰二遡乎堯舜禹湯文武致治之隆軌一、時飭二群臣一、勤二修職業一、每建二一事一、布二一令一、務期三上弗レ戾二於古一、下克二誠於民一、酌劑討論、芸難其塡、然后付二所司一奉行、夫朝廷之規制、損益無下一不上レ關二於黎庶一、大中之軌立則易而可レ循、畫一之法行、則簡而可レ守、制レ治保レ邦之道、惟成憲是稽、不レ綦重歟、用レ是特命二儒臣一、纂二輯會典一、綱維條格、甄錄無遺、終始本末、犁然共貫、庶幾大經大法、炳燿日星、而遵二道路一者、咸得レ有レ所二據依一矣、詩不レ云乎、不レ愆不レ忘、率二由舊章一、有レ之、其爾典常作二之師一、我國家典章弘備、視二前代一加詳悉、皆本二之實心一、以相推準、而非下緣二飾虛文一、鋪中張治具上、惟茲良法美意、相與世世恪遵、無レ斁二官治民察一、以躋二斯世於隆平萬年無疆之休一、將二於是乎在一矣、可レ不レ念哉。

之ニ據レハ法ハ上古ニ則リ下民意ヲ酌ミ凡テ實心ニ本ツキテ規定シ之ヲ永久ニ實行セントスルノ意ナルヤ明ナリ

其凡例ニ編二輯會典一、以二各衙門開造文册一爲レ憑、至二本朝頒行諸書一、如二品級考、賦役全書、學政全書、中樞政考、大淸律、及六科錄疏、六部現行則例一、所レ載政事、有二相關者一、亦采輯以備二參考一

トアルニヨリ依據スル所ヲ察知スヘシ又其體裁ハ明會典ニ倣ヒ事例ヲ以テ各條ノ末ニ附載ス凡例ニ事例ニ屬スル詔、勅、諭、旨、題准、覆准、議定、議准ニ就キ解説スル所アリ此書現ニ內閣文庫ニ藏セリ

第二款　雍正會典

雍正會典ハ世宗ノ雍正二年內閣ニ諭シ續修セシメ同十年十月ニ至テ成ル凡二百五十卷トス撰者ハ監修ヲ和碩親王允祿允禮トシ總裁ヲ尹泰張廷玉等凡八人トシ提調ヲ巴延泰保良トシ別ニ纂修翻譯謄錄等諸員アリ其續纂ノ趣旨ハ同年十月七日ノ御製序ニ詳ナリ

(上略)朕纘承寶位、體皇考之心以爲心、法皇考之政以爲政、其有因時制宜更加裁定者、無非繼志述事之意、紹聞衣德之思、爰允禮臣蔣廷錫所請、命閣臣開館纂修、自康熙二十六年、至雍正五年、所定各部院衙門禮儀條例、悉行檢閱、照衙門分類編輯、凡經九載、篇帙告竣、於是聖祖仁皇宗臨御六十餘年、立綱陳紀之端、命官敷政之要、首末完具、燦然如日星之炳照、與虞書周禮、並垂不刊云々

蓋康熙會典ハ清初ヨリ康熙二十五年ニ至ル而シテ其後法制增修シ精備善成ヲ加ヘシモ卷牘ニ散在シ未彙輯シテ全書トナスニ至ラサリシヲ以テ特ニ閣臣ニ命シテ續修セシメシナリ補スル所康熙二十六年ヨリ雍正五年ニ至ル體裁ハ前例ニ依テ改メス但官ノ裁併ニヨリ異同ナキ能ハス略目左ノ如シ

卷一　宗人府　卷二　內閣　卷三―二十二　吏部　卷二十三―五十六　戶部　卷五十七―一百十　禮部　卷百十一―百四十八　兵部　卷百四十九―百九十六　刑部　卷百九十七―三百十四　工部　卷二百十五　盛京戶部　卷二百十六　盛京禮部　卷二百十七　盛京兵部　卷二百十八　盛京刑部　卷二百十九―二百二十　盛京工部　卷二百二十一―二十二　理藩院　卷二百二十三―二百二十四　都察院　卷二百二十五　通政使司、大理寺　卷二百二十六―二百三十二　內務府　卷二百三十三　武備院、上駟院、奉宸院　卷二百三十四　翰林院　卷二百三十五　詹事附、左右春坊、司經局　卷二百三十六―二百三十九　太常寺　卷二百四十　順天府、奉天府　卷二百四十一　光祿寺　卷二百四十二　太僕寺　卷二百四十三　鴻臚寺　卷二百四十四　國子監　卷二百四十五　六科　卷二百四十六―二百四十七　欽天監　卷二百四十八　太醫院、五城兵馬司、僧道錄司　卷二百四十九　上林苑監　卷二百五十　鑾儀衞、京衞

第三款　乾隆會典

乾隆會典ハ高宗乾隆二十九年撰上スル所ナリ凡一百卷トス撰者ハ總裁ヲ和碩親

王允禑傳恒張廷玉等凡十一人トシ副總裁ヲ錢陳羣王會汾等凡五人トス此他提調纂修等諸員アリ而シテ本會典ノ前二會典ニ比シテ著ルシキ差異アル所ハ會典則例ヲ區別シ各別ニ一法典ヲ編纂セルニ在リ此ク二者ヲ區別セシ理由ハ御製會典序ニ詳ナリ曰ク夫例可ㇾ通、典不ㇾ可ㇾ變、今將㆘緣ㇾ典而傳ㇾ例、後或摭ㇾ例以殺ㇾ典、其可乎、於ㇾ是區㆓會典則例㆒、各爲㆓之部㆒、而輔以行ト之ニ據レハ典ハ變スヘカラサルモ例ハ時ニ變通アリ若變スヘカラサル典ニ變スヘキ例ヲ加ヘハ典ヲ紊ルノ虞アリトスルナリ此故ニ會典凡例ニモ會典以㆓典章會要㆒爲ㇾ義、所ㇾ載必經久常行之制、茲編㆓於國家大經大法㆒、官司所ㇾ守、朝野所ㇾ遵、皆總㆓括綱領㆒、勒爲㆓完書㆒、其諸司事例隨時損益、云々以ㇾ典爲ㇾ綱、以ㇾ則爲ㇾ目、庶詳略有ㇾ體トアリ其體例ハ官職ニヨリテ法規ヲ彙集スルコト猶唐六典明會典ニ同シサレハ凡例ニ編纂之體、因ㇾ官分ㇾ職、因ㇾ職分ㇾ事、因ㇾ事分ㇾ門、因ㇾ門分ㇾ條ト見エタリ今試ニ該目錄ノ大要ヲ記述スレハ左ノ如シ

卷一　宗人府　卷二　內閣　卷三―七　吏部　卷八―十九　戶部　卷二十―五十七　禮部　卷五十八　樂部　卷五十九―六十七　兵部　卷六十八―六十九　刑部　卷七十―七十七　工部　卷七十八　盛京戶、禮、兵、刑、工部　卷七十九―八十　理藩院　卷八十一　都察院、通政使司、大理寺　卷八十二―八十三　太常寺　卷八十四　翰林院、起居注、詹事府　卷

八十五　光祿寺、太僕寺、順天府、奉天府、鴻臚寺、國子監　　卷八十六　欽天監、太醫院　　卷八十七—九十二　內務府　　卷九十三　鑾儀衞　　卷九十四　領侍衞府　　卷九十五—九十七　八旗都統　　卷九十八　前鋒統領、護軍統領、嚮導處　　卷九十九　步軍統領　　卷一百　火器營、圓明園八旗護軍營、健銳營、三旗虎鎗營

右ノ中六部ハ各司ニ分チ更ニ各條ニ細別スル所アリ

第四款　嘉慶會典

嘉慶會典ハ仁宗ノ嘉慶十七年七月撰上スル所ナリ凡八十卷トス撰者ハ正總裁官ヲ托津曹振鏞トシ副總裁官ヲ崇祿王以銜トシ此他提調纂修等諸員アリ（會典上表、職官）而シテ本會典ハ主トシテ乾隆會典ノ體例ニ依ルト雖尙著ルシキ差別アル所ハ嘉慶會典ハ分註ノ法ヲ採用セルニアリ即本文ハ務テ簡要ヲ期シ分註ニ於テ其盡サヽル所其略スル所ヲ詳擧シタリ此故ニ卷數ハ乾隆會典ニ及ハスト雖內容ハ寧複雜ナリ分註ノ法ハ蓋六典分註ノ制ニ本ツクト雖六典ハ主トシテ職官ノ沿革ニ止マルニ反シ嘉慶會典ハ之ヲ歷代職官表ニ讓リテ掲ケス主トシテ官司守ル所ノ儀節科條會計等ヲ掲ケタリ此其異ル所ナリ其會典ト事例トヲ分チ編纂スルハ猶乾

隆會典及則例ニ於ケルカ如シ（續修會典凡例）今本會典ノ目錄ヲ掲クレハ左ノ如シ

卷一　宗人府　卷二　內閣　卷三　辦理軍機處、稽査欽奉上諭事件處、中書科　卷四―九
吏部　卷十―十八　戶部　卷十九―三十二　禮部　卷三十三―三十四　樂部　卷三十
五―四十　兵部　卷四十一―四十四　刑部　卷四十五―四十八　工部　卷四十九―五十
三　理藩院　卷五十四　都察院、通政使司、大理寺　卷五十五　翰林院、詹事府　卷五十六―
五十七　太常寺、太僕寺、卷五十八　光祿寺　卷五十九　順天府、奉天府　卷六十
鴻臚寺　卷六十一　國子監　卷六十二―六十三　欽天監　卷六十四　欽天監、太醫院
卷六十五　侍衛處、奏事處　卷六十六　鑾儀衛　卷六十七―六十九　八旗都統　卷七十
前鋒營、護軍營、步軍營　卷七十一　火器營、圓明園護軍營、健銳營、總理行營、嚮導處、虎鎗營、尙虞備用
處、養鷹狗處、善撲營　卷七十二―八十　內務府

職官ノ增設ニヨリテ分類自異ラサルヲ得ス其他前後轉換スル所アリ其盛京戶部禮部、兵部、刑部、工部、內務府ハ別ニ卷ヲ設ケス各部府ノ末ニ附載セリ

第五款　光緒會典

光緒續修會典ハ光緒二十五年八月撰上スル所ナリ凡一百卷トス撰者ハ正總裁官ヲ崑岡徐桐剛毅孫家鼐トシ副總裁官ヲ熙敬等凡六人トシ此他提調總纂纂修諸員アリ本會典ハ殆嘉慶會典ノ體例內容ヲ因襲セルニ過キス只時ニ因リ宜ヲ制スル

ノ意ニ本ツキ多少廢改增損スル所アリト雖全體ニ於テ大差ナキナリ試ニ本會典ノ目錄ヲ揭クレハ左ノ如シ

卷一　宗人府　卷二　內閣　卷三　辦理軍機處、稽查欽奉上諭事件處、中書科　卷四―十二　吏部　卷十三―二十五　戶部　卷二十六―四十　禮部　卷四十一―二　樂部　卷四十三―五十二　兵部　卷五十三―五十七　刑部　卷五十八―六十二　工部　卷六十三―六十八　理藩院　卷六十九　都察院、通政使司、大理寺　卷七十　翰林院、詹事府　卷七十一　太常寺　卷七十二　太常寺、太僕寺　卷七十三　光祿寺　卷七十四　順天府、奉天府　卷七十五　鴻臚寺　卷七十六　國子監　卷七十七―八十　欽天監　卷八十一　欽天監、太醫院　卷八十二　侍衛處、奏事處　卷八十三　鑾儀衛　卷八十四―八十六　八旗都統　卷八十七　前鋒營、護軍營、步軍營　卷八十八　神機營、火器營、圓明園護軍營、健銳營、總理行營、嚮導處、虎槍營、尙虞備用處、善撲營　卷八十九―九十八　內務府　卷九十九―一百　總理各國事務衙門

其神機營總理各國事務衙門ハ創設スル所ニ係ル

第三節　會典事例

第一款　乾隆會典則例

乾隆會典則例ハ乾隆二十九年會典ト共ニ撰上スル所ナリ凡一百八十卷トス則例

ハ前述ノ如ク康熙雍正二會典ハ猶明會典ノ如ク事例ヲ各條下ニ散附セシヲ是ニ至テ始テ會典ニ分離シ事例ノミヲ以テ編纂セリ(會典凡例)此故ニ歷代法制ノ沿革ハ則例ニヨリテ察知シ得ヘシサレハ四庫全書提要ニモ一具政令之大綱。一備沿革之細目、互相經緯、條理益明、云々蓋帝王撥制顯庸、有百世不變之大經、云々有因時制宜之大用ト曰ヘリ蓋各前者ハ會典ヲ指シ後者ハ則例ヲ指セルナリ

第二款　嘉慶會典事例

嘉慶會典事例ハ嘉慶十七年七月嘉慶會典ト共ニ撰上スル所ナリ凡九百二十卷トス會典事例ハ會典則例ニ本ツキテ編纂スル所ナリ卽逐年ノ事例ヲ以テ別ニ編スル所ニ係ル初嘉慶六年九月上諭ヲ降シ乾隆二十三年以後ノ事例ヲ增修シ成書ヲ編輯センカ爲ニ大學士九卿等ヲシテ開館事宜酌定章程ヲ妥議具奏セシム是ニ於テ同十月王杰等八條ヲ酌議シテ奏ス爾來會典館ヲ開キ同十七年七月ニ至テ成ル按スルニ會典凡例ニ曰ク會典事例、自開國以來百九十餘年、禮樂刑政大端以及庶司條件、歲月更定、積久愈多、皆爲考覈所關、寧詳無略、舊以會典所分衙門爲綱、每會典一卷、

各以則例副之、如一部數司、則例亦按司分隸、其諸司職掌從同者、則統載於一衙門之下、不復分析、此次事例、爲卷九百二十、實爲繁賾、若循舊例、分別諸司、門類過多、難於尋閲、是以各就一衙門之事例、皆分列數門、每門之下、析爲子目、每目之下、仍按年編次、其門目皆標明每卷之首、俾一覽了然、其曰原定、曰奏准、曰議准、則悉仍舊例之ニ據レハ事例ハ會典ニ反シ寧詳ナランコトヲ期セシ結果勢卷數ヲ增スニ至リシヲ知ルヘシ而シテ猶會典ニ於ケルカ如ク衙門ヲ以テ卷ヲ分ツト雖更ニ幾多ノ門目ニ分チ其題下ニ年月ヲ逐テ事例ヲ編次シタリ試ニ其目錄ノ大要ヲ揭クレハ左ノ如シ

卷一―八　宗人府　卷九―十二　內閣　卷十三　中書科　卷十四―一百二十七　吏部
卷一百二十八―二百三十二　戶部　卷二百三十三―四百九　禮部　卷四百十―四百二十六
樂部　卷四百二十七―五百八十三　兵部　卷五百八十四―六百六十　刑部　卷六百六
十一―七百二十五　工部　卷七百二十六―七百五十三　理藩院　卷七百五十四―七百八十
都察院　卷七百八十一　通政使司　卷七百八十二　大理寺　卷七百八十三―七百九十一
翰林院　卷七百九十二　起居注　卷七百九十三　詹事府　卷七百九十四―八百十七
太常寺　卷八百十八　太僕寺　卷八百十九　光祿寺　卷八百二十―八百二十二　順天府
卷八百二十三　奉天府　卷八百二十四―八百二十五　鴻臚寺　卷八百二十六―八百二十
九　國子監　卷八百三十　欽天監　卷八百三十一　太醫院　卷八百三十二―八百三十三
侍衛處　卷八百三十四―八百三十六　鑾儀衛　卷八百三十七―卷八百七十　八旗都統
卷八百七十一　前鋒統領　卷八百七十二―八百七十四　護軍統領　卷八百七十五―八百

八十　歩軍統領　巻八百八十一　火器營　巻八百八十二　圓明園護軍營　巻八百八十三
健鋭營　巻八百八十四　嚮導處、虎槍營　巻八百八十五―九百二十　內務府

第三款　光緒會典事例

光緒會典事例ハ光緒二十五年八月光緒續修會典ト共ニ撰上スル所ナリ凡一千二百二十巻トス是ヨリ先光緒九年館ヲ開キ會典ト共ニ纂輯セシメシカ同十二年李鴻章等事宜八條ヲ上リ會典及會典事例續輯ノ方針ヲ奏ス（會典所載奏摺）是ニ於テ其奏ニ本ツキテ纂輯シ是ニ至テ成ル體例ハ全ク嘉慶會典事例ヲ因襲シ只嘉慶十八年以降光緒十三年ニ至ル事例ヲ増輯セルノミ今其目錄ヲ掲クレハ左ノ如シ

巻一―十　宗人府　巻十一―十五　內閣　巻十六　中書科　巻十七―百五十一　吏部
巻百五十二―二百八十九　戸部　巻二百九十―五百二十三　禮部　巻五百二十四―五百四十一　樂部　巻五百四十二―七百二十二　兵部　巻七百二十三―八百六十一　刑部　巻八百六十二―九百六十二　工部　巻九百六十三―九百九十七　理藩院　巻九百九十八―一千四十一　都察院　巻一千四十二　通政使司　巻一千四十三　大理寺　巻一千四十四―一千五十四　翰林院　巻一千五十五―一千五十六　起居注　巻一千五十七　詹事府　巻一千五十八―一千八十七　太常寺　巻一千八十八　太僕寺　巻一千八十九　光祿寺　巻一千九十―一千九十二　順天府　巻一千九十三　奉天府　巻一千九十四―一千九十五　鴻臚寺

卷一千九十六―一千一百二　國子監　卷一千一百三―一千一百四　欽天監　卷一千一百五　太醫院　卷一千一百六―一千一百七　侍衛處　卷一千一百八―一千一百十　鑾儀衛　卷一千一百十一―一千一百四十九　八旗都統　卷一千一百五十―一千一百五十一　前鋒統領　卷一千一百五十二―一千一百五十五　護軍統領　卷一千一百五十六―一千一百六十五　步軍統領　卷一千一百六十六　神機營、火器營　卷一千一百六十七　圓明園護軍營　卷一千一百六十八　健銳營　卷一千一百六十九　嚮導處、虎槍營、善撲營　卷一千一百七十―一千二百十九　內務府　卷一千二百二十　總理各國事務衙門

以上各衙門ハ更ニ門ニ分チ門ハ子目ニ分チ年ヲ按シテ事例ヲ編スルコト嘉慶ノ制ニ同シ

第四節　會典圖

會典圖ハ嘉慶會典及同事例ト共ニ編纂セラル但撰上ハ之ニ先タチ嘉慶十六年三月ニ在リ初乾隆會典ニハ禮部ニ壇廟規制圖ヲ兵部ニ職方輿地圖ヲ欽天監ニ儀器圖ヲ各收メ凡テ一百十四ヲ揭ケシカ是ニ至テ別ニ一書ヲ編シ名ツケテ會典圖ト曰フ凡百三十卷トス會典凡例ニ曰ク此次會典圖別出爲書、凡典之需圖、乃明者、無不增繪爲圖、每圖皆附以說、列爲十有二門、凡爲圖一千四百三十、以昭皇朝制度之備ト其

目次ノ大要ヲ掲クレハ左ノ如シ

卷一―二十二　禮制　卷二十三―二十六　祭器　卷二十七―三十一　樂律　卷三十二―三十九　樂器　卷四十　度量權衡　卷四十一―五十　冠服　卷五十一―六十　輿衞　卷六十一―七十二　武備　卷七十三―八十五　天文　卷八十六　儀器　卷八十七―百三十二　輿地

凡朝會燕饗、祭祀陳設位次、壇廟規制、推算儀器、禮器、樂懸、軍械、輿衞、冠服、輿地ノ如キ皆圖アリ頗詳密トナス會典及事例ト參照シテ便ヲ得ルコト多シ

第五節　律例

清ハ初天聰七年欽定法律ヲ頒チシコトアリ世祖ノ順治元年刑科給事中孫襄ノ請ニ從ヒ法司ニ命シ廷臣ヲ會同シ明律ヲ詳譯シ時宜ヲ參酌シ裁定シテ一書ヲ作ラシム三年五月ニ至リ吳達海等清律ヲ撰上ス名ツケテ清律集解附例ト曰フ凡十卷アリ御製序ニ爾內外有司官吏、敬ニ此成憲、勿レ得ニ任意低昂、務使下百官萬民畏ニ名義ニ而重中犯法上、冀幾ニ刑措之風、以昭ニ我祖宗好生之德、子孫臣民其世世守レ之トアリ永世遵守ヲ命スルノ意ナルヲ知ルヘシ四年三月頒行ス凡此等ノ顚末ハ大學士剛林ノ奏ニ詳ナリ

康熙九年十二月刑部尙書事對哈納尙書馮溥等舊律ヲ磨對シ校正シテ上ル是ヨリ先刑部等衙門奏シテ曰ク漢律內或ハ註解參差シ字句訛誤遺落スル者多シ滿字律ハ漢字律ヨリ譯出ス若明ニ校正セサレハ罪名ヲ定擬スルニ輕重符セサルモノアラント是ニ於テ之ヲ校正セシメシナリ同十八年九月諭ヲ降シ定律ノ外ニ條例ヲ設ケシム之ヲ現行則例ト曰フ同二十八年臺臣盛符升ノ奏ニヨリ見行則例ヲ清律附例ニ入ル尙書圖納張玉書等總裁タリ四十六年繕寫進呈ス次テ雍正元年大學士朱軾尙書査郞阿詔ヲ奉シテ律例ヲ續成シ三年之ヲ頒行ス清律例集解三十卷是ナリ凡律文四百三十六條附例八百二十四條トシ例ヲ分テ原例、增例、欽定例トス御製序ニ曰ク

朕紹守丕圖、深懷繼述、雍正元年八月、乃命諸臣、將律例館舊所纂修未畢者、遴簡西曹、彈心蒐輯、藁本進呈、朕以是書民命攸關、一句一字、必親加省覽、每與諸臣、辯論商榷、折中裁定、或析異以歸同、或删繁而就約、務期求造律之意、輕重有權、盡讞獄之情、寬嚴得體、三年八月、編校告竣、刊布內外、永爲遵守（雍正三年九月九日）

按スルニ是ヨリ先律文四百五十八條アリ其減スル所ハ名例律ニ吏卒犯死罪、殺害

軍人、在京犯罪軍民ノ三條ニシテ天文生有犯ノ一條ヲ加ヘ減スル所二條ナリ職制ニ選二用軍職一、官吏給レ由ノ二條公式ニ棄二毀制書印信一二條ノ中一條婚姻ニ外番色目人婚姻ノ一條課程ニ鹽法十二條ノ中十一條宮衞ニ衝突儀仗三條ノ中二條及懸帶關防牌面ノ一條郵驛ニ遞送公文三條ノ中二條トス

乾隆元年尙書傅鼐ノ奏ニヨリ大學士三泰徐本等ヲシテ重テ律例ヲ纂輯セシム定例一千四十九條ヲ纂入シ五年ニ至テ成ル凡四十七卷律文四百三十六條トス御製序ニ曰ク

朕寅紹二丕基一、恭承二德意一、深念二因レ時之義一、期二以建二中於民一、簡二命大臣一、取二律文及遞年奏定成例一、詳悉參定、重加二編輯一、揆二諸天理一、準二諸人情一、一本二於至公一、而歸二於至當一、折衷損益、爲二四百三十六門、千有餘條、凡四十七卷一、條分縷析、倫敍秩然、頒二布宇內一、用昭二畫一之守一、

云々乾隆五年仲冬月既望

四十七卷ヲ細別スレハ律目一卷、圖一卷、服制一卷、名例二卷、吏律二卷（職制、公式）戶律八卷（戶役、田宅、婚姻、倉庫上下、課程、錢債、市廛）禮律二卷（祭祀、儀制）兵律五卷（宮衞、軍政、關津、廐牧、郵驛）刑律十五卷（賊盜上中下、人命、鬪毆上下、罵詈、訴訟、受贓、詐僞、犯姦、雜姦、捕亡、

斷獄上下)工律二卷(營造、河防)總例七卷比引條例一卷トス以來五年小修五年大修ノ
例ニヨリ條例ヲ纂修セリ

備考　淸律例ハ後世註解ヲ與フル者少ナカラス試ニ此等ヲ列擧セハ左ノ如シ

淸律箋釋六冊　康熙四十四年　撰
淸律例硃註廣案全書十冊　康熙四十五年　撰
淸律例輯註　康熙五十四年　沈之奇　撰
淸律例彙編　乾隆五十七年　王又槐　撰
淸律例輯註通纂　嘉慶十年　胡肇楷　撰
淸律例統纂集成　嘉慶十六年　沈秀水　撰
新修律例統纂集成　道光三年　姚雨薌　撰
淸律例按語　道光二十七年　潘德畬　撰
淸律例刑案新纂集成二十四冊　同治九年　胡仰山　撰
重修律例統纂集成二十四冊　同治十年　任彭年　撰

光緖以來後ノ二者ヲ更ニ增輯シテ刊行スルモノアリ

第六節　則例

則例ハ會典ノ運用上特ニ生シタル新例疑義補足等ヲ彙集シテ編纂セル行政法典ナリ多ク各官廳ニ於テ編纂セラル但兵部ニハ處分則例アリテ則例ナク別ニ中樞政考ノ編アリ刑部ニ於テモ亦特ニ則例ヲ編スルコトナシ蓋刑法ニ關スル事例ハ條例トシテ律ニ添附セラルレハナリ此等ノ則例ノ名稱ヲ列擧セハ左ノ如シ

吏部銓選則例　吏部稽勳司則例　吏部驗封司則例　戶部則例　禮部則例

工部則例　八旗則例　國子監則例　理藩院則例　內務府則例　軍器則例

物料價值則例

凡則例ハ十年毎ニ纂修スルヲ例トスレトモ纂修ノ結果一ノ法典トシテ公布セラルヽハ別ニ歲月ヲ要ス而シテ則例ヲ纂修スルノ時期ニ至レハ則例館ヲ開キ提調總纂、纂修、校對、覆校等ノ官員ヲ設ケ各官廳ノ吏員ヲ以テ之ニ任スルヲ法トス今戶部、禮部、工部ノ三則例ニ就キ左ニ略說セン

第一款　戸部則例

戸部則例ハ初乾隆四十一年大學士于敏中等之ヲ編修シ凡一百二十卷トセシカ以來五年一修ノ例ニヨリ増改修スル所アリ咸豐元年ニ至ルマテ凡十三次ノ纂修ヲ經タリ咸豐十一年十二月ニ至リ又上諭ニヨリ删改シ同治三年九月更ニ咸豐以後ノ各案ヲ續纂シ同治四年十月ニ至テ成ル次テ同治十二年會典ヲ續修セントシ嘉慶十八年以後同治十一年ニ至ル各衙門ノ案件ヲ移送セシメシニヨリ戸部亦館ヲ開キテ之ヲ編修セントシ同十二年閏六月奏シテ同治四年以後十二年六月ニ至ル案件ヲ修纂シ例ニ加ヘ翌年會典館ニ送ル凡一百卷例二百四十三條分テ十三門トスルコト左ノ如シ

卷一—四	戸口
卷五—十	田賦
卷十一—十四	庫藏
卷十五—十八	倉庾
卷十九—二十四	漕運
卷二十五—三十一	鹽法
卷三十二	茶法
卷三十三	參課
卷三十四—三十七	錢法
卷三十八—四十二	關稅
卷四十三—七十二	稅則
卷七十三—七十八	廩祿
卷七十九—八十二	兵餉
卷八十三—九十	蠲卹
卷九十一—九十六	雜支
卷九十七—一百	通例

凡戸籍、土地、財政、貨幣、救卹ニ關スル制度ニ詳ナリ

第二款　禮都則例

禮部則例ハ乾隆二十九年ヨリ纂修ス同四十九年ニ至リ禮部尚書德保等又纂修奏上ス凡一百九十四卷トス以來十年一修ノ例ニヨリ增改修スル所アリ嘉慶二十五年ニ至リ又纂修公布ノ事アリ次テ道光二十四年十二月ニ至リ嘉慶二十五年八月以後道光二十四年十一月ニ至ル禮部案件ヲ增改セン事ヲ請ヒ翌年纂上ヌ凡二百二卷アリ內儀制清吏司百二卷祠祭清吏司六十八卷主客清吏司二十卷精膳清吏司十二卷トス凡典禮科擧ニ關スル事項ハ儀制清吏司ニ祭祀喪服等ニ關スル事項ハ祠祭清吏司ニ朝貢賞賜等ニ關スル事項ハ主客清吏司ニ筵宴ニ關スル事項ハ精膳清吏司ニ詳ナリ

第三款　工部則例

工部則例ハ初乾隆十四年大學士史貽直等之ヲ纂修シ凡五十卷トシ次テ二十四年續增則例九十五卷ヲ編ス以來十年一修ノ例ニヨリ纂修スル所アリ嘉慶十八年ニ

至リ又纂修公布シ次テ光緒年間續修公布セリ凡百二十卷トス內目錄四卷營繕司二十卷虞衡司十卷都水司五十三卷屯田司十卷製造庫三卷節愼庫一卷通例十九卷トス土木治水度量衡等ニ關スル制度ハ本則例ニ詳カナリ

第七節　處分則例

處分則例ハ官吏ノ懲戒法ヲ規定セル法典ナリ之ニ吏部處分則例兵部處分則例ノ別アリ

第一款　吏部處分則例

一ニ六部處分則例ト曰フ六部官員ノ懲戒法ヲ規定ス六部ハ政務ノ分類ヲ指シ吏戶禮兵刑工ノ六部官員ニ限ラス故ニ廣ク文武官員ノ懲罰法ヲ規定セリ道光二十七年三月纂上スル所凡五十二卷アリ

第二款　兵部處分則例

兵部處分則例ハ主トシテ武官ノ懲罰法ヲ規定ス初兵部ニ處分則例ナカリシカ嘉慶十八年中樞政考ニ散見セル條例ニヨリテ之ヲ纂修セリ次テ同二十年中樞政考ノ十年一修ノ期ニ過ヒ別ニ處分則例一書ヲ改輯シ同二十一年六月ニ至テ成ル凡八旗處分則例三十七卷綠營處分則例三十九卷合シテ七十六卷トス次テ道光二年八月八旗處分則例ヲ三年四月綠營處分則例ヲ訂正シ三年十二月ニ至テ成ル

第八節　全書

全書ヲ以テ名ツクル法典ニ賦役全書、學政全書、漕運全書等アリ

第一款　賦役全書

賦役全書ハ初順治十四年纂修セシカ其後陸續增纂シ乾隆五年同二十年ニモ刊布セシ事アリ以來纂修ヲ經タルモ今其書ヲ得サルヲ以テ之ヲ詳ニセス此他各省ニ於テモ該省ノ賦役全書ヲ編スルモノ少ナカラス例ヘハ福建省ノ如キ乾隆二十一年ニ之ヲ修纂シ其後道光二年ニ至テ續纂刊布セリ

第二款　學政全書

學政全書ハ初乾隆三十九年理藩院尚書署禮部尚書素爾訥等纂修シ凡八十卷トセシカ以來十年一輯ノ例ニヨリ修輯刊刻頒發シ五十七年亦奏明修輯スル所アリ(按スルニ是ヨリ先康熙中既ニ學政全書ノ編輯アリシカ如ク康熙會典凡例ニ頒行ノ事ヲ記セリ)其後增改多カラサリシニヨリ纂修ヲ加ヘサリシカ嘉慶十五年ニ至テ禮部纂輯ヲ請ヘルニヨリ之ヲ許可シ十七年七月ニ至テ成ル凡八十六卷トス目錄左ノ如シ

卷一　臨雍事宜　卷二　召試事宜　卷三　學宮事宜　卷四　學校條規　卷五　崇尚實學　卷六　釐正文體　卷七　整飭士習　卷八　鄉飲酒禮　卷九　講約事例　卷十　名宦鄉賢　卷十一　承襲奉祀　卷十二　頒發書籍　卷十三　採訪遺書　卷十四　書坊禁例　卷十五　學政事宜　卷十六　學政關防　卷十七　學政按臨　卷十八　考試事例　卷十九　考試場規　卷二十　生童試卷　卷二十一　考試題目　卷二十二　關卷關防　卷二十三　臨文恭避　卷二十四　取錄經解　卷二十五　默寫經書　卷二十六　發案發落　卷二十七　解卷解冊　卷二十八　磨勘事例　卷二十九　提調事例　卷三十　考覈教官　卷三十一　約束生監　卷三十二　優恤士子　卷三十三　學報優劣　卷三十四　季考月課　卷三十五　幇補廩增　卷三十六　錄送科擧　卷三十七　罰贖對讀　卷三

十八　學習序班　卷三十九　充補贅禮　卷四十　挑選佾舞　卷四十一　寄籍入學　卷四十二　清釐籍貫　卷四十三　區別流品　卷四十四　丁憂告假　卷四十五　復姓改名　卷四十六　告給衣頂　卷四十七　開復事例　卷四十八　原名應試　卷四十九　捐復事件　卷五十—五十一　貢監事例　卷五十二　貢監應試　卷五十三　童試事例　卷五十四—五十五　官學事例　卷五十六　旗學事例　卷五十七　駐防事例　卷五十八　順天事例　卷五十九　各省事例　卷六十　商學事例　卷六十一　衞學事例　卷六十二　土苗事例　卷六十三　書院事例　卷六十四　義學事例　卷六十五　學額總例　卷六十六　八旗學額　卷六十七　奉天學額　卷六十八—八十四　各省學額　卷八十五　商籍學額　卷八十六　增廣學額

第三款　漕運全書

漕運全書ハ初雍正十二年御史夏之芳等之レヲ纂輯シテヨリ以來十年一修ノ例ニヨリテ續纂シ嘉慶十七年ニ至リ御史倪琇ノ奏ニヨリ之ヲ刊布セリ道光二十四年又續纂刊布シ光緒元年亦戶部ノ奏ニヨリ館ヲ開キ道光二十四年以後同治十三年ニ至ル諭摺ヲ續纂シ同二年ニ至テ成ル凡九十六卷トシ之ヲ二十三大目百五十五細目ニ分テリ此中續纂四百七十五條ヲ七十四目中ニ分類編次セリ大目左ノ如シ

卷一—八　漕糧額徵　卷九　徵收事例　卷十—十五　兌運事例　卷十六　白糧事例

卷十七—二十　通漕運艘　卷二十一—二十三　督運職掌　卷二十四—二十六　選補官丁　卷二十七—三十二　官丁廩糧　卷三十三—三十四　貼費雜款　卷三十五—三十九　計屯起運　卷四十—四十七　漕運河道　卷四十八—五十　隨漕解款　卷五十一—六十七　京通糧儲　卷六十八—七十一　截撥事例　卷七十二—七十三　撥船事件　卷七十四—七十五　採買搭運　卷七十六—七十八　奏銷考成　卷七十九—八十　輓運失防　卷八十一—八十八　通漕禁令　卷八十九　盤壩接運　卷九十—九十四　海運事宜　卷九十五　規復河運　卷九十六　灌塘渡運

凡漕運ニ關スル規定ハ本書ニ詳ナリ

第九節　其他ノ法典

以上會典、則例、律例、全書ノ外ニ各種ノ名稱ヲ有スル多數ノ法典アリ其主要ナルモノニ就キ左ニ分說ス

第一款　中樞政考

既ニ說述セルカ如ク兵部ニハ則例ヲ纂輯セス其則例ニ相當スルモノヲ中樞政考トス此故ニ兵部處分則例ノ凡例ニ其四司統共則例者曰中樞政考トアリ初康熙中

既ニ纂輯アリシカ如ク康熙會典凡例ニ頒行ノ事ヲ揭ケタリ次テ乾隆三十七年工部尙書兼管兵部尙書公福隆安等之ヲ纂修シ八旗中樞政考十五卷綠營中樞政考十六卷合シテ三十一卷トス以來十年一修ノ例ニヨル嘉慶十年開館纂修ノ後同二十年纂修ノ期ニ當リ處分條例ヲ以テ別ニ處分則例トシ其他ヲ彙萃シ中樞政考トス同二十二年更ニ修輯シ八旗中樞政考三十二卷、綠營中樞政考四十卷トシ同二十五年刊布ス道光元年又纂修シ五年刊布ス卷數ハ前ニ同シ凡郵驛軍政船政ニ關スル制度ハ本書ニ詳ナリ

第二款　科場條例

科場條例ハ考試ニ關スル法規ヲ彙修セル法典ナリ初道光十四年修纂ノ後十年一修ノ例ニヨリ同二十五年修纂ノ期ニ至リテ果サス二十九年二月ニ至リ奏請開館シ咸豐二年ニ至テ成ル凡六十卷トス

第三款　五軍道里表

軍犯ヲ編發スル地ノ遠近ヲ規定セル法文ヲ彙集セル法典ナリ初乾隆二十七年之ヲ修輯シ次テ同四十年公福隆安ノ請ニヨリ重テ修訂ヲ加フ以來重輯ナカリシカ裁併增設及府廳州縣ノ改名等アリテ里數舊表ト符セサリシ爲嘉慶七年五月又重輯ヲ加ヘ同十四年十二月更ニ訂正シテ十八卷トセリ

第十四章　支那法典ノ特色

支那ニ於ケル法典編纂ノ沿革ハ略前述ノ如シ今此等多數ノ法典ノ特色ヲ見ルニ其傳ハラサルモノハ暫ク論セス其傳フルモノハ體裁内容ニ於テ殆因襲的ニシテ其間ニ多大ノ差異アルヲ見ス例ヘハ清律清會典ノ如キ近世ニ於ケル法典モ本ツク所ハ明律明會典ニシテ更ニ遡レハ唐律六典ノ舊ヲ襲ヘルカ如シ但時勢ノ要求ニ應シテ多少ノ變改增減ナキニアラスト雖其根本形式法理ニ於テハ大ナル差異ナキナリ此蓋過去ニ於ケル支那法典ハ範ヲ諸外國ニ採ルニ至ラス其發達ヤ孤立的ナリシ結果ナリ

支那法典ノ特色ハ之ヲ兩方面ヨリ觀察スルヲ得ヘシ其一ハ内容ノ觀察ニシテ其一ハ體裁ノ觀察ナリ内容ノ特色ハ卽支那法ノ特色ナリ

體裁ニ於ケル支那法典ノ特色ハ其略一定セルニ在リ支那法典ハ大別シテ刑法典及行政法典ノ二者ト爲スヲ得ヘシ刑法典ハ卽律ニシテ行政法典ハ卽令及會典(六典ヲモ含ム)ナリ

律ノ體裁ハ上李悝カ法經六篇ヨリ下清律ニ至ルマテ多少ノ差異アリト雖其間自一定セルノ觀アリ試ニ歷代ニ於ケル律ノ篇目ヲ表示スレハ左ノ如シ

法經	6 具法									
九章律	具律									戶律
曹魏律	刑名					請賕	償贓			戶律
晉律	1 刑名	2 法例	15 宮衛	18 關市	19 違制	6 請賕				12 戶律
宋律	刑名	法例	宮衛	關市	違制	請賕				戶律
齊律	刑名	法例	宮衛	關市	違制	請賕				戶律
梁律	1 刑名	2 法例	15 宮衛	19 關市	20 違制	6 請賕				12 戶律
後魏律	刑名	法例	宮衛	關市	違制	請賕				戶律
北齊律	1 名例		2 禁衛		5 違制					3 婚戶
後周律	1 刑名	2 法例	9 宮衛	16 關津	15 違制	21 請賕		3 祠享	4 朝會	6 戶律
隋唐律	1 名例		2 衛禁		3 職制					4 戶婚
明清律	1 名例		13 宮衛	15 關津	2 職制	23 受贓		11 祭祀	3 公式	4 戶役

							1 盗法	2 賊法			
		廐律			興律		盗律	賊律			
		廐律			擅興		盗律	賊律	刼掠		係訊
		17 廐牧			13 興律		3 盗律	4 賊律			9 繋訊
		廐牧			興律		盗律	賊律			繋訊
		廐牧			興律		盗律	賊律			繋訊
		18 廐牧	17 倉庫		13 擅興		3 盗律	4 賊犯			9 繋訊
		牧産			擅興		盗刼	賊犯			繋訊
		11 廐牧			4 擅興		8 賊盗				
5 婚姻		18 廐牧			8 興繕		12 刼盗	13 賊犯			24 繋訊
		5 廐庫			6 擅興		7 賊盗				
6 婚姻	5 田宅	16 廐牧	7 倉庫	8 課程	14 軍政	29 營造	18 賊盗			19 人命	

				5 雑法						4 捕法	
				雑律						捕律	
	告劾		詐偽	雑律						捕律	毀亡
	7 告劾		5 詐偽	11 雑律						8 捕律	14 毀亡
	告劾		詐偽	雑律						捕律	毀亡
	告劾		詐偽	雑律						捕律	毀亡
	7 告劾		5 詐偽	11 雑律						9 討捕	14 毀亡
闘律	告劾		詐偽	雑律						捕亡	毀亡
7 闘訟			6 詐偽	12 雑律						9 捕断	10 毀亡
11 闘競	22 告劾		20 詐偽	19 雑犯	10 市廛					23 逃捕	14 毀亡
8 闘訟			9 詐偽	10 雑律						11 捕亡	
20 闘殴	22 訴訟	21 罵詈	24 詐偽	26 雑犯	10 市廛	9 銭債	25 犯姦	30 河防	17 郵駅	27 捕亡	

3 囚法					
囚律					
囚律	斷獄	驚事			
	10 斷獄		16 水火	20 諸侯	
	斷獄		水火	諸侯	
	斷獄		水火	諸侯	
	10 斷獄		16 水火		
	斷獄		水火		
	19 斷獄		7 水火	17 諸侯	
	12 斷獄				
	28 斷獄				12 儀制

此ノ如ク法經六篇ヨリ明清律三十篇ニ至ル其間篇ノ分合多寡等シカラスト雖其中ヲ得タルモノハ隋唐律十二篇ナリ法經六篇明清律三十篇ハ之ヲ總括細別セルニ過キサルナリサレハ支那ニ於ケルアラユル刑法ハ此篇ノ各部ニ網羅セラレ後世増加スル所ノ條例ノ如キ皆其類ニ應シテ各篇ニ編入セラルヽヲ常トス

備考　明清律ハ三十篇ニ分類セラレタレトモ特ニ名例吏戸禮兵刑工ノ七律ニ總括セラレタル事ハ既ニ說述セルカ如シ

行政法典ノ一種ナル令ノ體裁モ亦略一定セル所アリ今晋令以下唐令ニ至ル篇目

ヲ表示スレハ左ノ如シ（參考ノ爲吾養老令ヲモ附載ス）

晉令	梁令	陳令	隋開皇令	永徽令	開元七年令	養老令
官品令	官品令	官品令	官品令	官品令	官品令	官位令
門下散騎中書令	門下數騎中書令	門下數騎中書令	諸省臺職員令		三師三公臺省職員令	職員令
尚書令	尚書令	尚書令				
三臺秘書令	三臺秘書令	三臺秘書令				
			諸寺職員令		寺監職員令	
軍夫員令	軍吏令	軍吏令	諸衛職員令		衛府職員令	
			東宮職員令		東宮王府職員令	東宮職員令
			行臺諸監職員令			家令職員令
			諸州郡縣職員令		州縣鎮戌等職員令	
			命婦官品員令		內外命婦職員令	後宮職員令
王公侯令	王公侯令	王公侯令				

祠令	戶令	選吏令	選將令	選雜士令	貢士令	吏員令	宮衛令	軍戰令	軍水戰令	軍法令	雜法令
祠令	戶令	選吏令	選將令	選雜士令	貢士賜官令	吏員令	宮衛令				
祠令	戶令	選吏令	選將令	選雜士令	貢士賜官令	吏員令	宮衛令				
祠令	戶令	選舉令				考課令	宮衛令	軍防令			
祠令	戶令	選舉令					宮衛令	軍防令			
祠令	戶令	選舉令				考課令	宮衛令	軍防令			
神祇令	戶令	選叙令				考課令	宮衛令	軍防令			

服制令				佃令	戸調令	復除令			關市令	醫藥疾病令	獄官令
服制令				公田公用儀迎令	戸調令	復除令			關市令	醫藥疾病令	獄官令
服制令				公田公用儀迎令	戸調令	復除令			關市令	醫藥疾病令	獄官令
衣服令	儀制令	鹵簿令	公式令	田令	賦役令		倉庫令	廐牧令	關市令		獄官令
衣服令	儀制令	鹵簿令	公式令	田令	賦役令			廐牧令	關市令		獄官令
衣服令	儀制令	鹵簿令	公式令	田令	賦役令		倉庫令	廐牧令	關市令	醫疾令	獄官令
衣服令	儀制令		公式令	田令	賦役令		倉庫令	廐牧令	關市令	醫疾令	獄令

鞭杖令	鞭杖令	鞭杖令				
				營繕令	營繕令	營繕令
喪葬令	喪葬令	喪葬令	喪葬令	喪葬令	喪葬令	喪葬令
雜令	雜令	雜令	雜令	雜令	雜令	雜令
學令	學令	學令	學令			學令
俸廩令			封爵俸廩令	封爵令 祿令		祿令
捕亡令	捕亡令	捕亡令		捕亡令		捕亡令
贖令						
	軍賞令	軍賞令				
	刼盜水火令	刼盜水火令				
			假寧令			假寧令

僧尼令	繼嗣令

此ノ如ク多少ノ分合アリト雖大體ニ於テ相等シキヲ見ル其永徽令ノ篇目ハ多ク散亡シテ傳ハラサルモ略隋開皇令ヲ襲ヒシモノヽ如シサレハ假寧令倉庫令諸職員令考課令學令ノ如キ亦存在セルニ似タリ

行政法典ノ一種ニ六典會典アリ此等ノ法典ハ皆官制ヲ以テ卷ヲ分チ其下ニ關係アル法規ヲ蒐集シタリ所謂官ヲ以テ事ヲ統ヘ事ヲ以テ官ニ隷スルノ意ナリ就中吏部、戸部、禮部、兵部、刑部、工部ノ六部ヲ主トシ各種ノ行政法規ハ主トシテ六部ノ下ニ分載シタリ抑官制ヲ六部ニ分ツコトハ周官ニ始マル周官ニハ國家ノ事務ヲ邦治、邦敎、邦禮、邦政、邦刑、邦事ニ分チ各之ヲ處理スル官職ヲ置キ名ケテ治職、敎職、禮職、政職、刑職、事職ト曰ヘリ即治職トシテ邦治ヲ掌ル者ヲ天官冢宰ノ屬トシ敎職トシテ邦敎ヲ掌ル者ヲ地官司徒ノ屬トシ禮職トシテ邦禮ヲ掌ル者ヲ春官宗伯ノ屬トシ政職トシテ邦政ヲ掌ル者ヲ夏官司馬ノ屬トシ刑職トシテ邦刑ヲ掌ル者ヲ秋官司寇ノ屬トシ事職トシテ邦事ヲ掌ル者ヲ冬官司空ノ屬トス而シテ各種ノ法規ハ此六官ノ下ニ分載シ名ケテ治典、敎典、禮典、政典、刑典、事典ト曰ヘリ此唐六典ノ名稱ノ由テ來ル所ナリ後世官制複雜トナリ六官以外ニ增置スル所多シト雖其主トシテ國家ノ事務ヲ處理スルモノハ六部ナリ此故ニ周官六典ノ制ニ倣ヒ行政法典ヲ編スルニモ六部ヲ以テ總括スルヲ例トス彼ノ元典章明令ノ如キハ全ク六部ヲ以テ篇ヲ分テルモノナリ六典會典ノ如キハ官制ヲ以テ卷ヲ分ツト雖行政法規ハ主トシテ六部ノ下ニ彙集シ其他ハ多ク職員職掌ヲ規定セルニ過キス今此等各部ニ彙集セル法規ノ一斑ヲ掲ケレハ吏部ニハ官吏任用法俸給令、服務規則等ノ類ヲ戶部ニハ戶籍法、徵稅法、度量衡法、貨幣法ノ類ヲ禮部ニハ祭祀、儀式、宗敎法等ノ類ヲ兵部ニハ軍制交通等ニ關スル法規ヲ刑部ニハ訴訟刑事ニ關スル法規ヲ工部ニハ河川法及營造物ニ關スル法規ヲ各收メタリ然レ共世ノ進步シ法ノ複雜トナルニ從ヒ到底六部ニ收容スル能ハサルニ至ルヘキハ當然ナリ

次ニ內容ニ於ケル支那法典ノ特色ヲ見ルニ

一　私法的規定ハ極テ僅少ニシテ其大部分ハ公法的規定ナリ

此故ニ上下四千載編纂セラレタル法典數百種ニ及フモ悉公法典ニシテ一ノ私法典アルナシ其現今私法典內ニ規定セラルヘキ事項ハ悉ク此等公法典內ニ包含セラレ此他ニ特種ノ法典トシテ編纂セラレタル事ナキナリ而シテ公法典內ニ存スル私法的規定モ極テ僅少ニシテ其親族法ニ屬スルモノハ婚姻、離婚、養子、相續ノ類物權法ニ屬スルモノハ所有權、質權類、債權法ニ屬スルモノハ賣買、貸借、受寄財物等ノ類ニシテ其大綱ヲ規定セルニ過キサルナリ此ノ如ク私法典ノ編纂ナク私法的規定ノ少キ理由ハ蓋少ナカラサルヘキモ其主ナルモノハ權利思想ノ缺乏ト慣習ニ一任セルコト、ナリ支那ハ古來皇族ノ外ニ貴族ト名ツクヘキ特殊ノ階級ナカリキ官職ニヨル貴族ハ存スルモ世襲ニアラス此故ニ羅馬ニ於テ見ルカ如キ貴族ト平民トノ軋轢ハ支那ニ於テ見ルヘカラス從テ壓迫ニ反動シテ私權ヲ唱道スルノ機會ニ接セス加之國初ノ民主政體ハ夏ヨリ以後漸君主政體ニ遷リ周以後君權ノ漸増大スルニ方リ孔孟一派ノ儒學起リ道德ヲ以テ君主ノ行爲ヲ支配シテヨリ君主ハ一ニ儒學ノ示ス所ニヨリテ行動セサルヘカラサルニ至レリ是ニ於テ民ヲ子トスルノ心ヲ以テ之ニ臨ミシカハ歐洲諸國ニ於テ見ルカ如キ暴君ノ虐政ハ支那ニ於テ見ルヘカラス從テ自由ヲ唱道スルノ機會ヲ有セサリキ儒教ハ又國民ニ對シ自然ノ階級(君臣、父子、夫婦、兄弟、師弟等)ヲ重スヘキヲ教ヘ不平等ハ自然ノ現象ニシテ各人ハ不平等ナル保護ニ滿足セサルヘカラサルヲ論セリサレハ羅馬ノ國民ニ不平等ナル保護ヲ與フルハ一國ノ發達ヲ沮害スルモノトシ法律ハ凡テ平等ノ保護ヲ與フヘキモノナルヲ論シテ貴族ノ壓迫ニ反動セシ結果民法ノ夙ニ發達シ支那ノ國民ノ不平等ハ自然ノ現象トシ仁君ノ善政ノ下ニ依賴セシ結果民法ノ制定ヲ見ルニ至ラサリシハ蓋當然ナリ

二　法典ニ規定セルモノハ必シモ現行法ナルニアラス

支那法典ハ理想ノ法典ヲ期セシ結果良法ト認メタル者ハ現行法ニアラサルモ之ヲ法典內ニ收容スルコトアリ例ヘハ正德會典ノ李東陽ノ進表ニ令之善者雖寢亦書ト曰ヘルカ如キ是ナリ此他過去ノ事例ヲ列載セルカ如キ其中ニハ現行法ニアラサルモノモ參考トシテ留存セルニ過キサルモノアリ或ハ祖宗ノ法ハ易フヘカラストテ當時死法ニ屬セルモノヲモ尚存留スルモノアリ現代ノ清律ノ如キ其適例ナリ此他唐律疏義ニハ死刑ヲ科スヘキ犯罪其執行方法等ニ關シ詳細ナル規定

アレトモ當時死刑ヲ實行セサリシカ如キ法典ノ規定ト實際ト相異レルヲ知ルヘシサレハ支那法典內ニ規定セル所ハ悉ク現行法ナリト信スヘカラス

三 支那法ハ著シク道德的分子ヲ含メリ

支那法ハ儒教ノ影響ヲ受ケテ著シク道德的分子ヲ含メリ之カ爲ニ法律ト道德トヲ混同セルモノ多シ抑道德ト法律トハ目的ニ於テハ區別ナキモ根本ニ於テ差別アリ道德ト法律トハ共ニ國利民福ヲ增進スルヲ目的トス此其同シキ所ナリ道德ハ人ノ行爲ニ對シ正邪ノ判斷ヲ下ス心ノ命令ナルニ對シ法律ハ法規ヲ定ムル國家ノ命令ナリ道德ニ違反スル者ハ良心ハ之ニ痛苦ヲ與ヘ法律ニ違反スル者ハ國家ハ之ニ刑罰ヲ科ス此其異ル所ナリ法律ハ素ヨリ道德ヲ離レテ存在セスト雖此兩者ハ必併用區別スルノ必要アリ蓋吾人若良心ニヨリテ正邪ノ判斷ヲ下シ得ハ法律ハ無効ニ屬スヘキモ不幸ニシテ此ノ如キ完全ナル人類ヲ以テ組織セル國家アルナシ多クハ正邪ノ判斷ヲ下ス事ヲ得ル良心ヲ有セス是ニ於テ此等ノ良心ニヨリテ正邪ノ判斷ヲ下ス能力ナキ者ニ對シ國家ハ其行爲ニ表ハレタル部分ヲ外部ヨリ制裁ヲ與ヘサルヘカラス然カモ內部ニ隱レタル部分ニ對シテハ制裁ヲ與

フル能ハス是ニ於テ國家ハ一方ニ於テハ國民ノ道德ヲ進メ一方ニ於テハ法律ニヨリテ之ヲ制セサルヘカラス此道德法律並用ノ必要アル所以ナリ然ルニ此兩者ハ往々混同セラル卽道德的行爲ニ對シ法律的權力ヲ用フルカ如シ殊ニ未開ノ國家ニ於テ其甚シキヲ見ルサレハ或ハ道德的分子カ法律的分子トナルノ多少ニヨリテ一國ノ文野ノ程度ヲ察知シ得ヘシト論スル者アリ卽未開ノ國家ニ在リテハ法律ノ區域ヲ廣メ道德的制裁ニ代フルニ法律的制裁ヲ以テスルコト多シト此ノ如ク道德法律混同ノ結果道德的制裁ニ代フルニ法律的制裁ヲ以テスレハ二者ノ顯著ナル弊害アリ一ハ法ノ要義タル公平ノ意義ヲ失シアラユル場合ニ之ヲ適用シ得ヘカラス爲ニ法ノ効力ヲ失ス一ハ外部ノ强制力ニ畏レテ內心ノ服從ヲ求メス爲ニ道德ヲ滅亡セシム要スルニ兩者ノ混同ハ道德ヲ亡ホシ法律ノ意義ヲ失ス支那法ハ著シク道德的制裁ニ代フルニ法律的制裁ヲ以テセルニヨリ國民ハ法律ノ及ハサル範圍內ニ於テアラユル不德ヲ行ヒ甚シキハ法ヲ無視シテ憚カラス人或ハ曰ク支那人ハ巧ニ法ヲシテ空文ニ歸セシムト然レトモ此言當ラス法ノ死法ニ歸スルハ法其自身ノ罪ナリ國民ノ爲ス所ニアラス法カ既ニ死法ニ歸セサルヘ

カラサル性質ヲ有スレハナリ

支那ニ於ケル法典編纂ノ沿革終

淺井虎夫小傳

嵐　義　人

（一）

支那法制史・支那經濟史・支那政治史ならびに書誌學の各分野において先驅的業績を擧げられた淺井虎夫先生は、明治十年（一八七七）に生まれ、昭和三年（一九二八）に五十一歳の生涯を卒へられた。したがつて、本書の覆刊される昭和五十二年（一九七七）は、生誕百年の記念すべき年に當ると同時に、年忌の上からはその五十回忌に相當する。

淺井先生の傳記は從來ほとんど現はれてゐない。業績の紹介を主としたものながら、『史學雜誌』第四十編第五號（昭和四年五月）に見える加藤繁博士の「故 淺井虎夫君の業蹟」がその唯一のものであらう。加藤博士は、年齢において三歳の弟、大學では淺井先生の卒業と入れ違ひに同選科に入學してをり、その後『清國行政法』の編纂では十年近くを同僚として過ごしてゐる。專攻分野から言つても、淺井先生のもつとも親しい友人と言へよう。淺井先生を知る人の稀となつた今日、學問の前提となる人物像を誤まりなく掌握するためにも、まづ右の雋辭に接すべきであらう。すなはち、加藤博士の文章は、

本會々員文學士淺井虎夫君は、去年十二月逝去せられた。君は明治三十五年に東京帝國大學漢學科史部を卒業して、暫く大學院に在籍され、繼いで臺灣舊慣調査會の囑託と爲り、京都大學内の同事務所で清國制度の調査に從事せられること十餘年、大正四年事業告成の後は神戸の家に歸り、世事を棄てゝ專ら讀書し、十二年再び出て福岡高等學校教授の職に就かれた。而して在職中病を獲て遂に白玉樓中の人に爲られたのである。

といふ書出しに始まり、三千字餘の略歴が紹介され、次のごとく結ばれてゐる。

要するに、淺井君は支那法制史の開拓者であると同時に、支那經濟史に先鞭を著けた第一人である。同君の既

に爲し遂げられた業績だけでも、吾等後進をして深く感謝せしめるに足りるが、併し同君には尙ほ多大の蘊蓄があつた。其れを發表せずして早くも他界されたのは、同君の爲め將た學界の爲遺憾に勝えない。

言裡に窺はれる兩者の交誼と爲人に壓倒されさうな名文章である。

しかのみならず、淺井先生の業績に關しては逐一評語を插まれ、まづ『支那法制史』に對しては、

勿論簡略ではあるが、新しい見方、新しい形式で、支那法制の變遷發達を說明した最初のもので、此の意味に於て長く注意すべきものであるばかりでなく、今日に於ても支那法制史研究の入門としては、先づ此の書を推さなければなるまい。

と記され、『支那日本通商史』に對しては、

支那の商業に就いては從來全く手が着けられなかつたので、此れに就いてのまとまつた叙述は此の書に始めて現れたと云つてよい。君の研究にも議すべきことはあるが、其の創始的努力に對しては十分敬意を表しなければならぬ。

また、『女官通解』については、

從來女官に關する著書が無かつたので、其の缺を補つたのだと君自身語られた。

とされ、本書『支那ニ於ケル法典編纂ノ沿革』に對しては、

一千數百年間に於ける法典編纂の沿革は歷々として掌に指すが如く、支那法制研究者に缺ぐ可からざる津筏といふべく、初學者にも專門家にも絕好の師友である。其の後、宋の刑統や營造法式が出版されたり、永樂大典の零本が我國に將來されたりなどして、淺井君の見るを得なかつた資料が現れたが、此の書著述の際に於ては、博引旁捜を得意とする同君のことゝて、當時我國に於て利用し得べきものは殆悉利用されたので、今日に於ても、補ひ正すべき點はさして多くない。要するに、君の著述中最も吾等を益するものは此の書であらう。

雜誌論文のままにおはつた「支那ニ於ケル政治說」に對しては、

卽ち支那古來の政治思想を巧に組織だて、明快な解說を與へたもので、今日でも、此の方面の研究に指を染めようとする人は、先づ此の論文を一讀しなければならぬ。

と見え、次に『經濟大辭書』中の說明について、

いづれも善く要領を得、概して精確であつて信憑するに堪へ、就中工業財政人口物貨等に關する古今を貫いての考察は、從來類の無かつた有益なものである。

と評され、最後に『清國行政法』の執筆に觸れて、「各人起草の分量を比較すれば、同君の其れが最も多かつたのである」としてゐる。短篇よく淺井乕夫先生の學問を言ひえてゐるといへよう。

なほ、晩年の淺井乕夫先生については、短い期間ながら、同じ福岡高等學校の國漢の教師として四年間を身近に接してこられた安田喜代門博士の回想を承はる機會を得、その他、加藤繁博士と最晩年の交際を有たれた瀧川政次郎博士からも貴重な傳聞を承はり、廣くこの時期の研究史にも手を染めてをられる山根幸夫・戸川芳郎兩氏の著書あるいは談話からも多大の教示を與へられるなど、多數の方々から有益な示唆を蒙つた。未だ傳記としての體裁を整へるには至らないが、以下、それらの見聞を踏まへつつ、斯學の大先達たる淺井乕夫先生の歩まれた道を辿ることとしたい。

（二）

淺井乕夫（アサヰトラヲ）先生は、明治十年（一八七七）八月二十三日の生まれ、生家は伊勢龜山藩の士族で、當時は、のちの地番でいふ兵庫縣神戸市兵庫區上澤通八丁目二番地三（本籍地）において藥局を營なまれてゐたといふ。幼時を神戸で過ごした淺井先生は、明治二十九年（一八九六）三月、兵庫縣尋常中學校を卒業、同年九月、熊本へ赴いて第五高等學校に入學した。時に十九歳。これは當時にあつて決して遲い入學ではない。明治三十二年（一八九九）七月、第五高等學校を卒業すると、同年九月、東京帝國大學文科大學に入學した。加藤博士の「故淺井乕夫君の業蹟」によれば、「君は夙に支那並に日本の法制史の研究に從事せられ、明治三十七年には博文館の帝國百科全書第百四編として支那法制史を公にせられた。（中略）此の書の草稿は君の大學在學中に既に出來て居たといふことである」とされ、『支那法制史』の凡例には、「本書の體裁はブルンネルの獨逸法制史イェリングの羅馬法制史グリムの著書を參酌し兼て宮崎美濃部兩法科大學教授の講義に負ふ所あり」と見え、また、『支那日本通商史』の凡例にも、「本書第二編第一章第二章は、在學中恩師星野博士が鹽谷兄及余等の爲に特に講ぜられたる、日本三韓支那交通史を參考せる所多し」と記されている。もつて在學中の研鑽の一端が窺へよう。

ちなみに宮崎道三郎博士は、明治三十五年（一九〇二）まで、法科大學の法制史比較法制史講座を擔任され、三十五年十月以降は、講座を法制史講座と比較法制史講座とに分割改組したうちの前者のみを擔當された。また、美濃部達吉博士は、明治三十一年（一八九八）比較法制史講座擔當候補者となり、三十二年（一八九九）在外研究を命ぜられ、滞歐中の三十三年（一九〇〇）に助教授に任ぜられ、三十五年（一九〇二）歸朝後ただちに教授となつて、新設の比較法制史講座を擔當した。文科大學において、第一・二年次で法制史が、二年次で比較法制史（のちの西洋法制史）が授業科目として定められてゐたので、淺井先生はその講義を受けられたのであらう。但し、美濃部博士の講義を聽かれたのは、卒業後のことである。なほ、當時文科大學では、根本通明博士が通年の支那法制史を擔當してゐたが、內容は易一點ばりで、淺井先生の學問に影響を與へてゐるとは思はれない。むしろ、『支那法制史』の凡例に、「其內容は市村文科大學助教授の指示に負ふ所多し」、また『支那日本通商史』の凡例に、「猶直接間接に指教を蒙りたる市村先生の厚情を深謝す」と見え、通商史の表紙に「市村瓚次郎閱」と銘記されてゐるごとく、支那歷史の教科を受持たれた市村瓚次郎博士に多大の影響を受け、かつ直接の指導を迎いでゐたやうである。また、通年の國史は、一・二年次においては星野恆博士に、三年次では內田銀藏博士に就いて學ばれたやうである。星野博士の講義は上述のごとく『支那日本通商史』の一部を構築し、內田博士との關係は、後年『經濟大辭書』の執筆となつて結實し、加藤博士との緣もまた、內田博士の講義を繞つて結ばれたものであらう。

なほ、推測の域を出ないが、淺井先生はその大學時代、重野安繹・那珂通世・井上哲次郎・坪井九馬三・和田萬吉・高楠順次郎・芳賀矢一・上田萬年等の諸教授とも講義を通じて接して來てゐるのではないかと思はれる。固より資質があつて、かつ幼時より漢學を始めとする十分の素養を積んでこられた淺井先生が、これらの教授との出會ひによつて如何に琢磨されたかは、のちの事歷に照らして明らかであると言ふべきであらう。

明治三十五年（一九〇二）七月、淺井甫夫先生は東京帝國大學文科大學漢學科（史部）を卒業され、引續き九月から大學院に進まれた。同年に漢學科を卒業した者は八名。鹽谷溫（東京）・守月晃（高知）・岩村環（新潟）・森茂（山形）・淺井虎夫（兵庫）・北村澤吉（高知）・高橋亨（新潟）・鈴木信太郎（千葉）とある。鹽谷・北村・高橋三博士は、後年それぞれ東京帝國大學・京城帝國大學・廣島文理大學において教鞭を執られるが、大學院に進んだ者は鹽谷博士と淺井先生の二名であつたやうである。文科大學卒業生にとつて大學院進學は容易であつたと思はれるが、當時の「大學院文科學生規程」によると次のごとき條件が附帶されてゐた。すなはち、

第六條　大學院學生ハ教授會ニ於テ選定シタル教員ノ指導ヲ受クヘシ

第七條　大學院學生ハ在學中文科大學長ノ許可ヲ得ルニ非サレハ他ノ業務ニ就キ又ハ東京市以外ニ在住スルコトヲ得ス

第八條　大學院學生ハ指導教員ヲ經テ毎年一回攻究ノ成績ヲ文科大學長ニ報告シ文科大學長ハ之ヲ教授會ニ提出スヘシ

第九條　文學博士ノ學位ヲ得ント欲スルモノハ五年ノ末ニ於テ論文ヲ文科大學長ニ提出スヘシ

また、東京帝國大學の「大學院規程」には、

第四條　大學院學生ノ在學期ハ五個年トス

と定められてゐた。原則として五年間は就職をすることができなかつたのである。

(三)

淺井先生が大學を卒業された當時、臺灣總督府の民政長官後藤新平伯の發案により、京都帝國大學法科大學の岡松參太郎博士を中心に、臺灣の法制・經濟に關する舊慣調査を中心とする臨時臺灣舊慣調査會が發足してゐた。この調査會については、既に山根幸夫氏を始め先學による研究が知られてゐるので、今ここでは觸れないが、この調査會が誕生する背景には、後藤伯の所謂「鯛の目と比良目の目」の發想が介在する。すなはち、鶴見祐輔氏の『後藤新平』第二巻に見えるごとく、

だから我輩は、臺灣を統治するときに、先づこの島の舊慣制度をよく科學的に調査して、その民情に應ずるやうに政治をしたのだ。これを理解せんで、日本内地の法制をいきなり臺灣に輸入實施しようとする奴等は、比良目の目をいきなり鯛の目に取り替へようとする奴等で、本當の政治といふことの解らん奴等だ。

と、如何にも得意げに語つてゐるそれである。ちなみにこの文章は、瀧川博士の起草に係るものであつて、大正六年（一九一七）、第一高等學校辯論大會における伯の記念講演の印象を骨子にしてゐると聞く。この調査會の成果としては、『臺灣私法』本文三巻六冊、附屬參考書七冊、『調査經濟資料報告』上下二巻、『臨時臺灣舊慣調査會第一部蕃族調査報告書』全八冊、『臨時臺灣舊慣調査會第一部蕃族慣習調査報告書』五巻八冊等が刊行され、臨時臺灣舊慣調査會の解散後は、蕃族調査會によつて、『臺灣蕃族圖譜』二巻、『臺灣蕃族志』第一巻のみ、『臺灣蕃族慣習研究』八巻等の刊行をみた。しかし、臨時臺灣舊慣調査會にとつて逸することのできないものは、淺井先生の關係された『清國行政法』六巻七冊、索引一冊の

刊行である。

すなはち、明治三十六年（一九〇三）に至つて、臨時臺灣舊慣調査會において『清國行政法』編纂の議が決定され、調査會第一部長岡松參太郎博士等の推薦により、同年十月、當時京都帝國大學法科大學長の職にあつた織田萬博士にその編纂が依囑された。織田博士は、京都在住が許されるならばと條件を附され、法科大學内にその事務所が開設された。開始當時のことについて織田博士は、「清國行政法編述に關する講話」の中で次のごとく述べてゐる。

とにかく先づスタツフを作る必要に迫られたが、當時狩野直喜君が團匪事件に遭つて北京留學の中途で歸つて來て、鄉里熊本に休養してゐたので、未だ文科大學創立前ではあつたが、時の總長木下廣次先生に相談して、同君を京都に引きずり出して相棒になつてもらう事にした。（中略）さて狩野君と二人だけではとてもやれることでなく、助手がなくてはならぬので、その適任者を探さねばならなかつた。當時支那法制を專攻してゐたものは勿論一人もなかつた。唯博文館から出版した支那法制史を書き、又日支通商史といふものを書いた人に淺井虎夫君といふのがあつた。この人を誰の推薦によつたか、その經緯は忘れたが、補助員として採用し、三人でぽつぽつ始めた次第である。

後年、福岡高等學校に提出した履歴書によれば、明治三十八年（一九〇五）八月より大正四年（一九一五）三月に至る間、「臺灣舊慣調査會囑託（但東京在住）」となつてゐるが、淺井虎夫先生が京都の事務所に勤めだしたのは、明治三十六年（一九〇三）の十月か、多少後れても年内のことであらうと考へられる。かかる推測をなす根據の一つは、右の織田博士の講話であるが、ほかにも見出される。すなはち、明治三十七年（一九〇四）二月に發行された『史學雜誌』第十五編第貳號に寄せた「大森學士の『福原遷都に就て』を讀む」の冒頭にも、「余は福原の舊都たりし土地に育ち今猶其土地に住居しつゝあり」と見える。これは履歴書において囑託となる以前の資料である。また、のちの回想としては、加藤博士の「故淺井虎夫君の業蹟」にも、「繼いで臺灣舊慣調査會の囑託と爲り、京都大學内の同事務所で清國制度の調査に從事せられること十餘年、大正四年事業告成の後は神戶の家に歸り」とあつて、「十餘年」といふ計算は履歴書通りでは成り立たない。すなはち、明治三十八年八月から大正四年三月といふと正味九年七ヶ月であつて、三十六年から算へた場合足掛け十二年となる。また、同じく加藤博士の「清國行政法編述に關する講話」にも、明治三十八・九年頃の回想として、「淺井虎夫君が京都の臺灣舊慣調査會に居られると聞いて羨しく思ひ、（中略）織田先生の御宅へ伺つた」とあつて、淺井先生は『淸國行政法』の編纂開始と同時に京都へ移り住んだやうにも思はれる。

しかし、履歴書の記載が一切誤まりであると解することはできない。明治三十八年（一九〇五）八月といふのは、『淸國行政法』舊第一巻（汎論）が刊行された直後のことである。加藤博士が淺井先生の活躍を羨しく思つたのもこの頃であり、淺井先生と調査會の關係が公然と知られるやうになつたのもこの頃と見て間違ひあるまい。すでに述べたごとく、當時、東京帝國大學の大學院では五年間の東京在住が定められてをり、かつ他の業務に就くことも原則として禁止されてゐたのであるから、調査會との關係が公然と知られるやうになつたこの頃、身分は囑託であり、仕事は東京において從事してゐることを明らかにしておく必要に迫られたのではあるまいか。事實、京都帝國大學法科大學の圖書だけでは『淸國行政法』の編纂作業は進められないので、毫も京都にゐなかつた訣ではなからうが、多く東京において資料調査に從事してゐたものと思はれる。淺井先生の論文掲載誌を見ても、東京の『史學雜誌』に、明治三十六年（一九〇三）の一月・二月・八月號、三十七年（一九〇四）の二月・三月・七月號、三十八年（一九〇五）の六月號と寄稿してをり、その著書も、明治三十七年（一九〇四）三月發行の帝國百科全書第百四編『支那法制史』（博文館）、三十九年（一九〇六）二月發行の『支那日本通商史』（金港堂書籍）、同年九月發行の『女官通解』（五車樓）と、この頃は皆東京の出版社から刊行してゐる。五車樓は、京都にも發行所（五車樓）と印刷所（京都印刷）を持つてゐるが、先生の著書は東京の發行所で出されてゐる。ところで、淺井先生が大學院を卒へられたとすれば、それは明治四十年（一九〇七）七月のことであるが、それ以降の論文は寄稿誌も『京都法學會雜誌』となり、明治四十一年（一九〇八）の二月・七月・九月・十一月號、四十二年（一九〇九）の四月・七月・八月・十月・十一月・十二月號、四十三年（一九一〇）の二月・五月號に掲載してゐる。また、明治四十四年（一九一一）七月には、京都法學會から、法律學經濟學研究叢書の第七册として本書『支那ニ於ケル法典編纂ノ沿革』を刊行してゐる。履歴書自體必ずしも誤まりではないが、大學院在學中の特殊な事情を考慮して理解すべきであらう。

(四)

淺井虎夫先生の大學院時代を明らかにすることはできない

が、五年の在學期間は、明治四十年（一九〇七）七月を以て一應終はつてゐる。この四十年の四月に、東川德治氏が三十七年（一九〇四）六月以來奉職してゐた岡松參太郎博士指揮下の第一部法制部から、『清國行政法』の編纂に携はる第一部行政部に轉じ、同年十一月、加藤繁博士も同じく囑託として同書の編纂に從事することとなつた。また、同じ年、織田萬・狩野直喜兩博士も、正式に臺灣舊慣調査會の委員となり、ここに『清國行政法』の執筆・調査陣が揃ふこととなつたのである。この時期になつてなぜ陣容が擴大されたかといふと、一つには、岡松博士を部長とする第一部の事業としては、『清國行政法』のほかに岡松博士自ら指揮を執る『臺灣私法』が存したのであるが、これが三十九年（一九〇六）までに第一回・第二回報告書の刊行を了へ、四十年（一九〇七）には第三回の最後の調査が完了してゐたことが擧げられる。また今一つには、狩野博士が明治三十九年（一九〇六）四月より文科大學開設委員として、また、同年九月以降は創設時の教授として、その方面に時間を割かざるをえなくなつたことによると思はれる。すなはち、岡松博士の第一部法制部は人員を整理する段階に至り、織田博士の第一部行政部には增員を必要とする事情が存してゐたのである。勿論狩野博士は、こののちも大いに貢獻をなすのであるが、事業の進展に鑑み、織田博士は岡松博士等と圖つて、東川氏と加藤博士を新たに採用したのであらう。兩氏の推薦者が織田博士の恩師でありかつフランス系法學の先輩でもある梅謙次郎博士であつたことは、その間の經緯を物語るものと思はれる。

すなはち、東川德治氏は、その著書『博士梅謙次郎』によつて知られるやうに、梅博士が學監或いは校長を勤めた和佛法律學校（後の法政大學）を卒業してをり、大正十三年（一九二四）九月刊行の『支那法制史研究』に寄せられた富井政章博士の序文にも、次のごとく述べられてゐる。

> 法政大學校友前講師東川德治君此に感する所あり其蘊蓄せる漢學の素養を以て夙に支那法制の研究に身を委ねられ孜孜矻矻事に從ふこと已に二十年に及へり曩に故梅博士の推擧に依りて臺灣舊慣調査會に奉職し織田博士並に故岡松博士を輔けて清國行政法及び臺灣舊慣の調査に盡瘁せられ其業績顯著にして又自家研究上にも多大の便益を得られたることを信す

また、加藤博士の場合も、「清國行政法編述に關する講話」において、

> 同學の淺井虎夫君が京都の臺灣舊慣調査會に居られると聞いて羨しく思ひ、卒業後早速同鄉の先輩である梅先生に御願ひして、織田先生に紹介していただき塔の段の織

田先生の御宅へ伺つたところ、さしあたり人はいらぬとのことで、そこで自分はまた東京に出てある學校に勤めてゐた。然るに翌年十一月の初め、梅先生から一寸來てくれといふことで、何事かと行つて見ると、織田先生から加藤をよこしてくれぬかといふ手紙が來たとの事で、二つ返事で御引受けしたのである。

と述べてゐるごとく、これまた、加藤博士にとつて従姉（生母の姉の娘）の夫に當る梅博士の推薦によるものである。この點、淺井先生には、梅博士との明瞭な關係もなく、宮崎道三郎博士にせよ、星野恆博士にせよ、もつとも身近な指導を受けたであらう市村瓚次郎博士にせよ、いづれも織田博士との有力な關係は見出せず、推薦者は結局不明である。

明治四十四年（一九一一）六月に至り、東川氏と加藤博士は、正式に臺灣舊慣調査會第一部の補助委員となるが、淺井先生は囑託のままであつた。この人事も、他の部門との關聯において行はれたものらしく、第一部法制部は四十四年に『臺灣私法』の掉尾を飾る第三回報告書を刊行し了へてゐる。一方、四十二年（一九〇九）の規則改正で第三部立法部門が新設されるや、岡松博士はその部長をも兼ねることとなり、また、農工商經濟に關する舊慣調査を擔當する第二部も三十八年（一九〇五）に『調査經濟資料報告』を刊行したのち活動を停止してゐたが、これも四十四年には廢止されることとなつた。これに加へて、狩野博士は主として新設文科大學の運營に當たられることとなり、四十三年（一九一〇）には一時北京に赴いて敦煌資料を調査するなど、『清國行政法』の編纂に專心できなくなつたこともあつて、ここに調査會の構成を改める時期を迎へたのであらう。またこの頃には、法科大學の事務所にも文獻が揃へられており、必ずしも狩野博士に賴らなくとも事業を進められる段階に至つてゐたとも考へられる。狩野博士は『清國行政法』の完成を待たずして、明治四十五年（一九一二）調査會を退き、大正元年（一九一二）九月から約一年間の外遊に就かれるのである。

一方、この時期に狩野博士が罷められ、東川氏と加藤博士が補助委員となり、淺井先生が囑託のままに止まつたといふことと、執筆の擔當との間にはみごとな對應が見られる。すなはち、織田博士を除くと、狩野博士の分擔は舊版第一巻に集中してをり、明治三十八年（一九〇五）以後は校閲のほかさして筆を執られなかつたのであり、淺井先生は、第三巻・第四巻を主として分擔され、四十四年（一九一一）二月に第四巻が刊行された後は、第六巻中の一つの節を執筆されたほかほとんど擔當されなかつたのである。これに引き替へ、四十四年六月以降に殘された第六巻と第一巻の改訂は、その大部分を東川氏と加藤博士が擔當されたのである。かうして見ると、その理由はともかく、明治四十四・五年の交から執筆・調査陣の構成と役職に變更を來たした事實はより明瞭とならう。

なお、淺井先生が囑託のまゝで通された今一つの理由として、先生の性格と家庭とが考へられる。すなはち、安田喜代門博士から聞くところでは、裕福な家庭に育ち、生來蒲柳の質で、何事によらず拘束されることを避け、蒐書と研究を無上の喜びとしてゐる淺井先生にとつて、すでに賢夫人が藥局を切盛りして仕送りを續けてゐたため、性に合はぬ宮仕へを欲しなかつたものと思はれる。ちなみに、大正八年（一九一九）の第貳拾參版『日本紳士錄』（交詢社）神戸の部には、

淺井虎夫　兵庫上澤通八ノ一〇七
●三八

としてその所得税額（●印）が見える。勿論、これに數倍する商店も少なくないが、とにかく經濟的に惠まれた家庭であつたことは事實である。大正四年（一九一五）三月、『清國行政法』編纂の事業が完了し、京都の事務所が解散されると、神戸に歸つて「世事を棄て、專ら讀書し」（加藤博士前掲文）、教職にも就かずにゐたといふのも、上のやうな先生の性向と家庭とによるものであらう。なほ、臺灣舊慣調査會そのものは、『清國行政法』編纂のための事務所を除くすべての機構が臺灣に在つて、大正八年（一九一九）まで存續した。その後、淺井先生は、大正十年（一九二一）に神戸市長田區五番町二丁目二番地一へ移轉され、そこでも藥局を續けられたが、家業とは無關係に研究と蒐書の日々を送られたであらうことは想像に難くない。

（五）

舊制福岡高等學校は、大正十年（一九二一）十一月九日の創立であるが、その實質的開校は、翌十一年（一九二二）四月であらう。淺井虎夫先生は大正十二年（一九二三）三月三十一日附けで、福岡高等學校教授に任ぜられ、高等官四等に敍せられてゐる。當時高等學校では、東洋史及び漢文は第二年次に配されてゐることから見て、第一期生の進級に伴なつて招聘されたものであらう。校長秋吉音治氏は、文科大學における一年先輩にあたり、また東京帝國大學教授藤村作博士と、同鄉であるばかりか、第五高等學校・東京帝國大學文科大學を通じての同級であり、その關係から東京帝國大學文學部支那哲學科・支那文學科主任教授の服部宇之吉博士から推薦を受けることとなつた。この時淺井先生が、服部博士の言辭默し難く澁々福岡へ赴かれたとは、昭和十九年（一九四四）五月、

舊滿州の大同學院での講義のため新京（長春）まで出かけられた加藤博士から、その折瀧川博士が直接聞かれたところである。ところで服部博士は、淺井先生の入學した明治三十二年（一八九九）九月に東京帝國大學文科大學の專任の助教授になると同時に北京留學を命ぜられ、翌三十三年（一九〇〇）六月から數十日間義和團の難を受けて北京籠城を餘儀なくされ（この時狩野博士と一時行動を共にされる）、同年九月一旦歸國するが、十二月にはドイツ留學となり、三十五年（一九〇二）六月には北京大學堂師範館正教習としての招聘があつて、四十二年（一九〇九）二月、教授として戻られるまでを北京で過ごすのである。したがつて、淺井先生が直接服部博士の指導を受けられたことはなかつたと思はれるが、服部博士の研究には、明治三十八年（一九〇五）一月・六月に刊行された『淸國通考』等に盛られた淸國の官制その他があつて、『淸國行政法』舊版第一卷を書きなほさせると共にその後の卷にもしば〳〵參考とされるのである。かかる關係もあつて引受けざるをえなかつたのであらう。

福岡高等學校は、當時の鳥飼六本松、すなはち、今の九州大學教養部の置かれてゐる中央區六本松の地に在つたが、先生は、博多驛で降り、住吉神社の北の道を那珂川の向ふ岸まで行つた川沿ひの素人下宿に止宿されてゐた。大正十四年（一九二四）四月、藤村作博士の推擧により助教授として同校に赴任された安田喜代門博士は、以後三年餘りの短期間ながら、同じ國漢の教師として、また同縣人として、公私にわたり親しく淺井先生の人柄に接してこられたといふ。その時の印象によると、當時四十代半ばを過ぎ、すでに厄を五つも越えてをられた淺井先生は、五尺二・三寸、十三貫ほどの小柄で弱々しい體附きからして一見老人のやうであつたといはれるが、髮は黑く、眼鏡の世話にもならず、身は飾らず、もの言ひもの腰は優しく、どう見ても大家といふ風ではなかつたさうである。その授業は、『經濟大辭書』等の記述から見てさぞやと思はれるが、力說型でも、繰返し〳〵教へるタイプでもなく、過去の業績を誇ることもなければ、學生の學力に合はせることもなかつたため、いづれかと言へば學生から煙たがられてゐたらしい。社交家とは正反對の性格を有たれる先生は、學生との交際は無論のこと、教師の會合などでも無口でしば〳〵缺席もされたさうであるが、安田博士等、書物に關心のある若い教師が下宿を訪れることは喜ばれ、また、年に一・二度催される國漢の教師の會合などで、淺井先生の圍りに集まつて話を聞かうといふときなど、決して人に威張り、また誇るやうなことはなかつたが、止まることを知らず語り出したと言はれる。

淺井先生はまた、大の蒐書家であり、博多の下宿にも所狹しと珍籍が收藏されてゐたといふことであるが、その方面の逸話も少なくない。先生の京都時代の蒐集に係る和漢の稀書は、當時一躍富豪となつた久原房之助氏の購入するところとなり、のち、大正七年（一九一八）頃、京都帝國大學附屬圖書館に寄託され、昭和十年（一九三五）頃、所有者の名義が藤田政輔氏に移つたため、コレクションの名を久原文庫から古梓堂文庫に更めたものの、書物は一貫して同大學附屬圖書館に保管されてゐた。戰後、再び久原氏の所有に歸し、尋いで昭和二十三年（一九四八）に五島慶太氏が一括購入され、翌二十四年（一九二九）、大東急五社の再編成を記念するために設立された大東急記念文庫に架藏されることとなつた。『かがみ』創刊・第二・三號に寄せられた鈴鹿三七氏の「久原文庫の思ひ出」、あるいは『財團法人大東急記念文庫小史』等の記述によると、久原文庫は、初め東京に在つて、鑛山學者和田維四郎氏によつて蒐集せられたことになつてゐるが、萬事に控へめな淺井先生の生前語られたところによると、人を介して久原氏に讓つたといふことである。文庫が京都に移つてからのことであれば鈴鹿氏の文に徵することもできるが、それ以前であれば證明の難しい異傳といふことになる。特殊文庫の沿革にはとかく異聞が生じ易く、現在知られてゐる久原文庫成立の經緯も、和田・久原兩氏からの傳聞が主となつてをり、多方面からの檢討を經たものではない。特に和田維四郎氏の許へ出入してゐた村口半次郎氏に關しては、モリソン文庫購入にも一枚かんでゐたと言はれるが、これは後年、石田幹之助博士により事實無根として否定された。かかる異傳が多いため、いづれを是とすべきか容易に斷は下せない次第であるが、恐らくは久原文庫が京都に移つてからのことであらう。

淺井先生の蒐書は和・漢・洋にわたり、印度あるいはオリエントのものも尠なくなかつたといはれるが、加藤博士の「故淺井虎夫君の業蹟」にも「博引旁搜を得意とする同君のこととて」とあるごとく、漢籍に關しては內藤虎次郎・狩野直喜兩博士の垂涎を促し、和書でも、嵯峨本あるいは中・近世の雜小文學を蒐め、藤井乙男博士をして歎息せしめたといふ。固より、先生の蒐書は單なる趣味ではなく、研究の第一段階としての資料調查の延長上にあるものである。臺灣舊慣調查會の資料蒐集にしても、狩野博士が主としてこれに當たられたと傳へられてゐるが、淺井先生の蒐集せられたものも存したに違ひない。のちに內藤乾吉氏によつて紹介せられた『六部成語註解』のごとき稀覯中の稀覯書も、宮崎市定博士が「歷史家としての狩野博士」の中で、

「清國行政法」の（中略）新第一巻の巻首には、舊版にな

い参考引用書目が掲げてあるが、（中略）不幸にして此の貴重な資料は事業終了後、臺灣總督府へ返還されたものと見え、京都大學には殘つてゐない。

と述べてをられるやうに、その原本は今、所在を明らかにしない。したがつて、淺井先生の蒐集に係る分がどれ〳〵かということは一切不明であるが、久原文庫のほかにも先生の蒐集された書物が散らばつている可能性は、決して少なくないであらう。なほ、福岡時代の同僚で蒐書の方面における門弟と目される元九州大學教授田村專一郎氏の藏書を、九州大學が國家豫算の補助を受けてまで圖書館に收藏すべく努力を拂つた熱意を知るにつけ、淺井先生の蒐書の規模と內容が偲ばれる思ひがする。

淺井先生の蒐書の方法は、古書店から買ふことはほとんどなく、古物商にはよく廻られたさうであるが、もつとも得意とされたのは直接その地へ赴いて所有者から購入することであつたと言はれてゐる。かかる方法が取れたのも、先生が、如何なる小藩に關しても掌を指さすがごとくであつたといはれるほど各時代の武鑑を諳誦してをられ、また、古寺社の沿革に精しく、所謂書誌學に通じてをられたからである。したがつて、どの地方のどの邊りに目指す典籍が藏されてゐるかの見當は、略〻町村單位で附けることができたさうである。先生は、僅かな休暇を惜しむやうに訪書に出られ、年來着古したボロを身に纏ひ、使ひ古しの雪駄をつかけ、目的地近くの寺社等に紛れ込んだ風をして話込み、途中で茶を所望しては珍しい菓子を出してさりげなく近隣の藏書家を聞き出し、手放しさうな家を探られたやうである。かうして目指す家に行き着くや、もの腰柔らかく話かけ、買ふ段になると先方に感謝されるほどの大金を置いて來たといふ。校長の給料が三・四百圓といはれてゐた頃に、先生は一度の訪書に數百圓から千圓近くは携帶されたといふのであるから、如何に本格的な蒐書家であつたか、想ひ半ばを過ぎるものがあらう。

（六）

淺井虎夫先生は、大正十二年（一九二三）五月二十一日、正六位に敍せられ、十四年（一九二五）七月三日に高等官三等に陞敍せられ、同年八月一日には從五位に敍せられた。昭和二年（一九二七）十月十三日には勳五等に敍せられ、瑞寶章を授けられたが、病を得て、昭和三年（一九二八）八月三十一日、願ひに依り本官を免ぜられた。福岡高等學校の履歴書にも、「依願免本官」の下に「病狀職務ニ堪エズ」のゴム印が捺されてゐる。安田博士の記憶でも、この時、自力では神戸に歸る體力もなくなつてをられ、夏季休暇で歸省中の令息が學生服姿で迎へに來られたといふ。昭和三年十月二日、一時恩給が授けられ、同年十二月一日、先生は五十一歳の生涯を卒へられたのである。

一代の碩學淺井乕夫先生。先生は、その生前と同じく世に知られるところ薄く、學問の進展の蔭に隱れて顧みる人も稀であつたが、熟〻慮みるに、現今の研究者はほとんどが若い時先生の著述に導かれながら學海に漕ぎ出した經驗を有たれてゐるに相違なく、今なほ、先生の學問・業績を無視しては研究の基礎は成立しないのである。ただ、それが顯はれないのは、學界共有の財産となり、通說となつているからであらう。したがつて、加藤博士が「併し同君には尙ほ多大の蘊蓄があつた。其れを發表せずして早くも他界されたのは、同君の爲め將た學界の爲遺憾に勝えない」と歎かれた歎きは、獨り加藤博士のみの歎きではない。先生逝きて五十年を經た今日、學問の進歩は昔日の名著を研究史上のものへと變へてゐるが、しかしまた、今日の學問を正しく把握するためにも、今一度、斯學の基礎を固められた淺井先生の業績に觸れることは必要なのではなからうか。不十分な調査ながら、最後に、管見に觸れた限りの先生の著述を概觀し、蕪文の末尾を飾ることとしたい。

淺井乕夫著述目録

◎は單行書、○は雜誌論文（連載の第二回以降は・印とする）、△は一部分擔執筆を示す。

明治三十六年（一九〇三）　數へ二十七歳

○併歸使聽考　史學雜誌第十四編第一號、論說五一～七一ページ　〔一月〕

（第壹章）檢非違使之設置　（第二章）檢非違使の職掌　（第三章）檢非違使設置之理由―〈第一節〉支那に於ける設官之大綱、〈第二節〉唐に於ける司法警察官裁判官及司獄官と我大寶令に於ける司法警察官裁判官及司獄官との各關係、〈第三節〉按察使と觀察使、〈第四節〉檢非違使―

・併歸使聽考　史學雜誌第十四編第二號、論說二八～四二ページ　〔二月〕

（第四章）檢非違使と四官との關係―〈第一節〉檢非違使と彈正臺との關係、〈第二節〉檢非違使と衞門府、〈第三節〉檢非違使と刑部省との關係、〈第四節〉檢非違使と京職との關係―　（第五章）結論

○支那法典の體裁に就て　〔八月〕

史學雜誌第十四編第八號、
雜錄五一～六八ページ

明治三十七年（一九〇四）　數へ二十八歳

○大森學士の「福原遷都に就て」を讀む　〔二月〕

史學雜誌第十五編第貳號、
論說三七～五三ページ

・大森學士の「福原遷都に就て」を讀むの訂正　〔三月〕

史學雜誌第十五編第參號、
雜錄七三～七四ページ

◎支那法制史（帝國百科全書第百四編）　〔三月〕

東京日本橋博文館發行、
本文三八四ページ、附錄一〇ページ

序　凡例　（第一章）漢人種の建國　（第二章）唐虞三代の法制—〈第一節〉當代に於ける經濟上の狀況、〈第二節〉王、〈第三節〉階級の制度、〈第四節〉官職の制度、〈第五節〉軍制、〈第六節〉法の公示、〈第七節〉刑罰—　（第三章）漢代の法制—〈第一節〉官職の制度、〈第二節〉身分の階級、〈第三節〉當代に於ける經濟の狀況、〈第四節〉財政、〈第五節〉救恤行政、〈第六節〉交通の制度、〈第七節〉教育の制度、〈第八節〉軍制、〈第九節〉法源、〈第十節〉訴訟法、〈第十一節〉刑法—　（第四章）唐代の法制—〈第一節〉官職の制度、〈第二節〉身分の階級、〈第三節〉當代に於ける經濟の狀況、〈第四節〉財政、〈第五節〉救恤行政、〈第六節〉交通行政、〈第七節〉教育行政、〈第八節〉宗教行政、〈第九節〉軍制、〈第十節〉法源、〈第十一節〉訴訟法、〈第十二節〉刑法、〈第十三節〉民法の一班—　（第五章）宋代の法制—〈第一節〉官職の制度、〈第二節〉經濟の狀況、〈第三節〉財政、〈第四節〉救恤行政、〈第五節〉交通行政、〈第六節〉教育行政、〈第七節〉軍制、〈第八節〉法源、〈第九節〉訴訟法、〈第十節〉刑法—　（第六章）明代の法制—〈第一節〉官職の制度、〈第二節〉經濟の狀況、〈第三節〉財政、〈第四節〉當代に於ける自治制の發達、〈第五節〉交通行政、〈第六節〉教育行政、〈第七節〉宗教行政、〈第八節〉軍制、〈第九節〉法源、〈第十節〉訴訟法、〈第十一節〉刑法、〈第十二節〉民法—　（附錄）清朝の法典に就て

○總督巡撫兼御史考　〔七月〕

史學雜誌第十五編第七號、
雜錄八九～一〇七ページ

明治三十八年（一九〇五）　數へ二十九歳

○明令考　〔六月〕

史學雜誌第十六編第六號、
雜錄五三～六二ページ

明治三十九年（一九〇六）　數へ三十歳

◎支那日本通商史（市村瓚次郎閲）　〔二月〕

東京日本橋金港堂書籍株式會社發行、
本文七四七ページ

凡例　序　引用書目略　（第壹編）國際的交通以前に於ける支那商業―〈第一章〉周以前に於ける支那商業の狀況、〈第二章〉周代に於ける商業の狀況、〈第三章〉春秋戰國時代に於ける支那商業の狀況、〈第四章〉秦漢以後に於ける支那商業の狀況―　（第貳編）國際的交通時代に於ける彼我通商―〈第一章〉日本支那交通の開始、〈第二章〉日本支那の國際交通、〈第三章〉隋唐時代に於ける內地商業の狀況、〈第四章〉日本に於ける內地商業の狀況、〈第五章〉當代に於ける彼我通商―　（第三編）國際交通杜絕時代に於ける彼我通商―〈第一章〉支那日本國際交通の杜絕、〈第二章〉宋元時代に於ける內地商業の狀況、〈第三章〉日本に於ける內地商業の狀況、〈第四章〉彼我通商の狀況―　（第四編）國際的交通の復活と再度の杜絕時代に於ける彼我通商―〈第一章〉國際交通の復活と再度の杜絕、〈第二章〉明清時代に於ける內地商業の狀況、〈第三章〉日本に於ける內地商業の狀況、〈第四章〉當代に於ける彼我通商―

◎女官通解　〔九月〕

東京・日本橋 京都・御幸町 五車樓發行、
本文二五六ページ、附錄本文五ページ

凡例　前編　（第一章）女子の任官法―附り縉紳家のこと―　（第二章）女房の品位　（第三章）女子の位階　後編　（第一章）女官の種類―附り皇后中宮女御代更衣御息所等―　（第二章）女子の神官　（第三章）后宮職員　（第四章）他の女官　（附錄）藤原諸家略系、職學大綱　（源元幹）

明治四十一年（一九〇八）　數へ三十二歳

○明會典ニ就テ　〔二月〕

京都法學會雜誌第三卷第二號、
雜錄一三一～一四三ページ

（第一）總說　（第二）明會典編纂ノ沿革　（第三）會典ノ體裁　（第四）明會典ノ傳本

○尙書ニ見エタル法ノ公示　〔七月〕

京都法學會雜誌第三卷第七號、
雜錄一〇九～一一七ページ

○唐六典ニ就テ　（九月）
京都法學會雜誌第三卷第九號、
雜錄一四三〜一五三ページ
（第一）總說　（第二）六典編纂ノ沿革　（第三）六典ノ體裁　（第四）六典ノ傳本

○唐律疏義ニ就テ　（十一月）
京都法學會雜誌第三卷第十一號、
雜錄一三三〜一四〇ページ
（第一）總說　（第二）唐律疏義編纂ノ沿革　（第三）唐律疏義ノ體裁　（第四）唐律疏義ノ傳本　（第五）唐律及律疏ノ註解本

明治四十二年（一九〇九）　數へ三十三歳

○明律ニ就テ　（四月）
京都法學會雜誌第四卷第四號、
雜錄一一八〜一四二ページ
（第一）緒言　（第二）明律編纂ノ沿革　（第三）明律ノ體裁　（第四）明律ノ傳本　（第五）明律ノ註釋本

○支那ニ於ケル政治說（一）　（七月）
京都法學會雜誌第四卷第七號、
雜錄一一一〜一一九ページ
緒言　（第一章）支那ニ於ケル政治ノ意義　（第二章）支那ニ於ケル政治學者―〈第一節〉總說―

・支那ニ於ケル政治說（二）　（八月）
京都法學會雜誌第四卷第八號、
雜錄一一四〜一三三ページ
（第二章）―〈第二節〉儒家―

・支那ニ於ケル政治說（三）　（十月）
京都法學會雜誌第四卷第十號、
雜錄一五八〜一六七ページ
（第二章）―〈第三節〉法家―　本論　（第一章）概說

・支那ニ於ケル政治說（四）　（十一月）
京都法學會雜誌第四卷第十一號、
雜錄一二一〜一四〇ページ
（第二章）國家論―〈第一節〉國家ノ觀念、〈第二節〉國家ノ目的―　（第三章）君主論―〈第一節〉君主ヲ立ツル理由、〈第二節〉君主ノ地位ヲ喪失スル場合、〈第三節〉君主ノ道德―　（第四章）設官論

・支那ニ於ケル政治說（五）　（十二月）
京都法學會雜誌第四卷第十二號、
雜錄一二九〜一三九ページ
（第五章）理財論―〈第一節〉理財ノ原則 量入爲出ノ說、

〈第二節〉税源ノ涵養、〈第三節〉國家の財源、〈第四節〉國家ノ經費―

明治四十三年（一九一〇）　數へ三十四歳

・支那ニ於ケル政治説（六）　〔二月〕
京都法學會雜誌第五卷第二號、雜錄一二〇～一三一ページ
〈第六章〉教化論―〈第一節〉總説、〈第二説〉禮論、〈第三節〉樂論―

・支那ニ於ケル政治説（七）　〔五月〕
京都法學會雜誌第五卷第五號、雜錄一〇一～一一一ページ
〈第七章〉刑政論―〈第一節〉總説、〈第二説〉刑ノ意義、〈第三節〉用刑ノ主義、〈第四節〉刑罰ノ種類、〈第五節〉犯罪ノ源因―

△清國行政法（第三卷）　〔十二月〕
臺灣總督府內臨時臺灣舊慣調查會刊行、
本文五三四ページ
各論第一編內務行政　〈第六章〉貨幣及度量衡―〈第二節〉度量衡―　（一〇四～一三八ページ）
〈第七章〉土木　（一三八～二七四ページ）

明治四十四年（一九一一）　數へ三十五歳

△清國行政法（第四卷）　〔二月〕
臺灣總督府內臨時臺灣舊慣調查會刊行、
本文四六二ページ
各論第一編　〈第十章〉祭祀及宗教（一～一四八ページ）
〈第十一章〉救恤　（一四九～二六八ページ）
各論第二編軍務行政　〈第一章〉軍隊の編制　（二六九～四一四ページ）
〈第二章〉徵兵　（四一四～四三二ページ）
〈第三章〉馬政　（四三三～四六二ページ）

◎支那ニ於ケル法典編纂ノ沿革（法律學經濟學研究叢書第七冊）　〔七月〕
京都帝國大學法科大學內京都法學會發行、
本文三九五ページ
緒言　〈第一章〉總論　〈第二章〉法經　〈第三章〉漢ノ法典―〈第一節〉前漢ノ法典、〈第二節〉後漢ノ法典、〈第三節〉漢律令逸―　〈第四章〉魏晉以後ノ法典―〈第一節〉總説、〈第二節〉魏ノ法典、〈第三節〉晉ノ法典、〈第四節〉後魏ノ法典、〈第五節〉東魏ノ法典、〈第六節〉西魏ノ法典、〈第七節〉北齊ノ法典、〈第八節〉後周ノ法典、〈第九節〉南齊ノ法典、〈第十節〉梁ノ法典、〈第十一節〉陳ノ法典―　〈第五

章）隋ノ法典—〈第一節〉開皇律令、〈第二節〉大業律令—　（第六章）唐ノ法典—〈第一節〉總說、〈第二説〉武德律令格式、〈第三節〉貞觀律令格式、〈第四節〉永徽律令格式、〈第五節〉唐律疏議、〈第六節〉垂拱格式、〈第七節〉神龍刪定垂拱格式、〈第八節〉太極格、〈第九節〉開元律令格式、〈第十節〉唐六典、〈第十一節〉元和刪定開元格後勅及元和格後勅、〈第十二節〉太和格後勅及開成詳定格、〈第十三節〉大中刑法總要格後勅及大中刑律統類—　（第七章）五代ノ法典　（第八章）宋ノ法典—〈第一節〉總說、〈第二節〉勅令格式、〈第三節〉編勅、〈第四節〉令、〈第五節〉格、〈第六節〉式、〈第七節〉法、〈第八節〉條、〈第九節〉刑統、〈第十節〉斷例、〈第十一節〉德音、〈第十二節〉條法事類及總類—　（第九章）遼ノ法典—〈第一節〉重熙新定條例、〈第二節〉咸雍重修條例—　（第十章）金ノ法典　（第十一章）元ノ法典　（第十二章）明ノ法典—〈第一節〉總說、〈第二節〉明令、〈第三節〉明律、〈第四節〉明會典、〈第五節〉問刑條例、〈第六節〉明條法事類纂—　（第十三章）清ノ法典—〈第一節〉總說、〈第二節〉會典、〈第三節〉會典事例、〈第四節〉會典圖、〈第五節〉律例、〈第六節〉則例、〈第七節〉處分則例、〈第八節〉全書、〈第九節〉其他ノ法典—　（第十四章）支那法典ノ特色

大正二年（一九一三）　數ヘ三十七歳

△清國行政法（第六卷）　（十一月）

臺灣總督府內 臨時臺灣舊慣調查會刊行、

本文三九四ページ

各論第四編 財務行政　（第二章）收入—〈第四節〉捐納—

（二〇三～二四六ページ）

大正五年（一九一六）　數ヘ四十歳

△經濟大辭書（大日本百科辭書ノ內）（大日本百科辭書編纂所編纂）　（四月）

東京神田 同文館發行、

全五冊、本文四二一九ページ

一本一利　（八三～八四ページ）

鹽鐵　（二〇九～二一二ページ）

王安石　（二一三～二一五ページ）

外國貿易—〈三〉支那—　（三〇六～三一三ページ）

権酤　（四一四～四一五ページ）

権茶　（四一五～四一七ページ）

貨幣—〈七〉支那—　（五〇〇～五〇九ページ）

勘合符　（五八二～五八三ページ）

救貧制度—〈五〉支那—　（六六六～六六八ページ）

義倉―〈一〉支那―（六八五～六八六ページ）
工業―〈三〉支那―（九四七～九五二ページ）
以上第一冊
荒政―〈一〉支那―（一〇八〇～一〇八三ページ）
財政―〈七〉支那―（一三四七～一三五六ページ）
茶馬市（一四五八～一四六〇ページ）
市（支那）（一四九三～一四九六ページ）
周官（一五〇四～一五〇七ページ）
市舶司（支那）（一六一六～一六一九ページ）
紙幣―〈三〉支那―（一六二〇～一六二三ページ）
明及び清の紙幣（圖版）（一六二二～一六二三ページの間）
賖（支那）（一六四六ページ）
社倉―〈一〉支那―（一七一五～一七一七ページ）
朱子（一七七七～一七八〇ページ）
商業―〈六〉歴史〔支那〕―（一八二七～一八三〇ページ）
常平倉―〈一〉支那―（一九二七～一九二八ページ）
人口―〈四〉歴史〔支那〕―（二〇七五～二〇七九ページ）
以上第二冊
出擧―〈一〉支那―（二一六三～二一六四ページ）
桑弘羊（二三九四～二三九五ページ）
短陌（支那）（二五四五～二五四六ページ）
治水―〈一〉支那―（二五六〇～二五六四ページ）
丁賦（二六七〇ページ）
鄽―〈一〉支那―（二七六三～二七六四ページ）
田賦（支那）（二七七九～二七八〇ページ）
陶朱・猗頓（二八五六～二八五七ページ）
刀布（支那）（二八七三～二八七四ページ）
都市―〈五〉支那―（二九一一～二九一四ページ）
杜佑（三〇三〇～三〇三二ページ）
度量衡―〈一〉支那―（三〇五〇～三〇五四ページ）
以上第三冊
飛錢（支那）（三三七六ページ）
物價及賃銀―〈二〉支那―（三四六一～三四六四ページ）
包攬（支那）（三五七三ページ）
陸贄（四〇六四～四〇六六ページ）
以上第四冊

『支那ニ於ケル法典編纂ノ沿革』復刊にあたって

本書は、昭和五十二年四月に小社より刊行した『支那ニ於ケル法典編纂ノ沿革』を復刊するものです。

復刊にあたり、一般読者に分かりやすいよう現代的用語に従って、書名を『中國ニ於ケル法典編纂ノ沿革』とし、オリジナル版巻末に収録されている「附記」・「浅井家略系図」を削除しました。

平成二十八年六月

株式会社　汲古書院

明治四十四年七月　初版發行
昭和五十二年四月　影印版發行
平成二十八年七月　影印版第二版發行

中國ニ於ケル法典編纂ノ沿革

著者　淺井虎夫
解題　瀧川政次郎
發行　律令研究會
代表　瀧川政次郎
發賣　汲古書院

〒102-0072
東京都千代田區飯田橋二-五-四
振替　東京五-一五八〇三五
電話　〇三(三二六五)九七六四

ISBN 978-4-7629-6574-6　C3022
KYUKO-SHOIN, Co., LTD. TOKYO.